Allmendinger, Jutta:
Das Land, in dem wir leben wollen. - Erste Auflage. - Pantheon, 2017
ISBN 978-3-570-55347-3 kt. : EUR 16.99

Ergebnisse einer umfangreichen Studie über das, was die Deutschen umtreibt und die sozialen Unterschiede und die Folgen, dargestellt von Deutschlands öffentlich wohl bekanntester Soziologin.

Jutta Allmendinger

DAS LAND, IN DEM WIR LEBEN WOLLEN

Wie die Deutschen sich ihre Zukunft vorstellen

Pantheon

Der Verlag weist ausdrücklich darauf hin, dass im Text enthaltene externe Links vom Verlag nur bis zum Zeitpunkt der Buchveröffentlichung eingesehen werden konnten. Auf spätere Veränderungen hat der Verlag keinerlei Einfluss. Eine Haftung des Verlags ist daher ausgeschlossen.

MIX
Papier aus verantwortungsvollen Quellen
FSC® C083411

Verlagsgruppe Random House FSC® N001967

Der Pantheon Verlag ist ein Unternehmen der Verlagsgruppe Random House GmbH.

Erste Auflage
Juni 2017

Umschlaggestaltung: Büro Jorge Schmidt, München,
unter Verwendung einer Vorlage von Kognito Gestaltung, Berlin
Satz: Ditta Ahmadi, Berlin
Grafiken: Peter Palm, Berlin
Illustrationen: Stephanie Wunderlich, Hamburg
Druck und Bindung: CPI books GmbH, Leck
Printed in Germany
ISBN 978-3-570-55347-3

www.pantheon-verlag.de

Dieses Buch ist auch als E-Book erhältlich.

Inhalt

Der Ruf, das Vermächtnis

Mein Handy piepste ungewohnt hell und eindringlich. Selten erreichte mich damals eine SMS. »Habe eine Idee. Können wir reden? Liebe Grüße, Andreas.«

Ich war vorgewarnt. Vor zehn Jahren, ich arbeitete am Institut für Arbeitsmarkt- und Berufsforschung in Nürnberg, war es ganz ähnlich gewesen. Andreas Lebert, damals Chefredakteur der Frauenzeitschrift *Brigitte*, bat um ein Gespräch – damals allerdings auf Papier und handschriftlich. »Hätten Sie Lust und Zeit, gemeinsam eine Studie über die Vorstellungen von jungen Frauen zu machen?« Ich erinnere besonders das Wort »machen«. Journalisten sind Handwerker, im besten Sinne. Sie machen ein Blatt, eine Geschichte, ein großes Ding. Sie haben Kunden. In der Wissenschaft laufen die Dinge etwas anders. Hier geht es langsamer zu. Wir leiten aus großen Theorien kleine Hypothesen ab. Wir suchen belastbare Daten, brauchen Vergleichsgruppen, ordentliche Methoden. Wir nehmen uns Zeit.

Wir kamen dann doch zusammen. Schon damals gemeinsam mit dem infas Institut für angewandte Sozialwissenschaft, insbesondere mit Doris Hess, Bereichsleiterin Sozialforschung. Zu dritt arbeiteten wir präzise und schnell, entwickelten neue Befragungsmethoden, entdeckten Verschiebungen in den Achsen gesellschaftlicher Ungleichheit. Die Zusammenarbeit machte Spaß, auch weil wir uns so wunderbar streiten konnten.

Ich freute mich daher über die SMS. Ende 2014 trafen wir uns am WZB. Andreas Lebert, heute Chefredakteur von

ZEIT WISSEN, Doris Hess und ich. Das alte Team. Hinzu kamen Rainer Esser, Geschäftsführer des Zeitverlags, und Moritz Müller-Wirth, stellvertretender Chefredakteur der ZEIT. Neu dabei war auch Menno Smid, Geschäftsführer von infas, und Heinrich Baßler, administrativer Geschäftsführer des WZB. Die Zusammensetzung zeigte: Es war ernst.

Moritz Müller-Wirth eröffnete: »Bald wird DIE ZEIT 70 Jahre alt. Andreas hatte eine Idee. Eine Studie. Eine Studie über die Zukunft, nicht über die Vergangenheit, keine alten Geschichten, wie man es sonst bei Geburtstagen macht.« Es ging um eine Zukunftsstudie. »Wir wollen wissen, was die Menschen umtreibt, was sie behalten und was sie wegwerfen wollen. Wofür sie kämpfen. Was sie vermissen.«

Eine Zukunftsstudie. Es gibt viele Zukunftsforscher; Fokusgruppen, Expertengespräche, narrative Interviews, qualitative Analysen sind die methodischen Grundlagen. Das ist nicht mein Gebiet. Mein Interesse galt schon immer der Sozialstruktur, den vielen Unterschieden in unserer Gesellschaft und der Frage, wann aus Unterschieden eine strukturierte soziale Ungleichheit wird. Um das zu erforschen, brauchen wir belastbare und repräsentative Daten. Das ist mein eigentliches Metier. Es ist das, was ich gelernt habe und kann.

Es ist Andreas Lebert zu verdanken, dass dieses erste Treffen nicht das letzte war. Er brachte und hielt uns zusammen. Dennoch: Bei den Treffen knirschte es. Viele, oft wechselnde Leute, vor allem aber: völlig unterschiedliche Vorstellungen und Vorgehensweisen. Moritz betonte immer wieder: »Wir müssen vom Ergebnis her denken. Wir brauchen zehn Überschriften, mit denen wir die Ergebnisse gut vermarkten können.« Dabei schaute er mich an. Zu solchen Spielen gehören immer zwei. Einer wirft den Ball, die andere fängt ihn auf. Rückblickend verstehe ich nicht, warum ich mich hier überhaupt angesprochen und gefordert fühlte. So aber hörte ich mich reden, schlug Überschriften vor, natürlich unterbrochen von Andreas, immer aufspringend, immer wilder, oft kommentiert von Moritz mit Sätzen wie: »Sehr gut, aber diese Überschrift hatten wir schon im letzten Jahr.« Wir hatten keine saubere Fragestellung, kein Design, erst recht keine Daten. Wir dachten alles vom Ende her, eine verkehrte Welt. So verbrachten wir Stunden über Stunden.

Dieses Buch würde nicht vorliegen, wenn wir uns und unser genaues Thema nicht irgendwann gefunden hätten. Rückblickend können wir nur vermuten, wer den Titel »Vermächtnis« vorgeschlagen hat. Wahrscheinlich Andreas. Wir wissen auch nicht genau, wer auf die Idee kam, die Sinneswahrnehmungen von Menschen in die Befragung mit aufzunehmen. Wahrscheinlich ging das auf einen Austausch zwischen Andreas und mir zurück. Er: »Damit die Menschen ihr Vermächtnis überhaupt formulieren können, müssen wir sie in einen Zustand versetzen, der sie in ihre Kindheit beamt und entzückt. Bei mir wäre es der Geruch von Südtiroler Wiesen.« Ich, leicht sarkastisch und sehr trocken: »Dann müssen wir sie an Gras riechen und Kirschen essen lassen. Auf einer kantigen Granitplatte sitzend, mit weitem Blick über die Täler und Vogelgezwitscher.« Ich dachte, das wäre es gewesen. Aber wir waren und sind ja zu dritt. Jedes andere Sozialforschungsinstitut hätte hier abgewinkt. Wir aber hörten Doris Hess sagen: »Kann man doch machen.« Und so wurden Wiese, Zwitschern, Granit zu Riechen, Hören und Fühlen. Nur das Sehen und Schmecken ließ sich technisch nicht umsetzen, doch dazu später.

Der Bogen in die Zukunft war geschlagen. Es sollte ein Dreischritt sein. Zunächst die Gefühle und die Einstellungen, jetzt und hier. Dann die Frage: Wollen Sie dieses Gefühl und diese Einstellung vermachen, weitergeben an die kommenden

Generationen? Was wollen Sie wegwerfen, hinter sich lassen? Und schließlich: Wie wird es sein? Wie wird sich das Leben zukünftig tatsächlich anfühlen? Welche Ansichten werden die Menschen haben? Wie werden sie leben?

Daraus ergab sie sich wie von selbst meine gute alte Sozialstrukturanalyse. Worin würden sich die Menschen in Deutschland mehr voneinander unterscheiden: In ihren Einstellungen hier und heute? In ihrem Vermächtnis, also ihren Vorstellungen, wie es sein sollte? Oder in ihren Erwartungen, wie die Zukunft sein wird? Das ist spannend. Gibt es ein *Vermächtnis* über die Gruppen, Schichten und Klassen hinweg? Hält es unsere Gesellschaft zusammen? Sind es schichtspezifische Ängste, die die Kluft zwischen dem Vermächtnis und der erwarteten Zukunft besonders tief werden lassen? Jetzt kamen natürlich auch die Überschriften von Moritz. Sie gaben die Bereiche vor, auf welche wir diesen Dreiklang übertragen haben: Gesundheit, Arbeit, Besitz, Technik, Medien, Essen, Liebe.

Diese Entstehungsgeschichte wäre unvollständig, würde sie nicht von unseren Sorgen und unseren Zweifeln erzählen. Sorgen ergaben sich aus der Größe des Projekts und den Kosten, die es mit sich bringen würde. Menno Smid ist hier besonders zu danken, weil er rasch seine Bereitschaft erklärte, einen eigenen finanziellen Beitrag des infas Instituts für die Durchführung der Studie zu leisten. Schließlich haben alle drei Partner – DIE ZEIT, das WZB und infas – die Studie finanziert und zu ihrem Gelingen beigetragen. Zweifel lagen in der Machbarkeit. Würden die Menschen mitmachen und uns ernst nehmen? Würden sie, über alle Gebiete hinweg, immer wieder den Dreiklang unserer Fragen – »Wie ist es heute?«, »Wie soll es werden?«, »Wie wird es sein?« – beantworten? 54 Mal? Würden sie riechen, tasten, hören? Und uns dann noch berichten, warum sie sich für die jeweiligen Düfte, Oberflächen und Rhythmen entschieden haben? Egal, ob sie 15 oder 80 Jahre alt sind? Würde das alles funktionieren? Was, wenn sie zwischen den Fragedimensionen nicht unterscheiden? Immer das weitergeben, was sie haben? Was, wenn die Menschen meinten, wir hätten das Wesentliche vergessen, einfach nicht gefragt? Viel später, mit unserem Dank für das Interview, schickten wir ihnen deswegen einen frankierten Umschlag. Und einen Bogen mit der Bitte, offengebliebene Punkte hier zu verzeichnen. Wir erhielten viele Bögen zurück. Insbesondere ältere Menschen erläuterten in wunderbarer Handschrift ausführlich die Gründe, warum sie wie geantwortet hatten. In einigen Umschlägen fand sich der kleine Geldbetrag, den wir ihnen zum Dank geschickt hatten. »Bitte an Flüchtlinge weitergeben«, schrieben die Menschen dazu.

Umgetrieben hat mich noch etwas anderes. Wir brauchten Hilfe, mehr als sonst. Wir brauchten Menschen, die in ganz unterschiedlichen Bereichen ausgebildet waren. Wer kennt sich aus mit den Sinnen? Welche Auswahl der Sinne kann man wie begründen? Und wie können wir sie überhaupt erheben? Die Zusammenarbeit von WZB und infas war auch hier kongenial. Das WZB hat eine wunderbare Bibliothek, die schnell die grundlegende Literatur zusammenstellte. Und es gab die Abteilung »Kulturelle Quellen von Neuheit« von Michael Hutter. Eine seiner Mitarbeiterinnen, Nona Schulte-Römer, konnte für das neue Projekt als Expertin für Licht und Sinne gewonnen werden. Auch Claudia Nentwich, Musikerin im Nebenjob, half, wo sie konnte. Dann ist uns Jan Wetzel zugeflogen, Student der Soziologie, im Wechsel von Dresden nach Berlin, vom Bachelor zum Master, mit Erfahrung als Rundfunkjournalist. Er weiß alles zu Rhythmen, und mehr als das. Lisa Schulz, die leider mittlerweile in Frankfurt ist, machte sich an die Düfte. Schließlich gab es noch Georg Helbing, unseren Mathe-Informatiker. Anfangs skeptisch, dann begeistert. Ich war erleichtert. Bei infas lief alles ebenso gut zusammen. Der engere Stab, Jacob Steinwede und Anne Kersting, zauberte, kümmerte sich um den Fragebogen und dessen Programmierung, bestellte Düfte, probte das Feld, testete, was ging und was eben nicht. Birgit Jesske, Bereichsleiterin für Datenerhebung bei infas, tat das ihre und eröffnete uns zudem den Weg zu einer Behindertenwerkstatt. Dort wurden alle Proben für die Sinneserhebungen hergestellt. Die Befragung erfolgte professionell wie immer. Und Rainer Gilberg stellte mit seinen Gewichtungen sicher, dass wir auch tatsächlich repräsentative Aussagen machen konnten.

Dann stand die Auswertung an. Doch kaum hatten wir die Sinne analytisch unter Kontrolle, bekam Nona Schulte-Römer, mittlerweile mit höchster Auszeichnung promoviert, ein tolles Jobangebot in der Ferne. Wir suchten erneut und wieder hatten wir Glück: Wir fanden Patricia Wratil in Trento. Mit dieser jungen Frau zu arbeiten, ist uns allen eine tägliche Freude und eine Ehre, da sie in Berlin bleibt und hier promoviert. Aufgrund der großen Datenmengen habe ich noch zwei andere kluge Menschen hinzugezogen, Henrik Rubner und Vanessa Wintermantel. Ebenso wie Jan Wetzel und Patricia Wratil sind sie so gut, dass sie einige Teile des vorliegenden Buches selbstständig vorbereitet haben, die Texte sind entsprechend ausgewiesen. In das Jammern über die Studierenden von heute kann ich nicht einstimmen. Sie sind klasse.

Mittlerweile schreibe ich SMS. Der helle Ton klingt nun vertraut. Wir sind ein gutes Team geworden. Das Ruckeln hat es gebraucht. Wenn dieses Buch erscheint, haben wir jede Menge gerockt. Alle zusammen, in Hamburg, Bonn und Berlin. Doch davon erzählt der Epilog.

I.
GRUNDLAGEN

1.
Die Vermächtnisstudie: Um was es geht

Was wollen die Menschen in Deutschland den kommenden Generationen mitgeben und bewahrt wissen? Von was wollen sie sich trennen? Diese Fragen bilden den Kern der Vermächtnisstudie. Wie ein Fächer ergeben sich daraus Antworten auf viele andere neugierige Nachfragen. Unterscheiden sich die Zukunftswünsche der Menschen? Spiegeln sich in ihnen das Alter, die Generationenzugehörigkeit und die soziale Spaltung der Gesellschaft, wie wir sie heute erleben? Welche Rolle spielen die vielen Gesichter von Armut, Reichtum und Geschlecht? Welche Dynamiken zeigen sich in den einzelnen gesellschaftlichen Bereichen? Wie will man morgen arbeiten, wie gestaltet sich der Umgang mit der Technik, welche Familienmodelle erhoffen sich die Menschen? Wie steht es um die Vorstellungen von Solidarität? Die Antworten zeigen, welchen Gesellschaftsentwurf die Befragten haben und in welchen Bereichen politische Interventionen angemessen und erforderlich sind.

In diesem Buch fasse ich die wesentlichen Ergebnisse der Vermächtnisstudie zusammen, die im Jahr 2015 gemeinsam vom infas Institut für angewandte Sozialwissenschaft, dem Wissenschaftszentrum Berlin für Sozialforschung und der Wochenzeitung DIE ZEIT konzipiert und durchgeführt wurde. Über 3100 Menschen im Alter zwischen 14 und 80 Jahren wurden in ganz Deutschland befragt. Es ist ein Lesebuch geworden, da ich weitgehend auf theoretische und methodische Ausführungen verzichten konnte. Letztere finden sich in einer ausführlichen Studienbeschreibung.[1] Ergänzt habe ich die Darstellung um neue Ergebnisse aus einer Wiederholungsbefragung der Vermächtnisstudie, welche Mitte 2016 erfolgte.

Das Buch beginnt mit einer Einführung in den Aufbau der Untersuchung, da sich die einfachen und naheliegenden Fragen in ihrer empirischen Umsetzung als eine echte Herausforderung entpuppt haben. Für dieses einleitende Kapitel bitte ich daher um Aufmerksamkeit und Geduld für die Beschreibung einer Studie, die einmalig ist, auch in ihrer Komplexität. In dem Kapitel wird erklärt, warum wir neben dem Vermächtnis auch nach dem heutigen Leben der Menschen fragen und danach, wie man sich die Zukunft jenseits der eigenen Wünsche tatsächlich vorstellt. Es erläutert, wie und was wir gefragt haben und mit welchen Methoden wir die überaus reichen Daten analysieren.

Drei zentrale Fragen: Das Vermächtnis, das Heute und das Morgen

Es gibt viele Studien, die zeigen, wie wir heute leben. Sie konzentrieren sich auf das Hier und Jetzt, auf unsere Einstellungen und Verhaltensweisen. Manche Untersuchungen schauen auch zurück in die Vergangenheit oder folgen den Menschen über einen längeren Zeitraum. Sie erfassen ganze Lebensverläufe. Von diesen Daten lernen wir viel. Wir erfahren, wie unsere Lebenschancen durch unsere Eltern geprägt werden, wie sich Bildung in Arbeit, Einkommen, Gesundheit und Zufriedenheit übersetzt, wie sich Partnerschaften entwickeln und welche Tätigkeiten man während eines Lebens verrichtet. Ein großes Reservoir an Informationen, das unablässig fortgeschrieben wird.

Neben den vielen Schilderungen der Lebensverläufe heute springen uns in den Buchläden auch zahlreiche Bücher mit Zukunftsprognosen ins Auge. Sie entwerfen Szenarien der neuen digitalen Welt, des wachsenden Arbeitskräftemangels und der Übervölkerung, der Folgen klimatischer Veränderungen.

Bücher zu der Frage »Wie wollen die Menschen leben?« aber fehlen. Was wünscht man sich für die Zukunft unserer Gesellschaft? Was möchte man als Vermächtnis hinterlassen? Wie soll es werden? Wir beantworten diese Fragen. Dies geht allerdings nicht, ohne zu wissen, wie es heute ist. Denn vieles, was Menschen den kommenden Generationen weitergeben wollen, ist eine Reaktion auf das Leben heute. Um das Vermächtnis zu verstehen, müssen wir also das Heute kennen.

Ebenso zwingend war eine dritte Frage. Was erwarten die Menschen in der Zukunft tatsächlich? Um das Vermächtnis sinnvoll interpretieren zu können, müssen wir auch wissen, womit die Menschen rechnen. Entsprechen sich das Vermächtnis und die erwartete Zukunft? Wo sind die Unterschiede besonders gewaltig, in welchen Bereichen eher gering?

»Wie ist es heute?«, »Wie soll es werden?«, »Wie wird es sein?«, lauten schließlich die drei Fragen, die wir den Menschen gestellt haben. Immer direkt aufeinanderfolgend und bezogen auf verschiedene gesellschaftliche Bereiche. Insgesamt 54 Mal. Außerdem haben wir die drei Fragen auf die Sinne Riechen, Tasten und Hören angewendet; darauf werde ich ausführlich im nächsten Kapitel eingehen. Antworten konnten die Menschen bei allen 54 Frageeinheiten auf einer Skala von 1 bis 7. Bei der Bewertung der Ziffern haben wir uns an Schulnoten orientiert. Geben die Menschen eine 1, so stimmen sie der Frage voll und ganz zu, geben sie eine 7, lehnen sie die Inhalte völlig ab.

»Wie soll es werden?« ist die wichtigste Fragedimension. Sie zeigt, welche Einstellungen und Verhaltensweisen die Menschen den folgenden Generationen empfehlen, und sie hat der Studie ihren Namen gegeben. Sie umreißt unser Vermächtnis. Die Erhebung konzentriert sich dabei auf den Aspekt des »Sollens«. Wie wichtig *sollte* es nachfolgenden Generationen sein, sich zu bilden, dem Neuen gegenüber aufgeschlossen zu sein, sich solidarisch zu verhalten? An den Antworten können wir dann ablesen, inwieweit sich das Vermächtnis der Menschen in Deutschland ähnelt, oder ob sie ganz unterschiedliche Vorstellungen haben.

»Wie ist es heute?« bezieht sich auf das Hier und Jetzt. Welche Einstellungen haben die Menschen heute? Diese Erhebungsdimension teilt die Vermächtnisstudie mit vielen anderen Untersuchungen. Sie ist etablierter Standard.

»Wie wird es sein?« fragt nach den Zukunftserwartungen der Menschen. Was denken die Menschen, wie sich die Zukunft tatsächlich entwickeln wird? Hier geht es also nicht mehr um das »Ich«, die eigenen Werte und das, was man selbst der kommenden Generation weitergeben möchte. Hier geht es darum, welche Einstellungen man bei den anderen Menschen wahrnimmt und wie diese, nach Meinung unserer Befragten, die Zukunft Deutschlands gestalten werden.

Abbildung 1. Erhebungsdesign

Die Antworten auf die drei Fragen »Wie ist es heute?«, »Wie soll es werden?« und »Wie wird es sein?« können jeweils für sich allein oder zusammen analysiert werden. Zunächst möchten wir wissen, wie sich das Vermächtnis über alle 3100 Befragten hinweg darstellt und welche Gemeinsamkeiten und Unterschiede sich zwischen sozialen Gruppen und thematischen Feldern zeigen. Wir betrachten also nur die Antworten zu »Wie soll es werden?«.

Dann interessieren wir uns für das Antwortmuster, das sich für jede und jeden Einzelnen über die drei Fragen hinweg ergibt, also für die Abfolge von »Wie ist es heute?«, »Wie soll es werden?«, »Wie wird es sein?«.

Die erste Betrachtungsperspektive: Teilen die Menschen in Deutschland ein gemeinsames Vermächtnis?

Die klassische Sozialstrukturanalyse untersucht, inwieweit Gesellschaften in Klassen oder Schichten zerfallen und welche anderen Gruppenmerkmale eine soziale Strukturierung bestimmen. Die Vermächtnisstudie nimmt diese Fragestellung auf und bezieht sie auf das Vermächtnis der Menschen in Deutschland. Das Erkenntnisinteresse besteht zunächst darin, zu erfahren, welche Bereiche den Menschen sehr wichtig sind und welche eher nicht. Dann geht es darum, in welchen Bereichen die Meinungen und Lebenswelten der Menschen sich ähneln und in welchen sie weit auseinanderliegen. Können wir die Unterschiede auf die etablierten Achsen der Sozialstrukturanalyse – Alter, Bildung, Einkommen und Haushaltszusammensetzung – zurückführen, oder haben diese ihre Erklärungskraft verloren? Welche anderen Merkmale erlauben es, Unterschiede zwischen den Menschen zu beschreiben?

Das Potenzial der Vermächtnisstudie zeigt sich besonders dann, wenn wir die Unterschiede im Vermächtnis (So soll es werden) mit denjenigen vergleichen, die sich in der Wahrnehmung der heutigen Situation (So ist es heute) und der Zukunftserwartung (So wird es tatsächlich sein) ermitteln lassen. Haben die Menschen in Deutschland ein gemeinsames Vermächtnis, also einen gemeinsamen Bezugsrahmen, trotz gänzlich unterschiedlicher Lebenswelten heute? Dann sprechen wir von geteilten Werten. Sehen wir bei den Sollvorstellungen aber große Unterschiede zwischen den Menschen, haben wir es mit Lebensbereichen zu tun, in denen die Werte der Befragten radikal voneinander abweichen. Der individuelle Wert ist dann vielleicht ein gruppenspezifischer Wert, das wird sich zeigen. Ein gesellschaftsweiter Wert ist er nicht – oder noch nicht oder nicht mehr.

Dieser Aspekt ist von großer Reichweite. Gemeinsame Werte können eine Gesellschaft zusammenhalten, die Gemeinschaft konstituieren oder schützen. Sie können aber auch die individuelle Entfaltung einschränken und Grundlage für Exklusion oder Diskriminierung sein.

Veranschaulichen wir diese erste Betrachtungsperspektive mithilfe eines Beispiels. Oft wird davon berichtet, welch starke gesellschaftliche Impulse von der Generation Y ausgehen. Arbeitsorganisationen hätten sich einzustellen auf Mitarbeiterinnen und Mitarbeiter, die der Erwerbsarbeit einen geringeren Stellenwert zugunsten des ganzen Lebens gäben, auf Vereinbarkeit der Lebensbereiche pochten, auf freie Zeit. Diese Aussage lässt sich mit der Vermächtnisstudie überprüfen. »Wie ist es heute?« oder »Was ist Ihnen heute wichtig?«, lauten dann die Fragen. Nehmen wir an, dass sich die Antworten stark nach dem Alter der Menschen unterscheiden. Das wäre als solches interessant, bliebe aber weit hinter den Möglichkeiten der

Vermächtnisstudie zurück. Mit der zentralen Frage nach dem Vermächtnis »Wie soll es werden?« können wir sehen, ob junge Menschen ihre gegenwärtigen Einstellungen den kommenden Generationen mitgeben möchten oder ob sie diese in ihrem Vermächtnis korrigieren. Bleiben sie bei ihrer Haltung, können wir mit einem gesellschaftlichen Wandel rechnen. Schwenken sie aber auf die Haltung der Älteren ein, so ist dies kaum zu erwarten.

Die zweite Betrachtungsperspektive: Wollen wir das vermachen, was wir im Moment haben?

Auf den ersten Blick mag diese Perspektive der ersten sehr ähneln. Wenn alle ihre heutige Gegenwart vermachen, bleiben Gemeinsamkeiten wie Unterschiede einfach bestehen. Der große Unterschied liegt aber darin, dass wir hier nicht die 3100 Antworten auf die Frage »Wie soll es werden?« mit den 3100 Antworten auf die Frage »Wie ist es heute?« vergleichen. Wir gehen den Antworten jeder einzelnen Person nach. Was sagt sie auf Frage 1 (So ist es heute)? Wie lautet die Antwort auf Frage 2 (So soll es werden)? Und was hören wir zu Frage 3 (So wird es sein)? Um den Verlauf abzubilden, erstellen wir hilfsweise so etwas wie kleine »Filmchen«, eines für jede Person und jede Frage. Jedes »Filmchen« hat drei Szenen, die die drei Fragen miteinander verbinden.

Die erste Szene verknüpft das »Wie ist es heute?« mit dem »Wie soll es werden?«. Dies ist das *Vermächtnis*. Möglich sind drei Verläufe. Wünscht sich eine Person von der kommenden Generation, genau wie sie selbst zu leben? Dann gibt sie auf beide Fragen dieselbe Antwort, wählt also denselben Skalenpunkt. Diese Menschen sind mit dem Heute ganz offenbar *zufrieden*. Geben sie aber unterschiedliche Antworten, drücken sie damit aus, dass sie selbst nicht so fühlen, denken und sich verhalten, wie sie es sich für die nachfolgenden Generationen wünschen. Die Menschen distanzieren sich also von ihrer eigenen Vorstellung und sagen: Macht es anders, als ich es getan habe oder tun musste. Diese Empfehlung kann unterschiedlich ausfallen, die Sollvorstellung kann strenger oder lockerer sein als die Beurteilung des heutigen Lebens.

Die zweite Szene verbindet das, was sich die Menschen wünschen, mit dem, was sie für die Zukunft tatsächlich erwarten. Sie zeigen *Zuversicht oder Sorge*. Geben die Befragten auf beiden Dimensionen dasselbe an, glauben sie, dass sich die Gesellschaft in Zukunft ihren Wünschen, ihren Wertvorstellungen gemäß entwickeln wird. Sie sind zuversichtlich. Antworten die Befragten auf beiden Dimensionen unterschiedlich, drücken sie damit ihre Sorge aus.

Die dritte Szene beschäftigt sich mit der Achse zwischen dem heutigen Leben und dem, was die Menschen für die Zukunft tatsächlich erwarten, mit *Kontinuität und Wandel*. Wenn sie auf beide Fragen dasselbe antworten, vermuten sie: So, wie mein Leben heute ist, wird auch das Leben aller in Zukunft sein. Da das Vermächtnis hier außen vor gelassen ist, können wir keine Aussage darüber treffen, ob dies gut oder schlecht ist. Geben die Menschen auf beide Fragen unterschiedliche Antworten, wissen wir es auch nicht. Sie drücken damit nur aus, dass die Menschen in Zukunft anders leben werden als sie selbst heute – ganz egal, was sie davon halten.

Aus diesen drei Szenen setzen sich dann die individuellen »Filme« zusammen. Es ergeben sich neun unterschiedliche Muster, dargestellt in Tabelle 1. Jedes der neun Muster enthält eine spezifische Aufforderung an die Politik und die gesellschaftlichen Akteure. Die empirischen Analysen in den weiteren Kapiteln werden zeigen, wie häufig die unterschiedlichen Verlaufsmuster gewählt werden, in welchen gesellschaftlichen

Muster			Nr.	Bezeichnung
SO IST ES HEUTE	SO SOLL ES WERDEN	SO WIRD ES SEIN		
			1	Stabilität
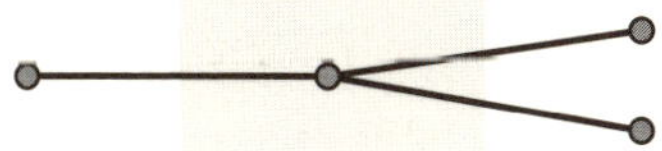			2 3	Antizipierte Erosion
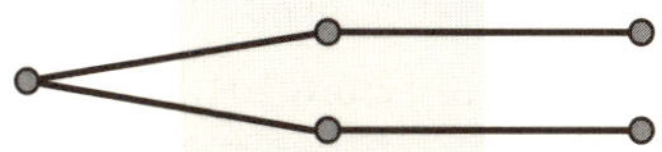			4 5	Inklusive Modernisierung
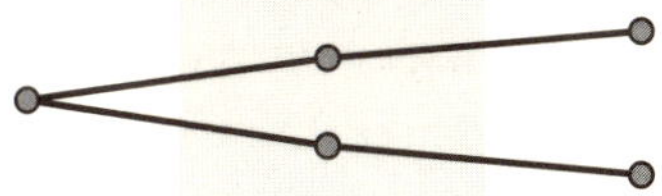			6 7	Exklusive Modernisierung
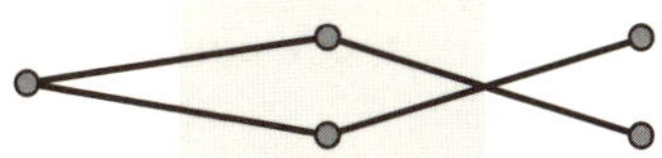			8 9	Kapitulation

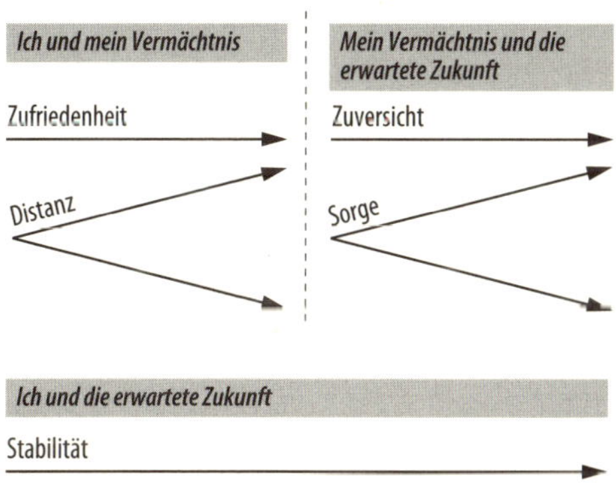

Tabelle 1. Die neun Verlaufsmuster

Bereichen sich welche Muster überwiegend zeigen und inwieweit man auch die Menschen selbst, über alle Bereiche hinweg, danach unterscheiden kann, ob sie eher gesellschaftliche Stabilität, Erosion, Modernisierung oder einen (ungewollten) Stillstand sehen.[2]

Stabilität (Muster 1). Die Menschen haben bestimmte Einstellungen und wollen diese bewahrt sehen. Sie gehen davon aus, dass dies in Zukunft auch so eintreten wird. Es ist eine stabile Gesellschaft, die diese Menschen beschreiben. Der Politik wird hier die Aufgabe zugewiesen, die Situation passiv zu beobachten. In diesen Bereichen sind Veränderungen unwahrscheinlich.

Antizipierte Erosion (Muster 2 und 3). Beide Verläufe zeigen Menschen, die ihre Einstellungen bewahren möchten. Dabei gehen sie allerdings davon aus, dass ihre Vorstellungen in der Zukunft nicht gelebt werden. Sie antizipieren eine Erosion. Diese kann zwei Formen annehmen. Werte können sich in der Zukunft entweder auflösen oder verschärfen. Es bedarf einer aktiven Koordination. Es muss etwas getan werden, um die Zukunft in eine Richtung zu lenken, die erstrebenswert erscheint. Oder umgekehrt: Es muss etwas getan werden, damit es den Menschen möglich sein wird, sich für bestimmte Veränderungen zu öffnen. Was und wie das geschehen soll, richtet sich dabei nach den einzelnen gesellschaftlichen Bereichen.

Inklusive Modernisierung (Muster 4 und 5). Hier sehen wir Menschen, die offen für Veränderungen sind und optimistisch, dass diese auch genau so in der Zukunft eintreten werden. Konkret: Man empfiehlt der nächsten Generation eine Einstellung oder ein Verhalten, welches sich von dem eigenen unterscheidet. Eine Veränderung, eine Modernisierung (oder deren Gegenteil) wird gewünscht. Man geht weiterhin davon aus, dass sich genau diese empfohlene Entwicklung zukünftig tatsächlich zeigen wird. Das Vermächtnis wird umgesetzt, man fühlt sich mitgenommen, inkludiert. Die Politik muss diese Veränderungen unterstützend begleiten.

Exklusive Modernisierung (Muster 6 und 7). Auch hier sind Menschen offen für Veränderungen. Man empfiehlt der kommenden Generation Einstellungen und Verhaltensweisen, die von den eigenen abweichen. Allerdings rechnet man damit, dass in der Zukunft tatsächlich noch viel mehr gefordert sein wird. Man zeigt sich zwar veränderungsoffen, geht aber nur den halben Weg. Die erwartete Zukunft überfordert die Menschen oder stellt sich in einer Weise dar, die sie nicht unterstützen oder leben möchten. Die Modernisierung hat einen ausschließenden Charakter, sie exkludiert. Hier muss die Politik aufklärend tätig sein und die Menschen in die Lage versetzen, den ganzen Weg mitzugehen. Oder sie muss aktuelle Entwicklungen etwas bremsen, sodass ihnen mehr Menschen folgen können.

Stillstand und Kapitulation (Muster 8 und 9). Auch hier sehen wir eine große Offenheit. Man möchte, dass sich etwas tut, dass sich Einstellungen und Werte verändern. Aber man wird enttäuscht. Denn es werden böse Rückschritte erwartet, bestenfalls eine Stabilität des Status quo. Man ruckelt, fordert Veränderungen, die anderen ziehen aber nicht mit. Es passiert also nichts, die eigenen Vorstellungen laufen ins Leere. Gesellschaftlicher Stillstand droht, man gibt auf. Hier sind Politik, Wirtschaft und Zivilgesellschaft am stärksten gefragt, und hier können sie vielleicht auch am meisten bewirken. Denn die Menschen sehen, dass es notwendig ist, sich zu bewegen. Sie selbst schaffen diese Veränderungen aber nicht und schieben die Verantwortung auf die Trägheit der anderen. Dabei sind sie selbst natürlich auch Teil der anderen. Ein klassisches soziales Dilemma.[3] Die Politik und andere gesellschaftliche Akteure müssen helfen, indem sie Hürden abbauen und klare Linien ziehen. In den einzelnen gesellschaftlichen Bereichen beschreiben wir, wie das gelingen kann. Die Wiederholung der Studie im Sommer 2016 zeigt, dass sich die Einstellungsmuster tatsächlich verändern lassen.

Uns interessierten die Einstellungen der Menschen in neun gesellschaftlich wichtigen Bereichen: soziales Leben, Wohnen, Lebensstil, Berufsleben, Besitz, Liebe und Partnerschaft, Ernährung, Gesundheit, Kommunikation und Technik. In jedem Bereich kamen die drei Fragedimensionen zum Einsatz und wurden ergänzt durch weitere Fragen, die in die Tiefe gehen. Dafür nutzten wir ungewöhnliche, aber bereits erprobte Visualisierungen. Eine Visualisierung zeigte ein Dreieck. Dieses symbolisiert eine Gesellschaft mit vielen armen und wenigen reichen Menschen. Wir baten die Befragten, sich innerhalb des Dreiecks einzuordnen, und dann eine Linie zu ziehen, an der ihrer Meinung nach die Grenze zwischen Arm und Reich verläuft.

Während der Befragung haben wir die Menschen intensiv und immer wieder darum gebeten, ihre Empfehlungen aus ihrer eigenen Erfahrung abzuleiten, also bei sich selbst anzusetzen. Um diesen Bezugspunkt zu stärken, haben wir die Befragten im Verlauf des Interviews wiederholt Sinnesreizen ausgesetzt. Wir baten sie, mithilfe sinnlicher Stimuli ihre Eindrücke zu bestimmten Düften, Oberflächen und Rhythmen zu schildern und diese mit ihren Wünschen und Erwartungen zu verbinden. Entsprechend stellten wir vor den 54 Einstellungsfragen jene zum Sinnesreiz Duft. Nach dem ersten Drittel des Fragenbündels folgte das Modul zum Tastsinn und vor dem letzten Drittel wurden schließlich die Eindrücke zu den Rhythmen ermittelt.

Von Beginn an wollten wir immer das Beste: eine hohe Fallzahl, die größtmögliche Altersspanne, eine Einwohnermeldestichprobe, persönliche Interviews und viel Zeit von den Befragten. Wir wollten, dass alle gern mitmachen, dass nur wenige die Teilnahme verweigern, nur wenige das Interview abbrechen. Und wir wünschten uns, dass sie uns am Ende bestätigen: »Aber sicher, falls Sie weitere Fragen haben, kommen Sie gern wieder. Ich würde auch ein zweites Mal antworten.« Das alles wollten wir.

Infas hat das geschafft, unsere Ziele wurden sogar übertroffen. 3000 Befragte hatten wir uns erhofft, 3104 haben wir bekommen. Hätten uns davon 75 Prozent erlaubt, sie später nochmals zu kontaktieren, wir wären höchst angetan gewesen. Es waren 88 Prozent. Doch der Reihe nach.[4]

Die Interviews zur Studie fanden zwischen Anfang Juli und Mitte Oktober 2015 statt. Im Durchschnitt dauerten sie 102 Minuten, manche waren kürzer, andere länger. Die komplexen Themen und der zeitliche Umfang forderten die Befragten durchaus heraus. Doch die gute Antwortbereitschaft zeigt: Der Fragebogen hat funktioniert.

Die Erhebung

Die Vermächtnisstudie wurde als CAPI-Befragung (Computer Assisted Personal Interview) durchgeführt. Jedes Interviewgespräch fand persönlich-mündlich statt. Alle 228 in der Studie tätigen Interviewer waren mit einem Laptop ausgerüstet, auf dem das Fragebogenprogramm hinterlegt war. Auch die Stichprobe wurde sorgfältig gezogen. Es wurde eine Personenstichprobe aus Adressregistern zufällig ausgewählter Gemeinden erstellt. Die Grundgesamtheit bildete die in Privathaushalten der Bundesrepublik lebende Bevölkerung im Alter zwischen 14 und 80 Jahren. Die Interviewer erhielten feste Kontaktdaten zur Bearbeitung. Alle ausgewählten Personen wurden vor Befragungsstart angeschrieben, über die Studie informiert und über den Datenschutz aufgeklärt. Neben einer studienspezifischen Schulung wurden ein Studienhandbuch sowie eine eigens hergestellte Materialausstattung für sensorische Messungen ausgegeben.

Die Ansprache der Sinne

Allen Befragten wurden während des Interviews verschiedene Sinnesreize vorgelegt (dazu ausführlich in Kapitel I.2). Mit kleinen Duftdosen zum Riechen, einem Fühlbeutel für eine haptische Messung sowie einem Modul zum Vorspielen von Tonfolgen wurden neue Wege im Rahmen einer CAPI-Erhebung beschritten.

Die Materialien für die Sinnesmessungen mussten natürlich erst produziert werden. Der Stoffbeutel beispielsweise, den die Interviewer den Befragten bei der »haptischen Erhebung« übergaben, enthielt eine Pappplatte mit vier Fenstern, in die die systematisch ausgewählten Oberflächen – Watte, Glas, Schmirgelpapier und Wellpappe – eingelassen waren. Die Befragten konnten durch eine schmale Öffnung in den Beutel greifen und sich so ganz auf ihren Tastsinn konzentrieren, ohne durch optische Reize abgelenkt zu werden. Die Reihenfolge war durch Buchstaben auf dem Beutel vorgegeben.

Bei der Herstellung dieser Haptikplatten standen wir vor Herausforderungen, die im sozialwissenschaftlichen Bereich nicht gerade alltäglich sind. Mit welchem Werkzeug lassen sich Kunststoffglas und Schmirgelpapier sauber zuschneiden? Und welcher Kleber haftet gut an allen Materialien – ohne dabei die Pappfassung aufzulösen? Nachdem das Produkt bei infas entwickelt worden war, wurden 250 Haptikplatten angefertigt.[5]

Spezifische Anforderungen gab es auch beim Interview selbst. Der verschlossene Beutel mit der Fühlplatte musste sichtbar und für die Befragten griffbereit auf den Tisch gelegt werden. Aus hygienischen Gründen wurden die Befragten dann gebeten, ihre Hände mit einem dafür vorgesehenen Desinfektionstuch zu reinigen. Die Akzeptanz für die – immer wieder auch als »Experiment« oder »Spielerei« bezeichneten – Messungen war indes von Anfang an gut und blieb hoch: An der Geruchs- und Fühlmessung nahmen jeweils 95 Prozent der befragten Personen teil, am Rhythmusmodul 90 Prozent.

Die Gewichtung

Wie für Umfragen in der Bundesrepublik kennzeichnend, haben auch bei der Vermächtnisstudie besser gebildete Personen etwas häufiger und weniger gebildete Personen eher etwas seltener an der Befragung teilgenommen. Allerdings war die Größenordnung dieses Phänomens, in der Fachwelt als Bildungsbias bekannt, vergleichsweise gering. Hier wurde eine Gewichtung durchgeführt, um die Verteilungen entsprechend anzupassen.[6]

Auswertung und Analysemodell

Bildung, Beruf und Einkommen prägen das Leben und die Chancen von Menschen und strukturieren damit auch die Gesellschaft. Alter, Geschlecht, Familienstand und Herkunft sind weitere Beispiele. Wir müssen diese Strukturen kennen, um zu verstehen, welche Welten Menschen erleben wollen. Wir werden daher die Einstellungen und gewählten Sinnesreize der

Merkmale	Kategorien	Erklärung
Alter	Referenz: 66 und älter	n = 557
	14 bis 17 Jahre	14- bis 17-Jährige im Vergleich zu 66-Jährigen und Älteren, n = 159
	18 bis 35 Jahre	18- bis 35-Jährige im Vergleich zu 66-Jährigen und Älteren, n = 793
	36 bis 50 Jahre	36- bis 50-Jährige im Vergleich zu 66-Jährigen und Älteren, n = 790
	51 bis 65 Jahre	51- bis 65-Jährige im Vergleich zu 66-Jährigen und Älteren, n = 801
Geschlecht	männlich, weiblich (1)	Frauen im Vergleich zu Männern (Angabe des Geschlechts erfolgt durch Interviewer), n (Männer) = 1540; n (Frauen) = 1564
Migrationserfahrung	Referenz: ohne Migrationserfahrung	Personen, die selbst und deren Eltern und Großeltern in Deutschland geboren wurden, n = 2216
	mit familiärer Migrationserfahrung	Personen, deren Eltern und/oder Großeltern nicht in Deutschland geboren, die aber selbst in Deutschland geboren wurden im Vergleich zu Personen ohne Migrationserfahrung, n = 419
	eigene Migrationserfahrung	Personen, deren Eltern und/oder Großeltern sowie sie selbst nicht in Deutschland geboren wurden im Vergleich zu Personen ohne Migrationserfahrung, n = 447
Bildung	Referenz: Volks-/Hauptschule/Mittlere Reife/Realschule ohne Ausbildung und kein Abschluss (bildungsarm)	n = 525
	Volks-/Hauptschule/Mittlere Reife/Realschule mit Ausbildung	Personen mit Volks-/Hauptschule/Mittlere Reife/Realschule Hauptschulabschluss mit beruflicher Ausbildung im Vergleich zu bildungsarmen Personen, n = 1515
	Abitur/Oberschule/ Fachhochschulreife	Fachhochschulreife/Abitur ohne/mit beruflicher Ausbildung im Vergleich zu bildungsarmen Personen, n = 273
	Akademiker	Fachhochschulabschluss oder Hochschulabschluss im Vergleich zu bildungsarmen Personen, n = 526
	In Ausbildung	Personen, die angeben, dass sie noch Schüler/innen sind. Sowie diejenigen, die 1. unter 30 Jahre alt sind 2. Abitur haben, aber keine Ausbildung 3. beim Erwerbstätigkeitsstatus angegeben haben, dass sie entweder noch in der Ausbildung seien oder „nicht erwerbstätig“[7] im Vergleich zu bildungsarmen Personen, n = 259

Merkmale	Kategorien	Erklärung
Region Ost/West	Westen, Osten (0/1)	Menschen in den neuen Bundesländern im Vergleich zu Menschen in den alten Bundesländern, n (neue Bundesländer) = 536; n (alte Bundesländer) = 2568
Kinder	ohne Kinder, mit Kindern (0/1)	Personen, die Kinder haben, im Vergleich zu Personen, die keine Kinder haben, n (mit Kindern) = 1977; n (ohne Kinder) = 1126
Erwerbstätigkeit	nein/ja (0/1)	Personen, die vollzeit- oder teilzeiterwerbstätig sind im Gegensatz zu denjenigen, die nicht erwerbstätig sind, dazu zählen: – Altersteilzeit (unabhängig davon, ob in der Arbeits- oder Freistellungsphase befindlich) – geringfügig erwerbstätig, 400-Euro-Job, Minijob – »Ein-Euro-Job« (bei Bezug von Arbeitslosengeld II) – gelegentlich oder unregelmäßig beschäftigt – in einer beruflichen Ausbildung/Lehre – in Umschulung – Wehrdienst/Zivildienst – Freiwilliges Soziales Jahr – Mutterschafts-, Erziehungsurlaub, Elternzeit oder sonstige Beurlaubung – nicht erwerbstätig (einschließlich: Schüler(n)/-innen oder Studierende, die nicht gegen Geld arbeiten, Arbeitslose, Vorruheständler(n)/-innen, Rentner(n)/-innen ohne Nebenverdienst) n (nicht vollzeit- oder teilzeiterwerbstätig) = 1740; n (erwerbstätig) = 1364
Nettoäquivalenz-einkommen (imputiert)	metrisch (€ 0 bis € 40 000)	Monatlicher Nettobetrag von allen Haushaltsmitgliedern zusammengenommen, geteilt durch die Anzahl der HH-Mitglieder. Wenn diese volljährig sind, werden sie mit 0,5 gewichtet, wenn sie unter 18 Jahre sind, werden sie mit 0,3 gewichtet[8]. Wegen relativ hoher Missinganzahl (n = 479), wurde diese Variable für die Regressionen imputiert. Die Imputation berücksichtigt 1. alle in der Gewichtungsvariable vorkommenden Variablen 2. die Gewichtung selbst 3. sowie alle hier aufgeführten Variablen[9]

Tabelle 2. Das Standardmodell zur Messung sozialstruktureller Einflussfaktoren

Menschen daraufhin untersuchen, ob sie sich systematisch nach den sozialstrukturellen Merkmalen der Menschen unterscheiden.

Um diese darzustellen, mussten viele Entscheidungen getroffen werden. Welche Alters- und Bildungsgruppen fassen wir zusammen? Wie bilden wir die Migrationserfahrung der Menschen ab? Was machen wir, wenn Angaben zum Einkommen fehlen? Um nicht zu technisch zu werden, haben wir hier die wichtigsten Informationen in Tabelle 2 zusammengestellt und verweisen ansonsten auf die Forschungsberichte zu dieser Studie.[10]

Dieses sozialstrukturelle Modell erweitern wir um Fragen zum Sozialkapital. Nach Pierre Bourdieu umfasst das soziale Kapital »die Gesamtheit der aktuellen und potenziellen Ressourcen, die mit der Teilhabe am Netz sozialer Beziehungen gegenseitigen Kennens und Anerkennens verbunden sind«.[11] In unserer Untersuchung geht es dabei weniger um statusbestimmende oder statuserhaltende Möglichkeiten, die soziale Netzwerke eröffnen. Wichtig ist uns eine andere, damit zusammenhängende Ressource: die Offenheit gegenüber Neuem, unabhängig davon, ob es sich um Menschen oder gesellschaftliche Entwicklungen handelt. Wir untersuchen, ob Menschen, die selbst einen sehr diversen Freundeskreis haben, sich systematisch in ihrem »So ist es heute«, noch stärker aber in ihrem »So soll es werden« von Menschen mit einem homogenen Freundeskreis unterscheiden.

Weiterhin ergänzen wir das sozialstrukturelle Standardmodell um subjektive Einschätzungen der Befragten. Aus Mangel an objektiven Daten gehört hierzu zunächst die Gesundheit. Die subjektive Einschätzung der eigenen Gesundheit ist ein gutes Maß für die Zufriedenheit der Menschen. Da wir Menschen zwischen 14 und 80 Jahren befragen, ist die Gesundheit weiterhin eine zentrale Variable, wenn es um das Vermächtnis und die Zukunft der Menschen geht. Mit drei Variablen messen wir die Selbstwirksamkeit der Menschen. Wir operationalisieren ihre Selbstsicherheit, ihr persönliches Handlungsvermögen (internale versus externale Kontrollüberzeugung)[12] und ihr soziales Handlungsvermögen (soziales Engagement). Wenn wir später danach fragen, welche Menschen ihre eigenen Einstellungen in die Zukunft transportieren wollen und welche offen für Veränderungen eintreten, müssen wir solche sozialpsychologischen Merkmale kennen. Letztlich geht es uns darum, welche Ängste Menschen empfinden. Dabei unterscheiden wir die Angst vor Krieg, Terror und Überfremdung, die Angst vor persönlicher Armut und die Angst vor der eigenen Einsamkeit. Diese drei Ängste leiten sich aus zahlreichen erhobenen Fragen ab und bilden drei klar abgegrenzte Dimensionen.

Die sozialstrukturellen Merkmale, die Angaben zum Sozialkapital und die sozialpsychologischen Einstellungsfragen gehen als unabhängige Variablen in die Regressionsanalysen ein. Wir schätzen also, wie gut sich die Antworten auf die Fragen »Wie ist es heute?«, »Wie soll es werden?« und »Wie wird es sein?« (oder deren Verbindung) durch die unabhängigen Variablen vorhersagen lassen und welche Merkmale dabei den größten Unterschied machen. Dieses methodische Vorgehen setzt voraus, dass die einzelnen unabhängigen Variablen selbst nicht miteinander verbunden sind. Dies ist der Fall. Blickt man auf die Korrelationsmatrix, findet man wenige Korrelationen, die höher als 0,1 liegen. Ausnahmen sind Alter und Kinder (0,5), Bildung und Einkommen (0,2), Einkommen und Erwerbstätigkeit (0,2) sowie die Angst vor Überfremdung und die Angst vor Armut (0,2). Der Zusammenhang zwischen Alter und Kindern ist dabei so hoch, dass wir die Regressionen nach Alter und Elternschaft getrennt schätzen, um sicherzugehen, dass die Vorhersagen stabil sind. Des Weiteren testen wir, ob in den Modellen die Daten stark streuen (Heteroskedastizität).

Wir schätzen hierarchische Modelle. In Modell 1 führen wir alle sozialstrukturellen Variablen ein, in Modell 2 ergänzen wir die Angabe zum Sozialkapital und in Modell 3 alle sozialpsychologischen Variablen. Dieses Vorgehen erlaubt uns zu untersuchen, inwieweit die einzelnen Variablenblöcke einen eigenen Beitrag zur Erklärung einer bestimmten Einstellung leisten.

2.
Sinneseindrücke: Wie sich das Leben anfühlt

Vieles bewegt, berührt und prägt uns und unser Zusammenleben, ohne dass wir darüber nachdenken oder reden. Und nicht alles, was im Leben zählt, lässt sich in Worte fassen. Gerade das Lebensgefühl, und daraus abgeleitet die Welt, die wir erleben und vermachen wollen, lässt sich nur schwer beschreiben. Was also tun? Wir haben uns für ein bislang in der quantitativen Forschung noch nie angewandtes Verfahren entschieden und werden auch Sinneswahrnehmungen erheben. Wir wollen von den Menschen wissen, wie die Welt für sie riecht, wie sich ihr Leben anfühlt, wie es klingt. Doch nicht nur das. Die Frage nach den Sinneseindrücken soll auch mittelbar wirken. Sie soll die Menschen stärker orten und auf sich beziehen, sie vergessen lassen, was andere jetzt sagen würden, weil es gerade politisch opportun ist. Wir wollen das ganz persönliche Vermächtnis der Menschen hören. Ihr eigenes. Nicht das der anderen. Und wir hoffen, dass eine Erhebung, die zum Riechen, Anfassen und Lauschen einlädt, uns näher an das heranführt, was wir das innere Empfinden des Menschen nennen.

In der konkreten Umsetzung ging das so: Über 3100 Befragte bekamen im Laufe des Interviews vier kleine Duftdosen zum Riechen, vier verschiedene Oberflächen zum Ertasten und vier digital gespeicherte Rhythmen zum Hören. Sie wurden gebeten, jeweils die Probe zu benennen, die ihrem heutigen Lebensgefühl, ihrem Vermächtnis und ihren Erwartungen für die Zukunft entspricht, und ihre Auswahl anschließend zu begründen. Diese Erläuterung der ausgewählten Sinneseindrücke war uns besonders wichtig.

In diesem Kapitel werde ich zunächst darstellen, welche Sinnesreize wir warum ausgewählt haben. Zügig komme ich dann zu den Ergebnissen: Mit welchen Gefühlen verbinden die Befragten ihr Leben jetzt und hier? Welche Gefühle wollen sie den nachfolgenden Generationen vermachen? Was erwarten sie von der Zukunft? Dann erläutere ich die Verläufe, die individuellen »Filmchen«. Wie verhält sich das Vermächtnis zum Heute und zur erwarteten Zukunft? Wählen die Befragten immer denselben Duft oder ändern sie ihre Entscheidung? Und, viel wichtiger, warum?

Zur Auswahl, Erhebung und Auswertung der Sinnesreize

Bei der Entwicklung unserer Befragungsinstrumente wollten mehrere Herausforderungen gemeistert werden: Es war sicherzustellen, dass unser Vorgehen von den Befragten überhaupt *akzeptiert* wird. Da wir nicht davon ausgehen konnten, dass die Menschen von fremden Interviewern vertrauensvoll Geschmacksproben annehmen würden, haben wir auf geschmackliche Stimuli verzichtet. Die Reize mussten auch *vergleichbar präsentiert* werden können. Der Einsatz visueller Reize war somit nicht möglich, da unser Auge auf Lichtverhältnisse reagiert und wir durch unser peripheres Sehen auch die verschiedenen Reize aus dem Umfeld aufnehmen. Diese konnten nicht vergleichbar gehalten werden, da die Interviews bei den Befragten zu Hause stattfinden sollten.

Eine weitere Herausforderung betraf die sinnliche Wahrnehmung der eingesetzten Reize. Wir mussten vermeiden, dass bestimmte Reize sofort mit kulturell belegten und vorbewerteten Mustern verbunden werden und wir lediglich die Reaktion der Menschen auf diese Muster abfragen. So ist gerade die Musik stark mit kulturellen Praktiken und gesellschaftlichen Bewertungskategorien verknüpft und damit symbolisch konnotiert. Oft können Menschen dann gar nicht anders, als Klangbeispiele zu deuten und das Gehörte unwillkürlich zu mögen oder abzulehnen.[13] Die soziale Schicht und das Alter spielen dabei eine große Rolle.[14] Daher galt es, solche stark soziokulturell geprägten Reize und ihre Deutungen zu vermeiden.

Es war also nicht einfach, konkrete Sinnesreize auszuwählen. Wir stützten uns dabei auf wahrnehmungsbezogene Studien aus verschiedenen Disziplinen. Im Folgenden führen wir diese kurz aus.[15]

Das Riechen

Hier bezogen wir uns auf den von Andrew Dravnieks im Jahr 1985 erstellten *Atlas of Odor Character Profiles*, die größte uns bekannte Sammlung von monomolekularen Gerüchen und deren Wahrnehmung.[16] Diese katalogisierten Gerüche und Geruchswahrnehmungen bildeten den Ausgangspunkt der von Jason B. Castro und seinen Mitarbeitern im Jahr 2013 vorgelegten Clusterung.[17] Die Wissenschaftler untersuchten mit faktorenanalytischen Verfahren, welche Gerüche als ähnlicher oder unähnlicher empfunden worden waren. In einem abstrakten mehrdimensionalen Raum, dem »menschlichen Geruchsraum« *(human odor space)*, ergaben sich acht Geruchsgruppen.

Für die Vermächtnisstudie beschränkten wir uns auf vier Gerüche und wählten je einen Duft aus den vier maximal weit auseinanderliegenden Gruppen aus. So kamen wir zu Grapefruit (Cluster 1), Leder (Cluster 2), Rose (Cluster 4) und Heu (Cluster 7). Vor dem Einsatz dieser Gerüche haben wir umfangreiche Tests durchgeführt, um sicherzugehen, dass diese Gerüche tatsächlich sauber voneinander unterschieden werden können.

Das Fühlen

Bei den haptischen Reizen stützten wir uns insbesondere auf die 2001 erstellte gestaltungswissenschaftliche Arbeit von Susanna Meyer, die mittels »haptischer Profile« die menschliche Wahrnehmung verschiedener Gegenstände und deren emotionalen Symbolgehalt bestimmt.[18] Meyer benannte fünf Dimensionen, die für die Wahrnehmung und Bewertung von Materialien grundlegend sind: Konsistenz (hart/weich), Textur (glatt/rau), Temperatur (warm/kalt), Form (abgerundet/kantig) und Gewicht (schwer/leicht). Sie zeigte, dass diese Dimensionen in unterschiedlicher Weise zum emotionalen Symbolgehalt haptischer Reize beitragen. Zudem stellte sich heraus, dass insbesondere die haptischen Dimensionen Konsistenz und Textur entscheidend für die Emotionsqualität der ertasteten Gegenstände sind. Meyer bezeichnete sie als »haptische Superdimensionen«.[19]

Bei der Materialauswahl konzentrierten wir uns auf haptische Reize, die hinsichtlich ihrer Textur und Konsistenz möglichst eindeutig sind. Auch die Temperatur konnten wir berücksichtigen, Gewicht und Form blieben aber außen vor. Haptische Reize mit einer bestimmten Form und einem bestimmten Gewicht verleiten zu Spekulationen, welchen Gegenstand man da in der Hand halten könnte. Den Gegenstand selbst konnten wir aber nicht zeigen, um Interferenzen zwischen der Beurteilung der Gegenstände und der Haptik zu vermeiden. Letztlich wählten wir vier Materialien aus, nämlich Watte, Glas, Schmirgelpapier und Wellpappe. Diese Materialien wurden als Oberflächen in Tasttafeln integriert.[20]

Das Hören

Bei der Auswahl von akustischen Reizen haben wir uns für Rhythmen entschieden. Nicht variiert wurden andere musikalische und auditive Gestaltungsfaktoren wie Klang, Harmonik und Tonart. Mit Rhythmen werden Emotionen ausgedrückt, die sich über lange Zeit bei bestimmten Takt-, Tempo- und Rhythmus-Kombinationen nicht zu verändern scheinen. Sie wirken beinahe unabhängig von der persönlichen Erfahrung und werden eher körperlich gefühlt.[21] Ausgangspunkt war eine umfassende Analyse von Helga de la Motte-Haber aus dem Jahr 1968.[22] Die Musikwissenschaftlerin isolierte zehn Rhythmen, die sehr unterschiedliche Gefühle hervorrufen.

Für die Vermächtnisstudie haben wir jene vier Rhythmen ausgewählt, deren emotionale Qualitäten besonders weit auseinanderliegen. Konstant gehalten wurden dabei alle Faktoren, die die Rhythmuswahrnehmung beeinflussen können. So wurde das Tempo auf 120 Schläge pro Minute festgelegt, eine »mittlere Geschwindigkeit«, bei der sich die Rhythmen gut unterscheiden lassen. Alle Rhythmen wurden mit demselben Klaviersynthesizer im Kammerton a' eingespielt und für die Befragten jeweils 20 Sekunden lang wiederholt.

Die so identifizierten Rhythmen nennen wir gleichmäßig, dynamisch, ruhig und wechselhaft. Sie werden in Tabelle 3 dargestellt.

Rhythmus	Bezeichnung	Notierung
1	Gleichmäßig	| ♩ ♫ ♩ ♫ |
2	Dynamisch	| ♩.. 𝅘𝅥𝅯 ♩.. 𝅘𝅥𝅯 |
3	Ruhig	♪ | 𝅗𝅥..
4	Wechselhaft	| ♩ 𝅗𝅥 ♩ |

Tabelle 3. Die vier Rhythmen der Vermächtnisstudie

Die Umsetzung: Fragetechnik und Auswertungsverfahren

Die Befragten wurden jeweils um zwei Reaktionen gebeten. Wir wollten wissen, welche der Proben zum Riechen, Tasten und Hören ihrem aktuellen Lebensgefühl, ihrem Vermächtnis und ihren Erwartungen an die Zukunft entspricht. Und, noch wichtiger: Uns interessierte, warum sie sich für die jeweilige Probe entschieden haben. Die Menschen erzählten, was sie bei der ausgewählten Probe empfanden und mit welchen positiven oder negativen Erfahrungen, Wünschen oder Ängsten sie dies verbanden. In den offenen Antworten wirken der sinnliche und der sprachliche Stimulus zusammen. Wir nutzen also *Sinnesreize als Stimulus, um individuelle emotionale Eindrücke zu ermitteln.*

Dieses Vorgehen war erfolgreich. Wir erhielten über 27 000 offene Antworten (von über 3100 Befragten zu den drei Sinnen mit je drei offenen Fragen).[23] Wir entwickelten ein Kodier-Schema, mit dessen Hilfe jede offene Antwort erfasst und gedeutet werden konnte. Dabei verzeichneten wir, wie ein Reiz bewertet wird (positiv, negativ, nicht eindeutig oder gar nicht) und welchen Bezug die Befragten herstellen.

Mit welchen Sinneseindrücken die Menschen ihr Leben heute beschreiben

An die 3000 Menschen haben an den Duftdosen gerochen, die Oberflächen erfühlt, die Rhythmen gehört. Die allermeisten haben mitgemacht, sich entschieden und ihre Auswahl begründet. Nun sind wir gespannt. Welcher Rhythmus, welcher Duft und welche Oberfläche wurden am häufigsten gewählt, wenn wir nach dem aktuellen Lebensgefühl fragen?

Eine erste Antwort ist schnell gegeben: Die Favoriten sind der Duft einer Grapefruit, das Gefühl von Watte und ein gleichmäßiger Rhythmus. In Zahlen: Beim Riechen entscheiden sich 47 Prozent für die Grapefruit, 32 Prozent für die Rose, 17 Prozent für das Heu und 5 Prozent für das Leder.[24] Beim Fühlen wählen 49 Prozent die Watte, 27 Prozent die Wellpappe und je 12 Prozent das Glas und das Schmirgelpapier. Beim Hören nehmen 41 Prozent den gleichmäßigen Rhythmus, 25 Prozent den dynamischen, 18 Prozent den ruhigen und 16 Prozent den wechselhaften Rhythmus. Wir sehen: Die gesamte Palette der zwölf Reize wurde aktiv genutzt, um das heutige Lebensgefühl zu beschreiben. Die schwierige Zusammenstellung der Sinnesreize hat sich gelohnt.

Nun sind die sinnlichen Stimuli für uns nur Mittel zum Zweck. Uns interessiert, was uns die Menschen mit den gewählten Sinnesreizen sagen wollen, was sie assoziieren, welches Lebensgefühl sie damit verbinden. Zwei zentrale Ergebnisse springen sofort ins Auge. Erstens: Die Begründungen für die gewählten Sinnesreize unterscheiden sich stark. Riechen, Fühlen und Hören sprechen jeweils einen anderen Lebensbereich an. Wir können also nicht einen Sinn als »Statthalter« für die anderen Sinne und damit zur Kennzeichnung des Lebensgefühls verwenden. Zweitens: Die vier Reize je Sinn lassen sich nicht getrennt auswerten, da unterschiedliche Reize gewählt werden, um dasselbe Lebensgefühl zu artikulieren. Einige Beispiele illustrieren das gut: Grapefruit und Rose werden gleichermaßen positiv wahrgenommen, und oft entsprechen sich auch die Assoziationen auf diese Düfte. Allerdings kann auch derselbe Sinnesreiz zu ganz unterschiedlichen Gefühlen führen. So empfinden einige Menschen den Geruch von Leder als sehr wohltuend, die meisten aber als unangenehm. Bei Glas wird auf dessen Glätte hingewiesen, um damit ein angeregtes Leben ebenso zu umschreiben wie öde Langeweile. Wir fassen also die Antworten auf alle Reize pro Sinn zusammen und berücksichtigen ausschließlich die Begründungen, die zur Auswahl eines Sinnesreizes geführt haben. Dann notieren wir, ob aus den Antworten ein klar und unmissverständlich formuliertes gutes oder schlechtes Lebensgefühl hervorgeht. Bei den meisten Antworten ist das einfach zu erkennen, bei manchen lässt sich dies aus den Worten nicht erschließen. Diese uneindeutigen Aussagen verfolgen wir zunächst nicht weiter.[25]

Wie also steht es um das Lebensgefühl der Menschen in Deutschland? Nutzt man als Sinnesreiz die Düfte, fühlen sich die allermeisten Menschen pudelwohl: 82 Prozent der Befragten finden Worte des Glücks, der Liebe und des Wohlergehens. Das haben wir so nicht erwartet. Lässt man die Menschen die von ihnen ausgewählten Oberflächen beschreiben, äußern sich 67 Prozent höchst zufrieden, ein Unterschied von 15 Prozentpunkten. Nimmt man als Ausgangspunkt die Rhythmen, sind nur 53 Prozent der Befragten mit ihrem heutigen Leben zufrieden. Der Anteil von Menschen, die sich nicht gut fühlen, liegt ebenfalls weit auseinander. Auf Grundlage der Düfte sind es 4 Prozent, beim Fühlen 15 Prozent und beim Hören 16 Prozent.[26]

Die großen Unterschiede, die sich je nach Sinnesreiz in der Befindlichkeit der Menschen zeigen, sind für uns zunächst verblüffend. Was passiert mit den Menschen, wenn der Sinnesreiz auf sie einwirkt? An was denken sie? Finden wir Muster und können wir erklären, welche Menschen was assoziieren?

Riechen. Beim Duft geben die Menschen eine sehr spontane Antwort. Sie denken nicht groß nach. Sie riechen an den vier Düften, geben sich ihnen hin und wählen. Meist entscheiden sie sich für einen Duft, der für etwas sehr Positives in ihrem Leben steht. Was auch heißt: Es gibt diese wohligen und erfreulichen Aspekte im Leben von über 80 Prozent unserer Befragten. Überwiegend verweisen die Menschen dabei auf bestimmte Gegebenheiten mit Freunden und der Familie. Ein Beispiel mag hier genügen. Eine Person wählt den Grapefruitduft und spricht von einem »frischen guten Geruch, der mich an Geselligkeit, warme Sommertage und Erlebnisse mit Freunden denken lässt«.[27] Sehr wahrscheinlich gibt es auch Schattenseiten im Leben der Menschen, diese kommen ihnen beim Riechen aber gar nicht in den Sinn. Das Leder wird selten gewählt. Erst später, wenn es um die Haptik oder die Rhythmen geht, werden sie ihr Lebensgefühl anders und meist kritischer kennzeichnen.

Der Fragebogen zur Vermächtnisstudie ist lang, und am Ende des Gesprächs wissen wir sehr viel über die Menschen, die wir getroffen haben. Man sollte also meinen, dass man relativ eindeutig bestimmen kann, welche Menschen ein frohes Lebensgefühl haben und welche nicht. Das klappt aber nicht. Wir finden keine Muster, wenn wir die üblichen Unterscheidungsmerkmale der sozialen Ungleichheitsforschung betrachten. Diese überschäumend jauchzenden Menschen sind reich und arm, alt und jung, gut und schlecht gebildet, Eltern oder eben nicht. Sie arbeiten, sind in Ausbildung oder in Rente, sie leben in Städten und auf dem Land. Nur eine einzige Strukturvariable macht einen Unterschied: Ost/West. Menschen, die in den neuen Bundesländern leben, wählen viel eher einen Duft, den sie mit einem frohen Lebensgefühl verbinden, als Menschen in den alten Bundesländern.[28]

Nun haben wir neben diesen sozialstrukturellen auch sozialpsychologische Merkmale erhoben. Wir wissen also, ob die Menschen ihren Lebensverlauf auf Glück oder eigene Leistung zurückführen, ob sie sich dem Schicksal ausgeliefert sehen oder meinen, ihr Leben selbst in der Hand zu haben, ob sie eher selbstsicher oder gehemmt auftreten. Wenn wir die Wahl der Düfte und deren Begründung analysieren, so ist der Einfluss dieser sozialpsychologischen Merkmale enorm. Menschen, die davon überzeugt sind, dass Leistung statt Glück zählt (internale Kontrollüberzeugung), die meinen, die Geschicke der Welt mitgestalten zu können (hohes soziales Handlungsvermögen), und Menschen mit einer großen Selbstsicherheit sind jene, die beim Duft wesentlich eher ein optimistisches Lebensgefühl äußern, als Menschen, die ihr Leben vom Schicksal geprägt sehen. Dies war so auch zu erwarten. Wir hatten allerdings nicht damit gerechnet, dass diese psychologischen Faktoren völlig losgelöst von den sozialstrukturellen Merkmalen der Menschen auftreten. Oft wird hier der Begriff der Resilienz benutzt.

Fühlen. Wenn Menschen die Oberflächen fühlen und angeben sollen, für welche sie sich warum entscheiden, fangen sie an zu denken. Die Antworten kommen längst nicht so spontan wie beim Duft. Immer noch wählen knapp 70 Prozent der Menschen Oberflächen aus, die ihnen Anlass geben, ein sehr gutes Lebensgefühl zu beschreiben. Mit dem Nachdenken tauchen aber auch Schatten im Leben auf. Erwähnt werden materielle Unsicherheiten ebenso wie politische Krisen. Hier, beim Fühlen, können wir viel besser als beim Duft die Wahl und Bewertung der Menschen erklären. Menschen mit einem hohen Einkommen äußern eher ein gutes Lebensgefühl als Menschen mit niedrigem Einkommen. Psychologische Faktoren – internale Kontrolle, Selbstbewusstsein und Selbstsicherheit – spielen auch hier eine Rolle, ihr Einfluss ist aber nicht so stark wie bei den Düften.

Hören. Auch bei der Entscheidung für einen der vier Rhythmen denken die Menschen viel länger nach als bei den Düften, und auch hier kommen sie zu einer insgesamt kritischeren Einschätzung ihres Lebensgefühls. Eindeutig positiv urteilen nur noch 53 Prozent der Befragten. Die empfangenen Reize werden meist mit Hinweis auf die Rhythmik ihres Lebens interpretiert. »Aufstehen, arbeiten, schlafen, das ist mein Rhythmus, mal auch 'ne Pause«, sagt eine Person exemplarisch. »Erinnert mich an konstanten, relativ schnellen Herzschlag. Ich bin in einer Übergangsphase zwischen Schule und Studium. Daher geht alles hastig, man muss aber eher konstant bleiben«, umschreibt es eine andere. Es geht den Menschen um die Taktung des Lebens, die allgemeine Beschleunigung und den Druck, irgendwie mithalten zu müssen. Und auch hier können wir Menschen mit einem guten und einem eher angespannten Lebensgefühl klar unterscheiden. Das Alter, die Gesundheit und die Angst vor Armut sind hier wesentlich. Menschen unter 51 Jahren lassen eher als die über 65-Jährigen ein kritisches Lebensgefühl erkennen, ebenso Menschen, die sich nicht gesund fühlen, und jene, die Angst vor Armut haben. Ganz im Gegensatz zu den Düften sind bei den Rhythmen die Selbstwirksamkeit, die Selbstsicherheit und die Überzeugung, etwas bewegen zu können, völlig unerheblich. Gegen die extern gesetzte Taktung des Lebens kommen die sozialpsychologischen Merkmale nicht an.

So weit das Lebensgefühl heute oder, besser, dessen unterschiedliche Ausprägungen: Das Riechen, welches zu spontanen Reaktionen großen Wohlbefindens führt, das Fühlen, welches zu einer Reflexion des eigenen Lebens verleitet, und das Hören, welches sich kritisch mit der Arbeitsgesellschaft auseinandersetzt. Gezeichnet wird das Bild einer Gesellschaft, in der die Menschen nicht jammern und sich die große Mehrheit noch richtig freuen kann. Diese Freude am Leben, geäußert in Reaktion auf die Düfte, hat uns beeindruckt und viele überrascht. Solange wir diese Freude bewahren können, geht es uns gut. Die teilweise kritischen Reaktionen auf die beiden anderen Sinnesreize haben wir erwartet und auch, dass hier sozialstrukturelle Unterschiede deutlich sichtbar werden. Beim Fühlen offenbaren 15 Prozent der Menschen, bei den Rhythmen 16 Prozent ein deutliches Unwohlsein. Im Verlauf dieses Buches können wir dieses Unbehagen inhaltlich gut beschreiben.

Die Erhebung und Bewertung von Sinnesreizen ist in dieser Art völlig neu, und noch wissen wir nicht, wie belastbar die Ergebnisse und damit unsere Interpretationen sind. Die Antworten auf die Fragen zum Vermächtnis der Menschen werden uns hier weiteren Aufschluss geben. Natürlich und zentral interessiert uns aber zunächst die Frage: Wie wollen die Menschen leben? Welches Lebensgefühl empfehlen die Menschen den kommenden Generationen?

Das Vermächtnis: Welche Sinneseindrücke die Menschen den kommenden Generationen wünschen

Wenn es um Gefühle geht, die von Sinnesreizen ausgelöst werden, sind Soll-Fragen wenig hilfreich. Statt einem »Wie *soll* sich das Leben anfühlen, wie *soll* es riechen, wie *soll* es klingen?«, haben wir daher gefragt, welchen Duft, welche Oberfläche und welchen Klang sich die Menschen in der Zukunft *wünschen*.

Wieder haben die *Geruchsreize* sehr spontane und gefühlsbetonte Assoziationen zum persönlichen Leben hervorgerufen und spiegeln Nähe und Geborgenheit. Im Vergleich zur Einschätzung des Lebens heute ändert sich nichts. Die vier Duftreize werden so häufig gewählt wie bei der Frage nach dem heutigen Lebensgefühl. Auch die Bewertung verschiebt sich nicht. Gefragt nach dem Vermächtnis, formulieren 87 Prozent eindeutig positive Wünsche. Die Antworten von 12 Prozent sind rein beschreibend, ihnen kann weder eine positive noch eine negative Richtung entnommen werden.[29] Die Menschen in Deutschland wünschen den Kindern und Kindeskindern also nicht mehr und nicht weniger als das, was die Gesellschaft heute ausmacht. Welch ein positives Zeugnis für das Leben heute.

Die *haptischen Reize* wecken reflektierte Assoziationen, die eng mit Selbstwirksamkeit und materieller Sicherheit verbunden sind. Hier sind die Veränderungen deutlich. Man wünscht der kommenden Generation ein besseres Leben. Das zeigt sich schon bei der Wahl der Materialien. Die Watte steigt um 10 Prozentpunkte auf 59 Prozent, die Wellpappe fällt um 11 Prozentpunkte auf 16 Prozent. Auch Schmirgelpapier und Glas werden seltener ausgesucht. Klar positive Wünsche äußern jetzt 83 Prozent, 16 Prozentpunkte mehr als beim Leben heute. Gleichermaßen fallen die negativen Aussagen von 15 auf 1 Prozent.

Die *akustischen Reize* verleiten die Menschen dazu, sich Gedanken zu machen, ob sie sich der Welt physisch und psychisch gewachsen sehen. Verglichen mit dem Riechen und Fühlen sind die gewünschten Veränderungen beim Hören riesig. 83 Prozent statt zuvor 53 Prozent im Hier und Heute umschreiben ihren gewünschten Rhythmus für die Zukunft mit Worten, die eindeutig positiv konnotiert sind. Interessant dabei ist, dass im Gegensatz zu den Oberflächen sich die reine Verteilung der vier vorgelegten Reize nicht ändert. Dies heißt nicht, dass die Menschen bei ihrem Rhythmus bleiben und ihn anders interpretieren. Vielmehr bewegen sich die einzelnen Menschen zwischen den Rhythmen und beurteilen die vier Rhythmen sehr unterschiedlich. Wenn wir später die individuellen Verläufe zwischen dem Heute und dem Vermächtnis erläutern, wird dieser Punkt deutlich.

Ich schließe die Darstellung zum Vermächtnis der Sinne mit einem methodischen Punkt. Hierzu vergleichen wir nochmals die Verteilung der Antworten zum Hier und Heute mit denen zum Vermächtnis. Beim Hier und Heute unterscheidet sich der Anteil der Menschen, die sich klar positiv äußern, wesentlich nach den drei Sinnen. Bei dem Duft sind es wie erwähnt 82 Prozent, bei der Haptik 67 Prozent, bei den Rhythmen 53 Prozent. Klar negativ äußern sich 4, 15 und 16 Prozent. Das Vermächtnis dagegen zeigt: Die Antworten liegen sehr eng beisammen. Beim Duft äußern sich 87 Prozent, bei der Haptik 83 Prozent und bei den Rhythmen 83 Prozent positiv. Der Anteil von klar negativ konnotierten Antworten liegt immer bei 1 Prozent, die anderen Antworten fallen weder positiv noch negativ aus. Wenn wir davon ausgehen, dass man nur Gutes vermacht, spricht die Ähnlichkeit der Antworten im Vermächtnis über die drei Sinne hinweg für unser Erhebungsinstrument. Außerdem werden dadurch auch die Ergebnisse in der Dimension »Wie ist es heute?« bestätigt. Die Unterschiede zwischen den Sinnen sind kein methodisches Artefakt. Die Menschen in Deutschland differenzieren deutlich nach ihren Lebensbereichen. »Je nachdem« würden sie bei einer standardisierten Frage wohl antworten. Den künftigen Generationen hingegen wünschen alle ein rundum gutes Leben.

Die Zukunft: Welche Sinneseindrücke die Menschen tatsächlich erwarten

»Was glauben Sie: Welchen *Duft* wird die Zukunft *tatsächlich* haben? Warum?« In dieser Fragedimension sind die Düfte ganz anders gemischt als im Heute und im Vermächtnis. Das Leichte und Frische ist verweht. Die Grapefruit wird nur noch von 20 Prozent gewählt, die Rose von 16 Prozent. Das sind gewaltige Veränderungen. Die Zukunft riecht für die meisten nach Leder. 39 Prozent nennen nun diesen Geruch statt der 5 Prozent bei der Frage nach dem heutigen Lebensgefühl. Beim Heu sind es 24 Prozent. Der Geruch der Zukunft wird häufig mit den Worten *schwer*, *unangenehm* oder *künstlich* beschrieben. Auf die *Umwelt* wird verwiesen, auf die *Chemie*, auf *Probleme*, auf *Veränderungen*. Das Leben wird schwerer. Und ungewiss. Mehr als die Hälfte (58 Prozent) der Menschen äußert Zukunftssorgen. Der Anteil jener, die der Zukunft mit Freude entgegensehen, liegt bei 15 Prozent. Bei 27 Prozent kann man die Antwort nicht eindeutig zuordnen.

Die Sorgen ziehen sich durch die ganze Bevölkerung, ob arm oder reich, ohne oder mit Bildung, Frau oder Mann. Keine Gruppe sticht besonders hervor. Wer aber zeigt Zuversicht? Jene, die sich auf die Zukunft freuen, ihr gelassen entgegensehen? Zwei Gruppen fallen auf. Menschen mit eigener Migrationserfahrung und Menschen in den neuen Bundesländern äußern sich zum Geruch der Zukunft viel positiver als Menschen, die (schon immer) in den alten Bundesländern leben. Offenbar haben diese Menschen niedrigere Erwartungen oder einen anderen Bezugspunkt und sehen davon ausgehend optimistischer in die Zukunft. Und auch Menschen, die sich Selbstwirksamkeit zuschreiben und sich nicht den Verhältnissen ausgesetzt fühlen, haben einen helleren Blick nach vorn.

Auch bei den *Oberflächen* ändert sich das Gesamtgefühl. Das Weiche verschwindet, die Zukunft wird holprig. Weniger Menschen entscheiden sich für die Watte, ihr Anteil sinkt drastisch von 49 Prozent im heutigen Leben auf nur 6 Prozent. Die Herausforderung des Schmirgelpapiers wählen 40 statt 12 Prozent. In der Beschreibung wird das *angenehm* und *weich* des Lebens heute verdrängt von einem großen, alleinstehenden *rau*. Hinzu kommen *hart, holprig, auf und ab, uneben*. Die Befragten sind besorgt und viel besorgter als bei den Düften. Mehr als 70 Prozent der Antworten verweisen auf Zweifel und Ungewissheit. Eine Person fasst es wie folgt in Worte: »Keine feste Fläche, fühlt sich nach Unsicherheit an.« Gerade 7 Prozent äußern eine frohe Erwartung. Auch hier zeigt sich: Menschen mit eigener Migrationserfahrung blicken weniger sorgenvoll in die Zukunft als andere. Und die Menschen in den neuen Bundesländern sind optimistischer als jene in den alten Bundesländern. »Wohlfühlen kann man schaffen, damit man glücklich ist«, sagt ein Gesprächspartner.

Und beim *Hören*? Die Verteilung der vier Rhythmen ändert sich nicht, wohl aber die Assoziationen. Immer wieder werden die Worte *schnell* und *hektisch* genannt, wesentlich häufiger als zuvor. Es wird formuliert, wie das Leben wohl verlaufen wird: »Zack, zack, zack, ohne Pausen, bestimmt den Lebensrhythmus der Zukunft«, aber auch: »Die Zukunft wird eher etwas hektischer werden, und man gönnt sich selber keine Zeit oder Pausen, sondern funktioniert eher und erledigt alles schneller und hastig.« Solche Sorgen äußern nun 72 statt zuvor 16 Prozent. Dabei zeigen sich junge Menschen unter 36 Jahren viel kritischer als Menschen über 65 Jahre. 10 Prozent der Menschen zeigen sich optimistisch. Sie haben wiederum häufiger Migrationserfahrung. Sie sind mit ihrer Gesundheit zufrieden und haben, was man wohl zudem noch braucht: den Glauben, dass man selbst etwas an den Verhältnissen ändern kann. Dies ist nun auch beim Rhythmus der mit Abstand stärkste Effekt.

So weit die Ergebnisse, wenn wir die Antworten der Befragten für jede Fragedimension getrennt betrachten. Wir wissen: Dieses Vorgehen sagt noch nichts darüber aus, ob es Menschen gibt, die sich beim Riechen, Fühlen und Hören durchgängig froh oder bedrückt zeigen. Welche Muster lassen sich entdecken, wenn wir die Antwortabfolge jeder einzelnen Person betrachten? Wie viele Menschen lassen sich den jeweiligen Verlaufsmustern zuordnen? Bleibt der Einfluss von Migrationserfahrung und Wohnort in den neuen oder den alten Bundesländern erhalten? Und viel wichtiger: Leiten sich aus den Mustern bereits erste gesellschaftspolitische Handlungsimperative ab?

Die Verlaufsmuster: Wollen die Menschen ihre Sinneseindrücke weitergeben? Erwarten sie, dass sich ihre Wünsche realisieren?

Sicher ist es interessant zu wissen, wie sich die Menschen in Deutschland heute fühlen, was sie sich für morgen wünschen und was sie für die Zukunft tatsächlich erwarten. Das allein reicht aber nicht. Wir haben viele frohe Antworten erhalten und gleichzeitig viele bedrückte und ängstliche Stimmen vernommen. Wir müssen dem nachgehen. Wir müssen wissen, ob die Sorge alle drei Sinne und alle drei zeitlichen Dimensionen umfasst, ob es sich also um Menschen handelt, die sich durchgängig miserabel fühlen. Und umgekehrt natürlich auch, ob es bestimmte Menschen gibt, die völlig sorgenfrei und optimistisch auf ihr Leben heute und in die Zukunft blicken. Zur Erläuterung greifen wir zurück auf unsere im vorangegangenen

Kapitel beschriebenen Verlaufsmuster, die »Filme«, welche sich aus jeweils drei Szenen zusammensetzen (siehe Tabelle 1 und Innenklappe). Es geht uns darum, ob die Befragten den von ihnen gewählten Duft, haptischen Reiz und Rhythmus zwischen den drei Fragedimensionen wechseln oder nicht.

Szene 1. Ich und mein Vermächtnis: Zufrieden oder distanziert?

Die erste Szene handelt von dem Lebensgefühl der Befragten heute und dem Lebensgefühl, welches sie sich wünschen. Beim Duft möchten 63 Prozent, bei der Haptik 58 Prozent, beim Rhythmus 54 Prozent ihr heutiges Lebensgefühl vermachen. Bei allen drei Sinnen ist dies eine Mehrheit. Diese Menschen sind heute zufrieden, und zwar so sehr, dass sie nichts verändert wissen wollen. Dabei handelt es sich besonders um die *Älteren*, um *Menschen mit Kindern* und um *Menschen mit hoher Kontrollüberzeugung*. Zunächst zu den Älteren. Bei den Auswertungen der Daten zu allen drei Sinnen ergibt sich ein klares Bild: Je älter die Menschen sind, desto eher wünschen sie auch nachfolgenden Generationen ihr heutiges Lebensgefühl. Beim Duft ist der Effekt am stärksten. 45 Prozent der 14- bis 17-Jährigen möchten ihr Lebensgefühl vermachen, bei den über 65-Jährigen sind es 67 Prozent. Ein Unterschied von mehr als 20 Prozentpunkten. Darin drückt sich eine Zufriedenheit aus: Ich lebe so, wie ich es anderen empfehle. Aber auch ein Beharren, eine fehlende Distanz: Die nachfolgenden Generationen sollen so leben, wie ich es tue.

Wie sieht es bei den Befragten aus, die Eltern sind? Auch hier führen alle drei Sinne zu dem gleichen Ergebnis. Eltern wünschen kommenden Generationen ihr heutiges Lebensgefühl um etwa 10 Prozentpunkte häufiger als Menschen ohne Kinder. Eltern scheinen in Bezug auf ihr Leben eine größere

Sicherheit und Zufriedenheit zu empfinden. Doch auch dazu später mehr.

Bei allen drei Sinnesreizen zeigt sich auch ein ebenso deutlicher Einfluss der eigenen Kontrollüberzeugung. Menschen mit hoher Kontrollüberzeugung gehen davon aus, dass sie ihr Schicksal selbst in der Hand haben und nicht vom Glück oder vom Zufall abhängig sind. Es ist durchaus naheliegend, dass diese Menschen auch davon überzeugt sind, etwas richtig im Leben zu machen – etwas, das sich lohnt, an die folgenden Generationen weiterzugeben. Etwas anders ist es bei denjenigen, die mit der eigenen Gesundheit zufrieden sind. Hier ist das Muster über die drei Sinnesreize hinweg weniger einheitlich. Nur bei der Haptik und beim Rhythmus, nicht aber beim Duft finden wir: Menschen, die sehr zufrieden mit ihrer Gesundheit sind, möchten ihr Lebensgefühl zu über 20 Prozentpunkten häufiger weitergeben als diejenigen, die mit ihrer Gesundheit sehr unzufrieden sind. Die Zufriedenheit mit der Gesundheit hängt damit zusammen, wie sehr man sich den Belastungen des Alltags gewachsen sieht. So erklärt sich auch das Ergebnis. Im Duft drücken die Menschen mehr das Private, auch das stärker Emotionale und Affektive aus, das weniger davon beeinflusst wird, ob man sich gesund fühlt oder nicht. Lebensanforderungen, die man mit der Haptik und mit dem Rhythmus verbindet, verlangen aber nach fitten und gesunden Menschen.

Szene 2. Mein Vermächtnis und die erwartete Zukunft: Zuversicht oder Sorge?

Glauben die Befragten, dass ihr Wunsch für die Zukunft sich auch tatsächlich erfüllt? Blicken sie zuversichtlich in die Zukunft? Insgesamt gehen beim Riechen 15 Prozent, beim Fühlen 10 Prozent und beim Hören 17 Prozent davon aus, dass das von ihnen angestrebte Lebensgefühl auch eintreten wird.

Insgesamt überwiegt klar die Sorge, und die Zuversicht gehört einer Minderheit.

Die Gruppe der *Menschen mit eigener Migrationserfahrung* ist in dieser Minderheit am stärksten vertreten. Ihr Anteil in diesem Muster liegt 10 bis 15 Prozentpunkte über dem der Vergleichsgruppe. Menschen mit eigener Migrationserfahrung haben biografisch erlebt, was möglich ist durch einen Neuanfang. Gleiches gilt für *Befragte aus den neuen Bundesländern*. Einen anderen Grund dürfte es haben, dass wiederum Ältere häufiger in diesem Muster zu finden sind. Hier sehen wir nicht die Sorgen des Alters, sondern Zuversicht. Vielleicht braucht es eine gewisse Lebenserfahrung, um mit Vertrauen auf die Welt von morgen zu blicken. Überraschend ist, dass die klassischen Sozialstrukturvariablen, Bildung, Einkommen, Erwerbstätigkeit und Geschlecht, so gar nicht zwischen Sorge und Zuversicht unterscheiden.

Szene 3. Ich und die erwartete Zukunft: Gesellschaftliche Stabilität oder Wandel?

Glauben die Befragten, dass ihr Lebensgefühl heute jenem entspricht, mit dem sie auch in der Zukunft rechnen? Daraus spricht dann gleichermaßen ein Einklang mit der Gesellschaft heute als auch mit dem, was trotz aller gesellschaftlichen Veränderungen zu erwarten ist. Beim Duft hat diese Gruppe einen Anteil von 15 Prozent, beim Fühlen 17 Prozent und beim Hören sogar 24 Prozent. Die große Mehrheit der Befragten geht also von einem gesellschaftlichen Wandel aus, nur ein Fünftel setzt auf Kontinuität. Da wir hier die Dimension des Sollens und Wünschens, also das Vermächtnis, nicht in den Blick nehmen, sagt dieses Muster nichts darüber aus, ob der Gleichklang von persönlichem Lebensgefühl heute und erwarteter Zukunft gut oder schlecht ist.

Szene	Personen	Anteil
Szene 1: Ich und mein Vermächtnis: Zufrieden und distanziert		
Mein Duft soll der Duft der Zukunft sein (Zufriedenheit)	1770	63 %
Mein Gefühl soll das Gefühl der Zukunft sein	1652	58 %
Mein Rhythmus soll der Rhythmus der Zukunft sein	1322	54 %
Szene 2: Mein Vermächtnis und die erwartete Zukunft: Zuversicht und Sorge		
Mein Wunschduft wird der Duft der Zukunft sein (Zuversicht)	390	15 %
Mein Wunschgefühl wird das Gefühl der Zukunft sein	286	10 %
Mein Wunschrhythmus wird der Rhythmus der Zukunft sein	397	17 %
Szene 3: Ich und die erwartete Zukunft: Gesellschaftliche Stabilität und Wandel		
Mein Duft wird der Duft der Zukunft sein (Kontinuität)	397	15 %
Mein Gefühl wird das Gefühl der Zukunft sein	475	17 %
Mein Rhythmus wird der Rhythmus der Zukunft sein	577	24 %

Tabelle 4. Verlaufsmuster: Sinne

Welche Gruppen erwarten eher als andere, dass die Zukunft dem Heute ähnlich ist? Die größten Unterschiede zeigen sich wieder zwischen *Menschen mit eigener Migrationserfahrung* und denen mit familiärer Migrationserfahrung beziehungsweise Menschen ohne Migrationserfahrung. Wenn wir Duft und Haptik zugrunde legen, gehen Menschen mit eigener Migrationserfahrung mit etwa 30 Prozent ungefähr doppelt so häufig von Kontinuität aus wie die übrige Bevölkerung. Beim Rhythmus gibt es keine nennenswerten Unterschiede. Die Kontinuität, die die Menschen mit eigener Migrationserfahrung mehr als andere erwarten, bezieht sich also nicht auf alle Aspekte des Lebens. Zwar wird die Gesellschaft so duften und sich so anfühlen wie ihr Leben heute, doch ihr Rhythmus wird ein anderer sein. Außerdem zeigt sich, dass auch Bildung und Erwerbstätigkeit einen Einfluss haben, allerdings in umgekehrter Richtung und vergleichsweise weniger deutlich. Menschen mit guter Bildung und Erwerbstätige setzen besonders selten auf Kontinuität.

Die »Filme«: Szenarien von Stabilität, antizipierter Erosion, Modernisierung und Stillstand

Fügen wir nun die Szenen zusammen und bilden den Gesamtverlauf, die »Filme«. Welche Verläufe zeigen sich bei der Abfolge der Sinnesreize? Und wer wählt welchen Verlauf? Wir besprechen die Abfolgen nach der Häufigkeit ihrer Nennung.

Antizipierte Erosion. Das häufigste Muster bei allen drei Sinnen beschreibt Befragte, die den Sinnesreiz weitergeben wollen, der ihrem Leben heute entspricht, die aber glauben, dass es in der Zukunft anders kommen wird (Muster 2/3 in Tabelle 1 oder Innenklappe). Bei den Gerüchen antworten 53 Prozent in diesem Muster, bei den Oberflächen 50 Prozent, beim Hören mit 43 Prozent etwas weniger.[30] Die meisten Befragten wollen einen positiv konnotierten Geruch weitergeben, der ihrem heutigen, meist guten Lebensgefühl entspricht. Gleichzeitig erwarten sie, dass es nicht so kommen wird.

Wer sind diese Menschen? Sozialstrukturelle Gruppen lassen sich nicht näher identifizieren, zwei sozialpsychologische Faktoren sind jedoch wesentlich für diesen Gesamtverlauf: die Kontrollüberzeugung und die Zufriedenheit mit der eigenen Gesundheit. Menschen, die eine hohe Kontrollüberzeugung in Bezug auf ihr Leben haben und zufrieden mit ihrer Gesundheit sind, haben aufgrund dieses persönlichen Vermögens häufiger als andere die Selbstsicherheit, zu sagen: Die kommenden Generationen sollen so leben, wie ich es heute tue. Diese Sicherheit im eigenen Leben übersetzt sich nicht in Zuversicht für die erwartete Zukunft. Hier stößt die Gestaltbarkeit des eigenen Lebens an ihre Grenzen. Die kommenden Generationen werden anders handeln, als ich es tue und für richtig halte. Die Analysen weisen auch aus, wer dieser Gruppe seltener als andere angehört: Es sind Menschen mit eigener Migrationserfahrung. Sie teilen die Sorge um die Zukunft weit weniger.

Exklusive Modernisierung haben wir Verläufe genannt, bei denen die Befragten die drei Dimensionen unterschiedlich beantworten (Muster 6/7). Es entwickelt sich etwas, aber sie wissen nicht was und kommen irgendwie nicht mit. Daher das Adjektiv »exklusiv«. Dieses Muster findet sich bei der Auswahl und Bewertung aller drei Sinnesreize am zweithäufigsten wieder. Beim Riechen und beim Hören folgen die Antworten von 27 Prozent der Befragten diesem Muster, beim Fühlen von 29 Prozent. Die Änderungen bei den Antworten für das Hier und Heute, beim Vermächtnis und bei der erwarteten Zukunft wirken suchend, unsicher und richtungslos. Die Ergebnisse der Regressionsanalyse stützen eine solche Interpretation: Menschen, die eine gewisse Selbstsicherheit in Bezug auf ihr Leben und auf die Gesellschaft haben, antworten viel seltener als andere mit diesem Muster. Umgekehrt heißt das: Diejenigen, die wir der Gruppe »exklusive Modernisierung« zuordnen, sind Menschen, die ihr Schicksal auf Glück statt Leistung zurückführen, die davon überzeugt sind, durch eigenes Handeln gesellschaftlich nichts ändern zu können und zudem unzufrieden mit ihrer Gesundheit sind. Zudem nutzen junge Menschen eher als Ältere dieses Muster. Nehmen wir den Duft als Beispiel: 45 Prozent der 14- bis 17-Jährigen antworten beim Duft in diesem Muster, bei den über 65-Jährigen sind es nur 23 Prozent. Wir wissen: Der Duft steht besonders für den sozialen Nahbereich, die Jungen sind noch auf der Suche.

Kapitulation. Die Form des »Ich will etwas ändern, aber es geht eben nicht« ist vielschichtig und faszinierend (Muster 8/9). Mit 10 Prozent bei der Haptik und 14 Prozent bei den Rhythmen ist dieses Muster das dritthäufigste bei diesen beiden Sinnen. Bei den Gerüchen kommt es dagegen mit 5 Prozent am seltensten vor. Dieses Muster zeigen Menschen, die mit der Zukunft das gleiche Gefühl verbinden wie mit ihrem Leben heute – aber sich etwas anderes, einen Aufbruch, eine neue Welt wünschen. Es sind Menschen, die sich von ihrem Hier und Heute distanzieren können, vielleicht auch unzufrieden sind und doch eine Gesellschaft erwarten, bei der alles beim Gleichen bleibt. Es sind drei sozialpsychologische Merkmale, die hier besonders auffallen: Angst vor Abstieg, Angst vor Einsamkeit und das Gefühl, das eigene Leben nicht kontrollieren zu können. Auch die Altersgruppe der 18- bis 50-Jährigen zeigt diesen Verlauf – nicht stark, aber doch sichtbar zumindest beim Rhythmus. Sie glauben, dass sich am Rhythmus der Gesellschaft nichts ändern wird, dass aber ein anderer besser wäre.

Stabilität. Ich lebe so, wie ich es mir für die Zukunft wünsche, und es wird auch so kommen. Oder: Alles bleibt so, wie es ist, und das ist auch gut so (Muster 1). Dieses Muster, der gleiche Duft über alle drei Dimensionen, der gleiche Rhythmus, die gleiche Oberfläche, kommt selten vor. Beim Duft sind es 11 Prozent, bei den Oberflächen 7 Prozent und bei den Rhythmen 10 Prozent der Menschen. Wenig überraschend zeigt sich dieses Muster bei den drei sozialstrukturellen Gruppen, die wir schon kennen: Ältere, Menschen mit eigener Migrationserfahrung und Menschen in den neuen Bundesländern. Sie sind zufrieden und voller Zuversicht.

Inklusive Modernisierung. Die wenigsten Befragten folgen bei ihrem Antwortverhalten Muster 4/5. Bei den Gerüchen sind es 5 Prozent, bei den Rhythmen 6 Prozent und bei den Oberflächen gar nur 4 Prozent. Diese Wenigen drücken Änderungswillen und Zuversicht aus: Ich wünsche mir für die Zukunft ein anderes Gefühl als jenes, das mein Leben heute charakterisiert – und ich glaube, dass es auch so kommen wird. Leider ist diese Gruppe zu klein, als dass man ein sozialstrukturelles Profil finden könnte.

Fassen wir zusammen: Bei allen Unterschieden in der Deutung der Sinne und in den Assoziationen, die sie auslösen, sehen wir über die drei Sinne hinweg eine sehr ähnliche Verteilung der Muster.[31] Die »antizipierte Erosion« dominiert deutlich. Über die Hälfte der Menschen will ihr heutiges Lebensgefühl weitergeben, glaubt aber nicht, dass diese Vorstellungen in der Zukunft gelebt werden. Es folgt das Muster der »exklusiven Modernisierung«. Etwa ein Viertel der Befragten wünscht, dass es anders wird, als es heute ist, erwartet aber eine Zukunft, die weder ihrem Heute noch ihrem Wunsch entspricht. Das Muster der »Kapitulation« wählt jeder Zehnte. Die Menschen wollen Hilfe. Die restlichen Muster sind Minderheiten. Über alle bisherigen Analysen hinweg haben bei den individuellen Verlaufsformen weder das Geschlecht noch die klassischen Indikatoren der Sozialstruktur eine Rolle gespielt. Auch das Sozialkapital der Menschen, auf welches aufgrund eines vielfältigen Freundeskreises geschlossen werden kann, ist für die Verlaufsformen völlig unerheblich. Mit diesem Zwischenfazit wenden wir uns nun dem zweiten großen Strang der Vermächtnisstudie zu, den Einstellungen und ihren Veränderungen.

3. Einstellungen: Wie wir über unser Leben denken

Die Düfte, die Oberflächen, die Rhythmen – die Befragten erzählten, was ihnen dazu intuitiv in den Sinn kam. Nun folgen wir dem Pfad der etablierten Sozialforschung und fragen direkt nach den Einstellungen der Menschen. Wie wichtig ist ihnen ihre Arbeit, ihre Familie, ihr Freundeskreis, ihre Bildung, ihre Gesundheit? Wie wichtig ist es ihnen, sich weiterzuentwickeln, aufgeschlossen zu sein für Neues, ein Verständnis zu haben für die Technik, die sich rasant verändert und die sie tagtäglich nutzen? Wie stehen sie zum deutschen Sozialstaat – denken sie an ihren individuellen Nutzen, oder setzen sie auf Umverteilung und Solidarität? Wie wichtig ist ihnen Besitz? Ist die Sharing Economy gelebte Realität? Und wie ist ihr Verhältnis zu Fremden? Zeigen sie Angst oder Offenheit?

Wir haben viele Fragen gestellt. Die Menschen mussten nun in dem starren Korsett einer Skala zwischen 1 und 7 reagieren. Die »1« steht für volle Zustimmung, die »7« für volle Ablehnung. Da unsere Methode – der Dreischritt von »Wie ist es heute?«, »Wie soll es werden?« und »Wie wird es sein?« – ganz neu ist, werde ich in diesem Kapitel zunächst einen groben Überblick über die Antworten geben. Dabei orientiere ich mich an wenigen übergeordneten Punkten, die themen- und gruppenspezifisch nicht in die Tiefe gehen. Reißt uns das Vermächtnis auseinander, oder ist das Gegenteil der Fall? Sehen wir gemeinsame Zukunftsorientierungen, die so wichtig für die Entwicklung einer Gesellschaft sind?

Ins Detail gehe ich hier nicht. Gesagt sei nur so viel: Es gibt große Unterschiede zwischen den einzelnen Lebensbereichen, und auch das Vermächtnis und die erwartete Zukunft der Menschen stellen sich in diesen Bereichen ganz unterschiedlich dar. Davon handelt der zweite Teil dieses Buches. Ebenso zeigen sich hinter den breiten Pinselstrichen dieses Kapitels große soziale Unterschiede zwischen den Menschen. Insbesondere die Bildung, das Geschlecht und die Herkunft prägen die Einstellungen der Menschen. Diese sind Thema im dritten Buchteil.

Ich beginne mit den Einstellungen heute. Was ist den Menschen besonders wichtig? Zeigen sich bei den über 3100 Befragten Gemeinsamkeiten, fallen die Welten auseinander? Die Antworten sind Vergleichsmaßstab für das, was uns hauptsächlich interessiert und so noch nie erfragt wurde: das Vermächtnis der Menschen. Welche Einstellungen wollen die Menschen vermachen, in welchem Land wollen sie leben? Gehen die Meinungen dabei kreuz und quer in alle Richtungen, stoßen wir auf zersplitterte Welten, unsere je eigenen Inseln, auf denen wir leben wollen? Oder gibt es einheitliche Vorstellungen, gesellschaftsweite Werte, mit einer Schlagkraft, die die Entwicklung des Landes wesentlich prägen können?

Dann zeigen wir, was die Menschen von der Zukunft tatsächlich erwarten und wie sich dies von ihrem Vermächtnis und ihrer heutigen Situation unterscheidet. Anschließend folgt der aus dem letzten Kapitel bekannte Wechsel in der Perspektive. Es geht dann nicht mehr um *die* Menschen insgesamt, sondern um das Antwortverhalten jeder einzelnen Person. Hier lernen wir viel über die Psychologie der Menschen und ihre Veränderungsbereitschaft. Wollen sie ihre Einstellungen ungebrochen in die Zukunft geben, oder haben sie Utopien einer anderen Welt? Erwarten sie, dass sich ihr Vermächtnis realisiert, haben sie Angst, dass alles anders wird? Oder sagen sie einfach: Die Zukunft? Was sie bringen wird, weiß ich doch nicht!

Was ist den Menschen heute wichtig?

Aus den vielen Bereichen, die wir näher untersucht haben, stechen drei Themen hervor: Zusammengehörigkeit, Gesundheit und Erwerbstätigkeit. Knapp 90 Prozent der Befragten sagen, dass diese für sie außerordentlich wichtig sind, niemand hält dagegen.[32] Es handelt sich also um Bereiche, die die Menschen in Deutschland eng verbinden, über alle Unterschiede in Bildung, Einkommen, Geschlecht und Herkunft hinweg. Der hohe Stellenwert der Zusammengehörigkeit – darunter fassen die Befragten auch Nähe und ein Wir-Gefühl – überrascht uns nicht. Bereits bei den Gefühlen haben wir gesehen, dass die Befragten immer und immer wieder ihre sehr positiven Assoziationen zu den gewählten Düften mit ihrer persönlichen Lebenswelt verknüpft haben. Nun lernen wir, dass diese Bereiche auch für das Wahrnehmen und Einschätzen des eigenen Lebens sehr wichtig sind. Für die eigene Gesundheit gilt dies ebenso.

Überraschend ist dagegen der herausragende Stellenwert der Erwerbsarbeit – und auch etwas alarmierend. Befragt wurden Menschen von 14 bis 80 Jahren, bei allen ist die Bedeutung der Erwerbsarbeit sehr hoch. Dieses Ergebnis widerspricht vielen Ausführungen über die eher hedonistische Ausrichtung der Generation Y und gibt uns zu denken, angesichts der an Fahrt aufnehmenden Forderung nach einem bedingungslosen Grundeinkommen. Dies gilt umso mehr, als wir belegen können, dass die Erwerbsarbeit nicht nur als Mittel zur Existenzsicherung verstanden wird. Finanzielle Transfers können vielleicht eine materielle Grundsicherheit geben, sicherlich aber keinen Ersatz für das herstellen, was man mit der Erwerbsarbeit verbindet. »Rauskaufen« ist keine Antwort auf die soziale Frage. Doch dazu später mehr. Nachdenklich stimmt auch etwas anderes. Unsere Auswertungen haben gezeigt, dass sich die Assoziationen zu den präsentierten Rhythmen auf die Erwerbsarbeit bezogen haben. Die Befragten reagierten reserviert, nur die Hälfte äußerte sich zufrieden. Wenn wir nun erfahren, dass die Erwerbsarbeit einen der wichtigsten Lebensbereiche darstellt, können wir davon ausgehen, dass eine gewisse Unzufriedenheit mit der Berufswelt einen bedeutsamen und wohl auch großen Bereich des Lebens tangiert.

Zurück zu unserer Liste der uneingeschränkt wichtigen Lebensbereiche heute. Unerwartet zählen hierzu nicht eigene Kinder. Zwar sind auch Kinder den Menschen in Deutschland sehr wichtig. Ganz im Gegensatz zu den Bereichen Zusammengehörigkeit, Gesundheit und Erwerbsarbeit äußert hier aber immerhin ein Zehntel der Bevölkerung eine völlig abweichende Meinung: Diesen Menschen sind eigene Kinder vollkommen unwichtig. Bei der Erwerbsarbeit gab es eine solche Opposition nicht.

Alle anderen Lebensbereiche werden durchschnittlich als wesentlich unwichtiger angesehen. Das liegt nicht daran, dass sie den Menschen einfach egal sind. Vielmehr sind diese Bereiche manchen Menschen sehr wichtig, anderen aber überhaupt nicht. Besitz, Technik, Internet, Weiterbildung, politisches Engagement sind gute Beispiele für Themen mit einer großen Meinungsvielfalt. Wir werden sehen: Bildung, Alter, Geschlecht und die weiteren sozialstrukturellen wie sozialpsychologischen Merkmale können diese Unterschiede oft gut erklären. Und uns damit auch Hinweise geben, wie es eine Gesellschaft schaffen kann, sich den vielen Herausforderungen und Brüchen des 21. Jahrhunderts aktiv zu stellen. Wir kommen darauf zurück. Nun aber berichten wir über das Vermächtnis. Was bleibt im Rucksack, den man an die nachfolgenden Generationen übergibt? Von was trennt man sich, und was packt man noch obendrauf?

Das Vermächtnis: In welchem Land wollen die Menschen leben?

Das Land, in dem wir leben wollen, ist unserem heutigen Land sehr ähnlich. Die Werte haben Bestand. Bei einigen Themen ändert sich gar nichts, andere Einstellungen und Verhaltensweisen, die man heute schon schätzt, empfiehlt man den kommenden Generationen, noch nachdrücklicher zu verfolgen und umzusetzen. Das Land, in dem wir leben wollen, wird von Menschen geprägt, die sich stärker als heute für Politik, Kultur und Technik interessieren, etwas Neues beginnen, auf Nachhaltigkeit achten und partnerschaftlich Berufs- und Haushaltsaufgaben teilen. Man wünscht sich Solidarität, auch in der Sozialversicherung. Es sind differenzierte Entwürfe, die wir hier sehen. Sie unterscheiden sich nach den einzelnen Lebensbereichen und auch nach den Menschen, die diese Vorstellungen entwerfen. Über alle Bereiche und alle Menschen hinweg überwiegt dennoch der Eindruck hoher Kontinuität. Es gibt Verschiebungen, dramatisch sind sie nicht.

Im Einzelnen: Eine klare und von allen Menschen geteilte Vorstellung, wie die Zukunft sein sollte, gibt es in fünf Bereichen. Alle Menschen teilen den Wunsch nach Zusammengehörigkeit. *Gemeinschaft* ist für die Menschen in Deutschland ein sehr wertvolles Gut. Die meisten Befragten sind sich auch einig, dass es allen Menschen wichtig sein sollte, auf ihre *Gesundheit* zu achten. Auch hier liegt die Zustimmung bei über 90 Prozent. Die *Erwerbsarbeit* gehört ebenfalls in dieses Feld kollektiver Werte. Über 90 Prozent der Befragten finden, dass sie den Menschen auch zukünftig sehr wichtig sein sollte.

Bei dem großen Altersbereich, den unsere Untersuchung erfasst, war das nicht unbedingt zu erwarten. 14-Jährige, die ihr Berufsleben noch vor sich haben, stimmen hier genauso zu wie 80-Jährige, die schon längst in Rente sind. Weitere Bereiche kommen hinzu. Als wir von den Befragten wissen wollten, ob es den nachfolgenden Generationen wichtig sein sollte, *das Leben zu genießen* und Spaß zu haben, antworteten fast alle mit einem eindeutigen Ja. Die Skalenhöchstwerte wählen dabei 84 Prozent, das sind weit mehr, als wir vermutet hatten. Wir fragten auch danach, wie wichtig es allen Menschen sein sollte, über aktuelle Entwicklungen in Politik und Kultur informiert zu sein. Angesichts vieler Diskussionen über die desinteressierte Jugend sind die Antworten ermutigend. Immerhin 77 Prozent aller Befragten stimmen mit höchstem Nachdruck zu. *Informiertheit über Politik und Kultur* ist eindeutig eine Haltung, die die Menschen vermachen wollen.

Natürlich gibt es auch Lebensbereiche, in denen die Meinungen unserer Befragten im Vermächtnis weit auseinanderliegen. Themen wie Liebe, Kinder und innerfamiliärer Austausch gehören dazu. Bei Technik, Information und Kommunikation weichen die Antworten ebenso deutlich voneinander ab. Nochmals sei auf den zweiten Teil des Buches verwiesen, in dem wir die großen Unterschiede zwischen den Bereichen thematisieren, die unser Leben prägen werden.

Wenn wir die Vorstellungen von dem Land, in dem wir leben wollen, mit dem heutigen Leben vergleichen – was sehen wir dann? Die Antwort ist eindeutig: Die Unterschiede zwischen den Menschen werden kleiner.[33] Das Vermächtnis verbindet die Menschen in Deutschland. Es gibt nur wenige Ausnahmen.[34] Sie beziehen sich auf den Umgang mit dem Internet und anderen Technologien.

Die Zukunft: Was erwarten die Menschen?

Rekapitulieren wir kurz. Im Vergleich der Erhebungsdimensionen »Wie ist es heute?« und »Wie soll es werden?« hatten wir festgehalten: Die Menschen skizzieren ein Land, das etwas besser aufgestellt ist als unser Land heute. Wie es aussehen soll, darin ist man sich weitgehend einig.

Welche Ergebnisse finden wir nun für die dritte Dimension, die erwartete Zukunft? Gehen wir der Reihe nach vor und beginnen mit den Bereichen, die den Menschen heute am allerwichtigsten sind und es in ihrem Vermächtnis auch bleiben: Zusammengehörigkeit, Gesundheit, Erwerbsarbeit. Gefragt, wie die Zukunft tatsächlich sein wird, schwindet die uneingeschränkt hohe Zustimmung. Bei Nähe und Zusammengehörigkeit fallen die Werte von 90 Prozent auf 39 Prozent. Bei der Gesundheit von 94 auf 31 Prozent. Bei der Erwerbsarbeit von 90 auf 51 Prozent. Auch in den meisten anderen Bereichen sinkt die Zustimmung massiv.

Ein Rückgang in den hohen Zustimmungswerten verrät uns nicht, ob nun ein mittlerer Skalenwert gewählt wurde oder ob die Menschen panisch auf die niedrigen Werte wechseln. Um die deutlichen Veränderungen beurteilen zu können, müs-

► **Abbildung 2.** Antizipierte Erosion

Wichtigkeit von Nähe

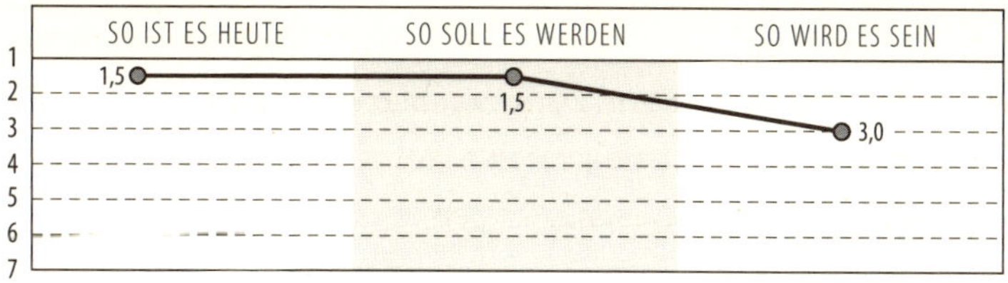

Wie wichtig ist es Ihnen, sich jemandem nahe zu fühlen?

Wie wichtig sollte es nachfolgenden Generationen sein, sich jemandem nahe zu fühlen?

Was glauben Sie, wie wichtig wird das für nachfolgende Generationen tatsächlich sein?

Auf die Gesundheit achten

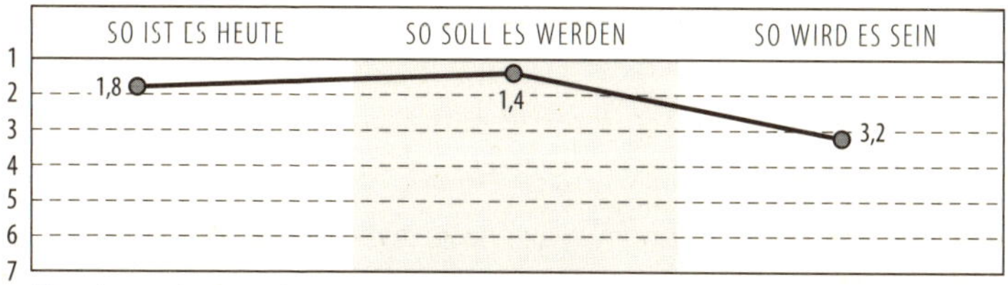

Wie wichtig ist es Ihnen persönlich, auf Ihre Gesundheit zu achten?

Wenn es nach Ihnen ginge: Wie wichtig sollte es allen Menschen in Zukunft sein, auf ihre Gesundheit zu achten?

Was glauben Sie, wie wichtig wird es den Menschen in Zukunft tatsächlich sein, auf ihre Gesundheit zu achten?

Wichtigkeit Erwerbstätigkeit

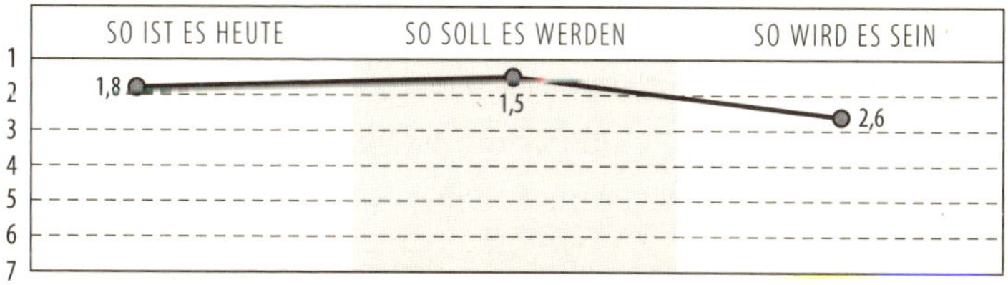

Wie wichtig ist es Ihnen persönlich, erwerbstätig zu sein?

Wie wichtig sollte es allen Menschen in Zukunft sein, erwerbstätig zu sein?

Wie wichtig wird es den Menschen in Zukunft tatsächlich sein, erwerbstätig zu sein?

Eigene Kinder haben

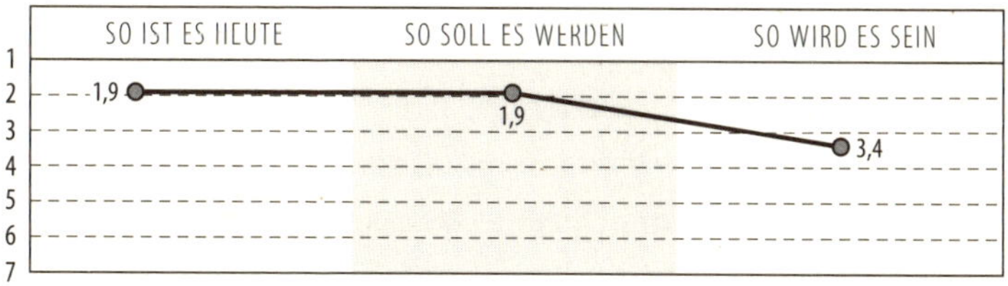

Wie wichtig ist es Ihnen persönlich, eigene Kinder zu haben?

Wie wichtig sollte es allen Menschen in Zukunft sein, eigene Kinder zu haben?

Wie wichtig wird es den Menschen in Zukunft tatsächlich sein, eigene Kinder zu haben?

Basis: 3104 realisierte Fälle im Sommer 2015. Mittelwerte auf einer Skala von 1 = »sehr wichtig« bis 7 = »überhaupt nicht wichtig«.

sen wir uns die Mittelwerte der Antworten auf beide Fragen ansehen und miteinander vergleichen. Die Mittelwerte sinken bei den meisten Bereichen um ein bis zwei Skalenpunkte, das ist deutlich, aber nicht dramatisch. Man wählt die Skalenmitte und drückt damit aus: Ich weiß es einfach nicht. Im Großen und Ganzen erwarten die Menschen, dass es nicht so wird, wie sie es sich wünschen. Es wird schlechter. Wirklich schlecht wird es damit jedoch nicht. Jedenfalls zeigen sich weder Panik noch große Ängste.

Wie sehr ähneln sich die Erwartungen der Menschen an die Zukunft? Die Antwort: verblüffend stark. Wir sehen also Pluralität im Hier und Jetzt und eine homogenere Gesellschaft in dem Vermächtnis, die in ihrer Zukunftserwartung noch ein bisschen enger zusammenrückt.

Jetzt, da wir die Ergebnisse zu dem Dreischritt »Ist«, »Soll« und »Wird« kennen, können wir die Antworten zueinander ins Verhältnis setzen und nach den Mustern fragen, die sich dann ergeben. Wir verbinden also den Durchschnitt der Antworten aller Befragten über den Dreischritt hinweg (siehe Tabelle 1 und Innenklappen). Noch geht es uns also nicht um die Antwortfolge jeder einzelnen Person. Das kommt später.

Im Wesentlichen erkennen wir drei Muster. Am häufigsten ergibt sich das Bild der *antizipierten Erosion* (Abbildung 2). Die Menschen wünschen sich, dass alles so bleibt, wie es heute ist. Sie wollen Stabilität, sind allerdings unsicher, ob dieser Wunsch in Erfüllung gehen wird. Sie befürchten einen Verlust und Zerfall ihrer Werte. Am deutlichsten zeigt sich dieser Verlauf bei all den Bereichen, die den Menschen sehr wichtig sind: Nähe, Gesundheit, Erwerbsarbeit, eigene Kinder.

▶ **Abbildung 3.** Kapitulation

Informiertheit über Politik und Kultur

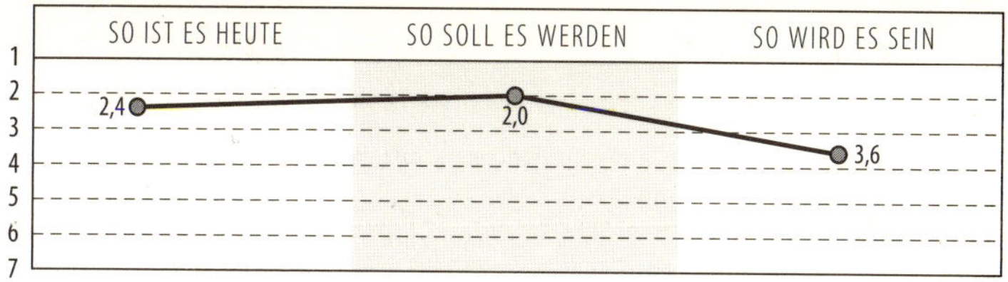

Wie wichtig ist es Ihnen persönlich, über aktuelle Entwicklungen in Politik und Kultur informiert zu sein?

Wie wichtig sollte es allen Menschen in Zukunft sein, über aktuelle Entwicklungen in Politik und Kultur informiert zu sein?

Wie wichtig wird es den Menschen in Zukunft tatsächlich sein, über aktuelle Entwicklungen in Politik und Kultur informiert zu sein?

Wichtigkeit, etwas Neues zu beginnen

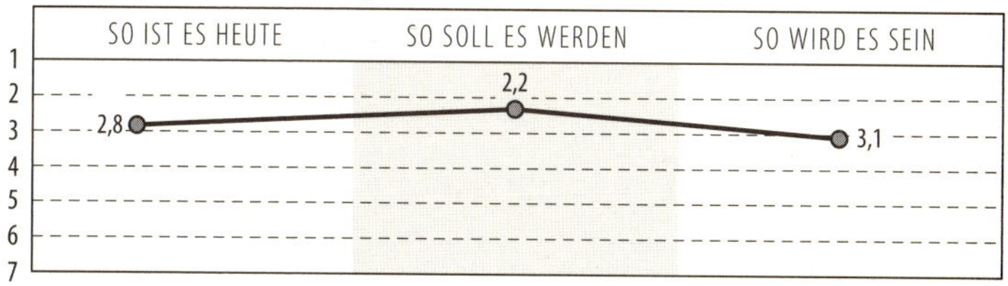

Wie wichtig ist es Ihnen aus Ihrer gesamten Lebenserfahrung heraus, etwas ganz Neues zu beginnen?

Wie wichtig sollte es allen Menschen in Zukunft sein, etwas ganz Neues zu beginnen?

Wie wichtig wird es den Menschen in Zukunft tatsächlich sein, etwas ganz Neues zu beginnen?

Auf Nahrungsmittelproduktion achten

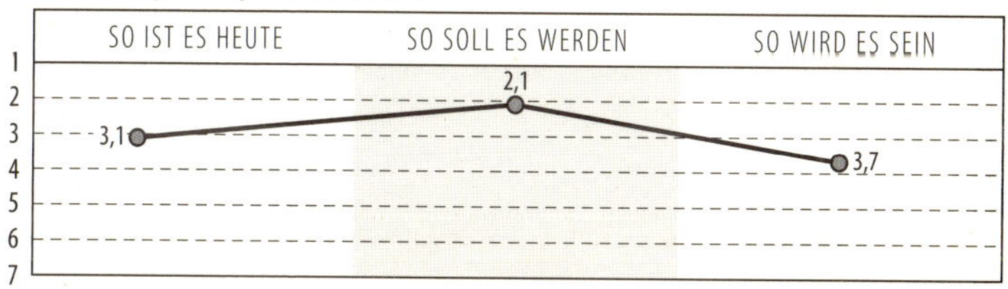

Wie sehr achten Sie darauf, wo und wie die Nahrungsmittel, die Sie konsumieren, hergestellt werden?

Empfehlen Sie nachfolgenden Generationen, darauf zu achten, wo und wie ihre Nahrungsmittel hergestellt werden?

Denken Sie, dass nachfolgende Generationen tatsächlich darauf achten werden, wo und wie ihre Nahrungsmittel hergestellt werden?

Gutes Aussehen

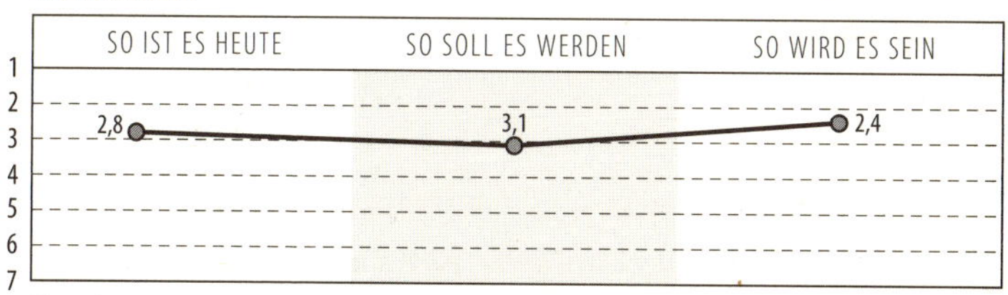

Wie wichtig ist Ihnen persönlich gutes Aussehen?

Wenn es nach Ihnen ginge: Wie wichtig sollte gutes Aussehen allen Menschen in Zukunft sein?

Wie wichtig wird gutes Aussehen für die Menschen in Zukunft tatsächlich sein?

Basis: 3104 realisierte Fälle im Sommer 2015. Mittelwerte auf einer Skala von 1 = »sehr wichtig« bis 7 = »überhaupt nicht wichtig«.

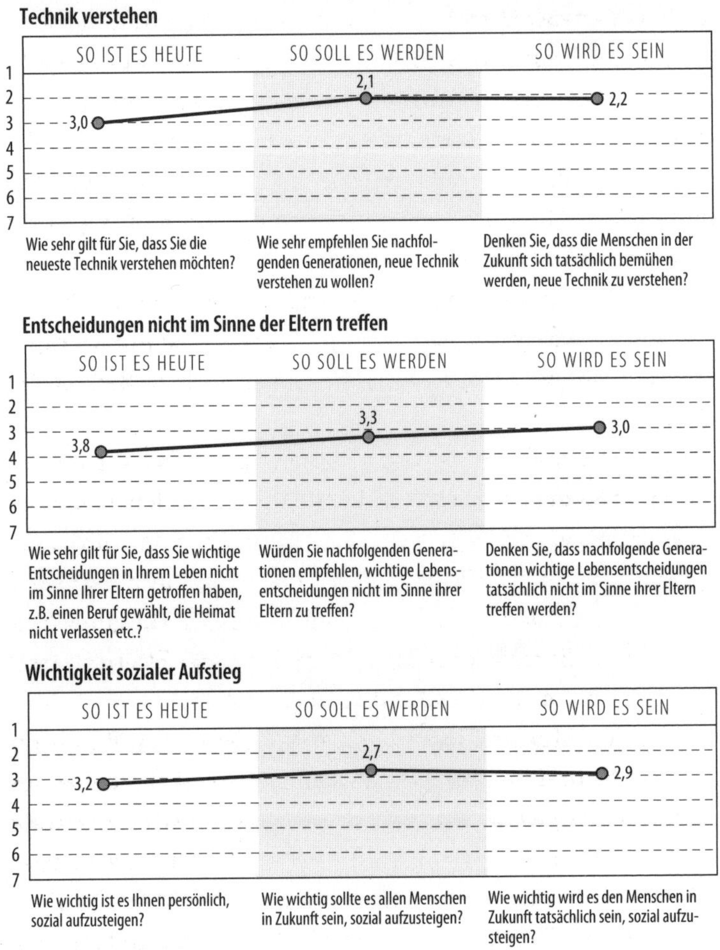

Basis: 3104 realisierte Fälle im Sommer 2015. Mittelwerte auf einer Skala von 1 = »sehr wichtig« bis 7 = »überhaupt nicht wichtig«.

Abbildung 4. Inklusive Modernisierung

Das Muster der *Kapitulation*, man mag es auch Resignation nennen, finden wir weit weniger häufig. Hier haben die Menschen einen Entwurf für die Zukunft, der sich von ihrem heutigen Leben unterscheidet. Veränderung statt Stabilität.

Auch hier erwarten sie aber, dass ihr Wunsch nicht umgesetzt wird. Die Menschen wünschen sich also eine andere Welt, rechnen aber nicht damit, dass sich etwas ändern wird. Sie sagen: Man sollte sich viel mehr informieren, aber in der Zukunft wird dies sogar noch seltener als heute geschehen. Man sollte auch einmal etwas Neues beginnen (Abbildung 3). Es bleibt aber alles beim Alten. Man sollte viel stärker darauf achten, wie Nahrungsmittel hergestellt werden, aber auch dies wird nicht passieren. Das eigene Aussehen sollte weniger wichtig als heute sein, es wird aber sogar noch an Bedeutung zunehmen.

Ein drittes Muster ist noch seltener. Es ist das Muster der *inklusiven Modernisierung*. Das Land, in dem wir leben wollen, sollte anders als die heutige Welt aussehen, und das wird auch so kommen. Unser Vermächtnis wird gehört und realisiert (Abbildung 4). Das Technikverständnis ist hier ein gutes Beispiel, ebenso Entscheidungen nicht im Sinne der Eltern zu treffen und sich um sozialen Aufstieg zu bemühen.

Für den Moment lassen wir es bei der reinen Beschreibung dieser drei Muster. Wir werden sie inhaltlich viel besser durchschauen, wenn wir wissen, wie diese Muster zustande kommen. Den Durchschnitten, die wir bislang betrachtet haben, können wir nicht entnehmen, welche Menschen dahinter stehen. Wir brauchen – wie bereits im Kapitel zuvor – den Perspektivenwechsel und müssen den Verläufen von jeder einzelnen Person nachgehen. Erst dann können wir erkennen, wie sich die Muster ergeben. Ist es eine Frage des Alters oder der Bildung? Der Migrationserfahrung? Des Geschlechts?

Die Verlaufsmuster der einzelnen Menschen

Bislang haben wir die drei Dimensionen Heute, Vermächtnis, Zukunft einfach nebeneinandergestellt und miteinander verglichen. Nun richtet sich unser Blick auf das Verlaufsmuster jedes einzelnen Menschen. Eine Frage hat uns dabei am meisten umgetrieben: Steht hinter der relativ hohen Stabilität im Querschnitt ein »Kommen und Gehen«? Das würde heißen, dass Menschen ihre Einstellungen verändern und sich die hohe Kontinuität nur dadurch ergibt, dass ebenso viele Menschen eine bestimmte Einstellung neu wählen, wie andere diese Einstellung aufgeben. Alternativ kann diese Kontinuität aber auch dadurch zustande kommen, dass Menschen einfach bei ihrer Meinung bleiben.

Wir wenden uns also den individuellen Verläufen zu. Wollen die Menschen in Zukunft stets das, was sie heute haben? Oder üben sie sich permanent in Selbstkritik? Dann könnte man sie ganz einfach einteilen in Jasager und Neinsager, in Selbstzufriedene und Zukunftsskeptiker. Das Ergebnis unserer Analysen zeigt uns eindeutig, dass die Menschen sich solch simplen Typisierungen entziehen. Dies gilt für die vollständigen Verläufe und jede der drei Szenen, aus denen sich der Gesamtverlauf ergibt. Es gilt für die Einstellungen und für die Gefühle. Menschen antworten differenziert und nutzen dabei verschiedene Muster.

Die Auswertung der individuellen Antwortverläufe ist nicht trivial und auch viel schwieriger als bei den Sinneswahrnehmungen. Dies liegt daran, dass zwischen jeweils zwei zeitlichen Dimensionen (also dem Heute und dem Vermächtnis oder dem Vermächtnis und der Zukunft oder dem Heute und der Zukunft) jetzt drei Beziehungen möglich sind: Es sollte bleiben, wie es ist; es sollte mehr werden; es sollte weniger werden. Da es zudem nicht *den* einen Antworttyp gibt und die Menschen über alle Einstellungsfragen hinweg unterschiedlich antworten, können wir Menschen nur dahingehend unterscheiden, welches Muster in der Abfolge zwischen Heute und Vermächtnis, Vermächtnis und Zukunft sowie Heute und Zukunft sie *überwiegend* wählen, also über die 54 Fragen hinweg *am häufigsten* nutzen. Entsprechend verfahren wir mit den Gesamtverläufen. Damit unterdrücken wir natürlich Differenzierungen nach den einzelnen Teilbereichen Arbeit, Technik, Familie ebenso wie zwischen Menschen unterschiedlicher Herkunft, Bildung und unterschiedlichen Alters. Diese Unterschiede gehen aber nicht verloren. Sie stehen im zweiten und dritten Teil dieses Buches im Vordergrund. Im Folgenden beschreiben wir also zunächst das *überwiegende Antwortverhalten* in den drei einzelnen Szenen und in den Gesamtverläufen.

Szene 1. Ich und mein Vermächtnis: Zufrieden oder kritisch? Sollen meine Werte auch das Land prägen, in dem ich leben möchte? Sollen sie modifiziert werden? Die überwiegend von den Befragten genutzte Antwort: Meine Werte sollen weiterleben und auch die Werte von morgen sein. Knapp 92 Prozent der Befragten gehören in diese Gruppe (Tabelle 5). Sie sind zufrieden.[35] Wiederum gemessen an ihren überwiegenden Antwortmustern distanzieren sich knapp 7 Prozent von ihrem Leben hier und jetzt. Wenige Menschen, nur 30, empfehlen, die eigenen Werte zukünftig etwas zu lockern. Dieser Anteil ist zu klein, um daraus belastbare Aussagen abzuleiten.

Szene 2. Mein Vermächtnis und die erwartete Zukunft: Optimistisch oder pessimistisch? Werden die Vorstellungen und Werte, die ich den kommenden Generationen mitgebe, in Zukunft tatsächlich gelebt? Diese Zuversicht kann man den überwiegenden Antworten von 14 Prozent unserer Befragten entnehmen.[36] Die meisten sind aber skeptisch, 85 Prozent

Szene	Personen	Anteil
Szene 1: Ich und mein Vermächtnis		
Wie ich lebe, so soll es bleiben (Zufriedenheit)	2860	92 %
Es soll strengere Werte geben (Distanz)	214	7 %
Die Werte sollen sich lockern (Distanz)	30	1 %
Szene 2: Mein Vermächtnis und die erwartete Zukunft		
Meine Werte werden erfüllt (Zuversicht)	448	14 %
Meine Werte werden übertroffen (Sorge)	9	0 %
Meine Werte werden nicht erreicht (Sorge)	2647	85 %
Szene 3: Ich und die erwartete Zukunft		
Mein Heute ist auch die Zukunft (Stabilität)	320	10 %
Mein Heute ist schlechter als die Zukunft (Wandel)	61	2 %
Mein Heute ist besser als die Zukunft (Wandel)	2733	88 %

Tabelle 5. Verlaufsmuster: Einstellungen (überwiegendes Antwortverhalten der Befragten). Abweichungen zu 100 Prozent sind rundungsbedingt.

glauben nicht, dass ihr Vermächtnis zukünftig gelebt werden wird.[37] Wieder finden wir eine dritte Gruppe, die viel zu klein ist, um sie weiter kommentieren zu können. Nur 9 Menschen wählen in ihren Verläufen mehrheitlich ein Muster, in dem die eigenen Vorstellungen von der erwarteten Zukunft übertroffen werden.

Szene 3. Ich und die erwartete Zukunft: Wer erwartet gesellschaftliche Stabilität, wer Wandel? Wird die Zukunft wie mein Heute sein? Ja, meinen 10 Prozent der Befragten.[38] Die Mehrheit, ganze 88 Prozent der Befragten, sagt aber Nein. Die Zukunft wird anders sein als mein Heute.[39] Und: Sie wird weniger gut werden. Weniger gut heißt dabei nicht schlecht, das haben die bisherigen Ausführungen bereits gezeigt. Dennoch: Die Menschen sind unsicher, skeptisch, manchmal auch kritisch gegenüber der Zukunft, die sie kommen sehen. Nur 61 Menschen gehen davon aus, dass das Heute schlechter als die Zukunft ist. Auch diese Gruppe können wir nicht näher untersuchen.

So weit die drei Szenen. Die Botschaft lautet: Die Menschen wollen in einem Land leben, das weitgehend von Einstellungen geprägt sein wird, die ihren eigenen Werten heute entsprechen. Sie fordern Kontinuität, erwarten aber das Gegenteil. Die Welt wird sich ändern, ihr Vermächtnis wird nicht gehört. Umso wichtiger ist es, das Zehntel der Menschen zu verstehen, das ganz anderes fordert: Öffnet euch dem Wandel! Seid optimistisch! Oder jene zu hören, die schlicht sagen: So wie es heute ist, wird es bleiben. Zunächst setzen wir aber die drei Szenen zusammen.

Die Gesamtverläufe: Szenarien antizipierter Erosion, Stabilität und Kapitulation

Wenn wir die drei beschriebenen Szenen miteinander verbinden, können sich theoretisch die bekannten neun Verlaufsmuster ergeben. Empirisch finden wir allerdings nur drei. In der Reihenfolge der häufigsten Nennungen sind dies die Muster *antizipierte Erosion*, *Stabilität* und *Kapitulation*. Im Vergleich zu den oben dargestellten Durchschnitten (Abbildungen 2, 3 und 4) erhalten wir also ein ähnliches Bild, aber mit einem großen Unterschied: Das Muster der inklusiven Modernisierung wählen die Menschen in ihren je eigenen Verläufen nicht.

Antizipierte Erosion. Werden die beiden ersten Fragen gleich beantwortet, die dritte aber anders, entsteht eine horizontale Linie mit einem Zacken, der nach oben oder unten gerichtet ist. Die Menschen geben zufrieden ihre eigenen Vorstellungen weiter, befürchten aber, dass ihre Werte in der Zukunft keinen Bestand haben werden. Sie sind zukunftskritisch. Das Muster antizipierte Erosion beschreibt also eine bereits im Voraus wahrgenommene Schwächung des eigenen Vermächtnisses. Über 75 Prozent der Befragten antworten mehrheitlich nach diesem Muster.[40] Bezogen auf die gegenwärtige politische Diskussion leiten wir daraus zwei wichtige Botschaften ab: Es ist nicht so, dass sich die Menschen mehrheitlich nach einer besseren Welt sehnen. Das gilt sicherlich für einige klar definierte Bereiche und insbesondere für einige Personengruppen, die sich abgehängt fühlen. Um die muss man sich kümmern, keine Frage. Aber für drei Viertel der Menschen in Deutschland gilt das nicht. Sie wollen ihre heutige Welt bewahrt sehen. Ebenfalls trifft nicht zu, dass die Menschen in Deutschland herumjammern und in Sorge erstarren. In Bezug auf die Zukunft formulieren sie ein deutliches Fragezeichen. Auch hier kann man ansetzen, mehr informieren und stärker präventiv tätig sein. Die Wiederholungsbefragung 2016 wird uns hier erste Aufschlüsse geben.

Stabilität. Wenn alle drei Fragen des Dreiklangs gleich beantwortet werden, ergibt sich eine horizontale Linie, die gesellschaftliche Stabilität symbolisiert. Man wünscht die eigenen Einstellungen auch nachfolgenden Generationen und geht davon aus, dass diese in Zukunft auch so gelebt werden. Man ist zufrieden und sieht keine Anzeichen für einen gesellschaftlichen Kurswechsel. Insgesamt wählen dieses Muster fast 15 Prozent der Befragten.[41] Noch wissen wir nicht, welche Menschen sich dahinter verbergen und was ihre politische Aussage ist.

Kapitulation. Bei einigen Menschen weist ihr überwiegendes Antwortverhalten darauf hin, dass sie eine andere Welt vermachen wollen als die, in der sie selbst leben. In der Vermächtnisstudie ist es jede und jeder Zehnte. Bei diesen Menschen sehen wir einen Verlauf, den wir Kapitulation nennen.[42] Mit einem niedrigen Wert für das Heute, einem hohen Wert für das Vermächtnis und einem noch niedrigeren Wert für die erwartete Zukunft hat das Muster die Form eines Spitzdachs.

Im weiteren Fortgang des Buches werden wir mehr über die Menschen erfahren, die hinter diesen Verläufen stehen. Wer zeigt sich kritisch? Wer äußert sich zukunftsoptimistisch? Sind es die gut Gebildeten? Sind es die Wohlhabenden? Zunächst aber schließen wir diesen ersten Teil des Buches mit einem zusammenfassenden Vergleich dessen, was wir aus der Analyse der Gefühle und der Einstellungen erfahren haben.

4. Sinneseindrücke und Einstellungen: Ein Vergleich

In den letzten beiden Kapiteln haben wir uns zunächst den Sinneseindrücken und dann den Einstellungen der Menschen gewidmet. Beide Zugänge zu den Fragen des Seins, des Sollens und des Werdens haben sich als wichtig erwiesen. Sie sind Teil einer Befragung, eines Vermächtnisses. Spannend ist nun: Lassen sich die beiden Methoden miteinander verbinden? Können sich die Ergebnisse gegenseitig ergänzen, wie wir von Beginn an erwartet – oder vielmehr: erhofft – hatten?

Wir nähern uns diesem für die Sozialforschung neuen Terrain mithilfe zweier Zugangsweisen. Zunächst wagen wir die empirische Verknüpfung. Hierfür nutzen wir das eingeführte Analysemodell und ergänzen es durch die unterschiedlichen Sinnesreize. Dieses Verfahren erlaubt uns, empirisch zu bestimmen, welche Einstellungen im Heute, im Vermächtnis und in der erwarteten Zukunft mit welchen Sinnesreizen verbunden sind. Im Gegensatz zu anderen Ausführungen, bei denen uns vor allem interessierte, welche Lebenszufriedenheit die Menschen mit dem gewählten Sinnesreiz verbinden, geht es uns hier um die einzelnen Sinnesreize selbst.

Der zweite Zugang bewegt sich auf einer rein analytischen Ebene. Hier stellen wir die wichtigsten Erkenntnisse aus den beiden vorangegangenen Kapiteln zusammen und fragen, ob Einstellungen und Sinnesreize zu vergleichbaren Ergebnissen führen.

Einstellungen und Sinnesreize:
Der Versuch einer empirischen Verknüpfung

Wir blicken auf die einzelnen Sinnesreize, die wir verwendet haben. Die Düfte: Rose, Leder, Grapefruit, Heu. Die Oberflächen: Glas, Schmirgelpapier, Watte und Wellpappe. Und die Rhythmen: gleichmäßig, dynamisch, ruhig und wechselhaft. Uns interessiert nun, ob Befragte, die einen bestimmten Sinnesreiz ausgewählt haben, auch eine bestimmte Lebenseinstellung geäußert haben. Anders ausgedrückt: Welches Leben verbirgt sich hinter der »Watte«? Was bedeutet es, wenn man den nachfolgenden Generationen einen »rosigen Duft« wünscht? Welche Zukunft erwartet man, wenn man glaubt, dass sie von einem »wechselhaften Rhythmus« geprägt sein wird? Ebenso untersuchen wir die individuelle Abfolge der Reize und beziehen diese auf die Verlaufsmuster (Tabelle 1 und Innenklappe). Was heißt es, wenn man den Rhythmus des heutigen Lebens auch an die kommenden Generationen weitergibt? Wie sehen diejenigen die Welt, die glauben, dass sich die Zukunft genauso anfühlen wird, wie sie es sich wünschen?[43]

Um das Wichtigste vorwegzunehmen: Wir erhalten bei der empirischen Verknüpfung aussagekräftige Ergebnisse, die wir hier nur ansatzweise skizzieren. Ein bestimmtes Antwortverhalten bei den Einstellungsfragen hängt systematisch mit der Auswahl eines bestimmten Sinnesreizes zusammen.[44] Gehen wir der Reihe nach vor und betrachten zunächst jede unserer drei zeitlichen Fragedimensionen einzeln.

Das Heute. Die Einstellungen zum Leben heute hängen am stärksten mit den haptischen Reizen zusammen. Besonders die Watte erweist sich als erklärungsstark. Befragte, die sich für Watte als Statthalter ihres gegenwärtigen Lebensgefühls entscheiden, legen großen Wert auf Zusammengehörigkeit, genießen das Leben, achten auf ihre Gesundheit, sehen ihre

Wohnung und ihre Erwerbsarbeit als Orte der Beständigkeit. Auch die Religion ist ihnen vergleichsweise wichtig. Es sind Menschen, die ein Wohlgefühl aus der Gemeinschaft ziehen, auf deren Bestand sie vertrauen und setzen. Damit unterscheiden sie sich von den Menschen, die das Schmirgelpapier oder die Wellpappe wählen. Diese Menschen sind nicht unbedingt unzufrieden. Sicherheit und harmonisches Wohlbefinden, Stabilität des Arbeitsplatzes oder Beständigkeit durch die Wohnung sind ihnen aber nicht so wichtig, worauf schon das Auf und Ab des gewellten Papiers und der raue Schmirgel spürbar hindeuten. Die haptischen Reize, so lässt sich festhalten, stellen also das heutige Leben in einen Zusammenhang mit dem Lebensverlauf.

Bei den anderen beiden Sinnesreizen, den Düften und den Rhythmen, sehen wir zwar weniger klare Zusammenhänge mit den Einstellungen der Menschen heute. Es ergeben sich aber inhaltliche Parallelen: Wie die Watte stehen auch die Rose und der gleichmäßige Rhythmus für Gemeinschaft und Beständigkeit, mit denen die Menschen ein sehr positives Lebensgefühl verbinden. Die Wellpappe wiederum wird ebenso wie die Grapefruit und der wechselhafte Rhythmus mit dem Kurvigen, dem Spritzigen, dem Auf und Ab im Leben verbunden. Das Wohlgefühl wird aus der Bewegung und Veränderung, durchaus auch aus der Anstrengung gezogen.

Das Vermächtnis. Die Menschen wünschen den kommenden Generationen eine breite Vielfalt an Dingen. Die drei Sinne stehen als solche für andere Akzentsetzungen im Leben. Kein Sinn dominiert. Bei den Oberflächen geht es um die unterschiedlichen Vorstellungen eines guten Lebensverlaufs. Die Watte steht für den Wunsch, die kommenden Generationen mögen das Leben genießen und gesund sein. Wählt man die Wellpappe, setzt man auf andere Werte und empfiehlt, eher viel und Verschiedenartiges zu erleben. Beim Duft geht es um den persönlichen Bereich, um die Bedeutung von Veränderung und Stabilität. Die Rose drückt aus, dass man Menschen Ruhe wünscht. Die Grapefruit steht für das Gegenteil, die Bewegung. Man empfiehlt, die Wohnung nicht als Ort der Beständigkeit zu sehen und eine sichere Erwerbsarbeit mit festen Arbeitszeiten nicht zu glorifizieren. Wieder gilt: Bewegung muss nicht negativ besetzt sein, ist sie hier auch nicht. Man gibt ein positives Lebensgefühl weiter, fixiert dies über die Wahl der Grapefruit und meint damit Veränderung, Freiheit, vielleicht manchmal auch bewussten Verzicht auf Ruhe. Beim Rhythmus dominiert das Thema Sicherheit. Wünscht man den kommenden Generationen den gleichmäßigen Rhythmus, so empfiehlt man, das eigene Vermögen zu vererben, einen sicheren Arbeitsplatz zu haben, ebenso wie größtmögliche Transparenz über die eigene Gesundheit. Weit überdurchschnittlich raten diese Menschen dazu, Gesundheitsrisiken durch spezielle Untersuchungen frühzeitig zu erfahren. Auf den Punkt gebracht: Die Menschen möchten bewahren, was ihnen heute wichtig ist, und damit all das, was sie selbst unter einem guten Leben verstehen.

Die erwartete Zukunft. Hier hat der Duft die größte Aussagekraft.[45] Leder steht dabei für den ganzen Reigen von Ängsten und Sorgen. Wählt man das Leder als Botschafter der Zukunft, befürchtet man, dass Zusammengehörigkeit und Nähe an Bedeutung verlieren werden. Die Menschen sind überzeugt, dass man in Zukunft weniger auf seine Gesundheit achten, das Leben nicht mehr genießen, nicht mehr gut essen wird. Man wird sich kaum für Politik und Kultur interessieren und öfter die Wirklichkeit mithilfe von Drogen ausblenden. Eine Zukunft, die nach Leder riecht, heißt für die Befragten auch: Erwerbstätigkeit wird weniger wichtig sein, und man wird seltener einer Arbeit nachgehen (können), die man auch wirklich machen will. Wieder wird hier deutlich, wie sehr Arbeit stellvertretend für ein gutes Leben steht. Nicht zuletzt bezieht sich Leder auch auf die Technik. Der persönliche Kontakt wird durch digitale Medien ersetzt – bei Kindern so früh wie möglich. Das Internet gilt nicht mehr als Ort der Freiheit. Der Gegenduft zum Leder ist die Grapefruit. Wer die Zukunft mit Grapefruit umschreibt, glaubt stärker als andere, dass Zusammengehörigkeit, Kinder, Information und gute Arbeit in Zukunft wichtig sein werden.

Bisher haben wir uns das Heute, das Vermächtnis und die erwartete Zukunft einzeln angesehen. Nun kommen wir zu den individuellen Mustern.

Wir betrachten die drei Szenen unseres »Filmchens« (siehe Tabelle 1 und Innenklappe). Zunächst zur Beziehung zwischen dem Heute und dem, was man kommenden Generationen wünscht. Hier finden sich keine erklärungskräftigen Zusammenhänge zwischen Einstellungsmustern und Sinnesreizen. Gehen wir weiter zur Beziehung zwischen dem Heute und der erwarteten Zukunft beziehungsweise dem Vermächtnis und der erwarteten Zukunft. Hier zeigen sich deutliche Zusammenhänge. Menschen, die ihre gewählten oder den kommenden Generationen gewünschten Sinnesreize in der Zukunft umgesetzt sehen, haben Einstellungen, die gemeinhin zu einem »guten Leben« gehören. Dazu zählt das Zusammenleben: Die Befragten glauben, dass Wir-Gefühl, Nähe und eine klare Vorstellung vom Leben wichtig sind, wichtig sein sollen und wichtig sein werden. Gleiches gilt für zahlreiche Fragen zu Familie und Partnerschaft: Heirat, eigene Kinder, Entscheidungen aus Liebe, gemeinsame Mahlzeiten sind schon heute wichtig, sollen es künftig sein und werden auch tatsächlich bedeutsam sein. Ebenso die eigene Wohnung als Ort der Beständigkeit. Man wird auf die Gesundheit achten, auf die Produktionsbedingungen von Nahrungsmitteln, auf gutes Essen, und man wird das Leben genießen – und kaum Drogen brauchen, um die Wirklichkeit zu verdrängen. Dazu passt, dass die Technik als weniger wichtig angesehen wird. Man wird auch in Zukunft auf Schönheitsoperationen verzichten, Gefühle persönlich und nicht per Smartphone mitteilen, man wird Dinge handschriftlich festhalten. Es wird sie noch geben, die guten Dinge.

Wir fassen zusammen: Einstellungen und Sinnesreize lassen sich in vielen Bereichen verknüpfen. Wenn man die Einstellungen von Menschen kennt, kann man gut vorhersagen, welchen Sinnesreiz sie für welchen Bereich wählen. Das gilt natürlich auch umgekehrt – was aus sozialwissenschaftlicher Perspektive die interessantere Erkenntnis ist. Wichtig ist auch, dass die Sinnesreize sehr komplexe Zusammenhänge bündeln und umschreiben. So steht die Grapefruit für Brüche, und gleichzeitig zeigt ihre Wahl, dass die Menschen mit den Veränderungen etwas sehr Positives verbinden.

Einstellungen und Sinnesreize: Ein Vergleich auf Grundlage der erzielten Ergebnisse

Kommen wir nun zum zweiten Teil unserer Verknüpfung der beiden Erhebungsmethoden. Inwieweit erhalten wir die gleichen inhaltlichen Ergebnisse, wenn wir Einstellungen oder Sinnesreize als Grundlage wählen. Wenn dies der Fall wäre, ließe sich unser Dreischritt – das Heute, das Vermächtnis und die erwartete Zukunft – durch die Übereinstimmung der Ergebnisse trotz ganz unterschiedlicher Herangehensweisen validieren.

Wieder nehmen wir die Szenen und Muster unseres Dreischritts auf. Wir beginnen mit dem Heute und konzentrieren uns auf die Lebenszufriedenheit. Mit den drei Sinnesreizen haben die Befragten ihr heutiges Leben sehr unterschiedlich beschrieben. Nachdem sie beispielsweise einen Duft gewählt hatten, wurden sie gefragt, warum sie genau diesen Sinnesreiz ausgesucht haben. 82 Prozent der Befragten begründeten ihre Wahl mit einem positiven Lebensgefühl, bei der Haptik waren es 67 Prozent und beim Rhythmus 53 Prozent.

Bei Einstellungsfragen, also den Fragen nach der Wichtigkeit bestimmter Lebensbereiche, sehen wir ähnliche Ergebnisse. Die Zufriedenheit mit der Partnerschaft erreichte mit 86 Prozent die höchste Zustimmung, die Zufriedenheit mit der beruflichen Tätigkeit war mit 58 Prozent deutlich niedriger. Somit zeigt sich eine hohe Konsistenz. Der Duft steht für den persönlichen Nahbereich. Tatsächlich entsprechen sich auch die Antworten zur Partnerschaft (82 zu 86). Die Rhythmen sagen uns viel über die Welt der Arbeit. Auch hier liegen die Werte nahe beieinander (53 zu 58). Die Zufriedenheit mit dem Lebensverlauf – dies entspräche der Haptik – haben wir leider nicht erhoben.

Mit unserem neuen Verfahren können wir die Zufriedenheit auch ganz anders messen. Wenn das Heute – die eigenen Einstellungen und das eigene Lebensgefühl – an die kommenden Generationen weitergegeben wird, so sprechen wir auch von zufriedenen Menschen. Sie wollen nichts geändert sehen. Sinnes- wie Einstellungsverläufe verdeutlichen, dass die große Mehrheit der Befragten zufrieden ist. Die meisten wollen ihre jetzige Lebenssituation genau so vermachen. Diese Zufriedenheit, diese Weitergabe des eigenen Lebens, ist bei den Einstellungsverläufen stark ausgeprägt.[46] Die Sinnesverläufe unterstreichen dieses Ergebnis, auch wenn sich hier eine leicht niedrigere Weitergabe zeigt. Ihren Lebensduft möchten 63 Prozent vermachen, ihren ausgewählten haptischen Reiz 58 Prozent, ihren Rhythmus 54 Prozent. Wie sind diese niedrigeren

Werte zu erklären? Zunächst sind die Unterschiede rein methodisch bedingt. Bei den Sinnen werden, anders als bei den Einstellungen, keine Informationen »unterdrückt«, da wir uns nicht auf den *überwiegenden* Antworttyp festlegen müssen. Die Bereiche mit einer selbstkritischen Haltung fallen also stärker ins Gewicht. Zweitens stehen die Sinne als solche bereits für unterschiedliche Lebensbereiche. Während der Duft eher auf den persönlichen Nahbereich bezogen wird, verweist insbesondere der Rhythmus auf die Welt der Arbeit. Wie wir im zweiten Buchteil berichten werden, unterscheiden sich aber gerade diese Bereiche darin, ob man sie unverändert überträgt in das Land, in dem man leben möchte.

Ähnliche Ergebnisse bei der Analyse von Einstellungen und Sinnesreizen zeigen sich allerdings nicht nur bei der Zufriedenheit. Die Sinnes- wie Einstellungsverläufe verdeutlichen weiterhin, dass Menschen in Deutschland Sorge äußern, wenn es um die erwartete Zukunft geht. Bei den Einstellungsfragen hat sich herausgestellt, dass über 80 Prozent der Menschen skeptisch sind, ob sich ihr Vermächtnis erfüllen wird. Auch hier beziehen wir uns auf deren überwiegendes Antwortmuster, einzelne Bereiche werden durchaus zuversichtlich gesehen. Bei den Sinnesverläufen finden wir vergleichbare Anteile. Besonders hoch ist die Skepsis, wenn wir die haptischen Reize und den Duft zugrunde legen. Nur wenige glauben, dass die weiche Watte von heute andauern wird oder die erquickende Frische der Grapefruit. Nur beim Rhythmus sieht man das etwas anders – zumindest bei jenen, die die schnellen Rhythmen lieben.

Eine weitere Übereinstimmung zeigt sich darin, dass die Menschen in Deutschland von einem gesellschaftlichen Wandel ausgehen. Bei den Einstellungsverläufen sehen wir bei 90 Prozent der Menschen Veränderungen zwischen dem Heute und der erwarteten Zukunft. Ähnlich bei den Sinnesverläufen.

Nur bei den Rhythmen sagt jede und jeder Vierte: Mein heutiger Rhythmus bleibt. Insgesamt machen sich die Menschen also auf eine große gesellschaftliche Dynamik gefasst. Dieses Ergebnis liest sich zunächst wenig überraschend. Dennoch: In dieser Deutlichkeit hatten wir nicht damit gerechnet. Denn es geht hier nicht um gut oder schlecht. Es geht nicht um Werte. Es geht um den schlichten Vergleich zwischen dem Heute und dem prognostizierten Morgen. Diese Wucht, mit der die Menschen in Deutschland das Neue erwarten, müssen wir ernst nehmen. Zumal wenn wir wissen, dass viele von ihnen sich Sorgen um die Zukunft machen.

Was man bei den drei Szenen sieht, erhärtet sich in den Gesamtverläufen. Das Muster antizipierte Erosion, der Zusammenprall zwischen dem persönlichen Wunsch nach Kontinuität und der festen Erwartung gesellschaftlichen Umbruchs, überwiegt bei Weitem – bei den Einstellungen wie bei den Gefühlen. Viel seltener zeigt sich bei beiden das Muster der Kapitulation. Hier geht es ja um etwas grundlegend anderes: Die Menschen wollen selbst etwas ändern, aber die Gesellschaft verwehrt sich dagegen. In den nun folgenden bereichsspezifischen Analysen werden wir genauer erläutern, um welche Themen es sich dabei handelt.

Wir können zusammenfassend festhalten, dass die neue Erhebungsmethode funktioniert. In allen Bereichen, in denen sich direkte Vergleiche zwischen Einstellungen und Sinnesreizen ziehen lassen, entsprechen sich die inhaltlichen Ergebnisse. Dies ist ein großes Gütezeichen. Weiterhin finden wir, dass sich Sinnesreize und Einstellungen gegenseitig ergänzen. Ihre systematische empirische Verknüpfung erlaubt es, Zufriedenheit und Sorge viel besser zu verstehen. Vor unseren Augen entstehen neue und tiefenschärfere »Landkarten« sozialer Gruppen, zusammengesetzt aus Einstellungen und Gefühlen.

II.
WAS UNS UMTREIBT UND DIE WELT VON MORGEN FORMT

Einleitung

Arbeit. Besitz. Technik. Liebe. Und damit auch: Sicherheit, Unabhängigkeit, Engagement, Solidarität. Das ist unsere Welt, Tag für Tag. Wie wir zu diesen Themen stehen und mit ihnen umgehen, wird unser Leben und unser Land in den kommenden Jahren prägen.

Mit dem ihr eigenen Blick nach vorn behandelt die Vermächtnisstudie die Frage, in welchem Land die Menschen leben wollen. Nach dem kursorischen Überblick in Kapitel I.3 werden wir nun sehen: In vielen Bereichen möchten die Menschen ihr Leben weitergeben, so, als würden sie in der besten aller Welten leben. In anderen aber korrigieren sie sich deutlich. Dabei blicken sie oft skeptisch in die Zukunft, manchmal aber auch mit großer Zuversicht. Immer interessieren uns dabei auch die Festigkeit der Stimme, die Stärke und der Nachdruck, mit denen die Menschen ihre Meinung formulieren. Und es geht uns um die Vielfalt oder Einheitlichkeit der Meinungen. Dies zieht eine weitere Frage nach sich. Sehen wir gruppenspezifische Einstellungen? Zerfällt die Vielfalt also in viele, in sich homogene Binnenräume, mit je eigenen Meinungen und Interessen klar umreißbarer Gruppen?

Zu Anfang betrachten wir die vier großen Bereiche Erwerbsarbeit, Besitz, Technik und Liebe. Ein wesentliches Ergebnis vorab: Die Bereiche unterscheiden sich systematisch in dem, was die Menschen weitergeben möchten und was sie für die Zukunft erwarten. Sie unterscheiden sich auch in dem Nachdruck, mit dem die Meinungen vorgebracht, und in der Pluralität, mit der sie formuliert werden. Skizzieren wir die Bereiche mit zunächst sehr groben Linien. Als Statthalter für die vier Verläufe wählen wir je eine Frage, die beispielhaft für den jeweiligen Themenbereich steht. Wir visualisieren die Verteilungen durch den Mittelwert, darüber gelegt haben wir jeweils die individuellen Verläufe.[1]

Die Erwerbsarbeit ist den Menschen äußerst wichtig, und zwar in den klassischen Konturen des sogenannten Normalarbeitsverhältnisses, Sicherheit, Erwartbarkeit, Qualität. Das Vermächtnis: Fast alle, über 90 Prozent der Befragten, wünschen sich, dass es so bleibt und weitergeht, wie es heute ist. Es gibt keine Kritik, keine Forderung nach Ablösung, und es wird nicht hinterfragt. Eher stellen wir ein »Noch mehr« fest. Und die Erwartung sieht so aus: Die Zukunft der Arbeit wird anders sein, als man sich das wünscht. Weniger sicher, weniger kalkulierbar, weniger gut (vgl. hierzu Abbildung 5).

Auch Besitz ist den Menschen wichtig. Hier sind sich auch alle einig, egal ob arm oder reich, jung oder alt. Was man hat, soll in der Familie bleiben und vererbt werden, wortwörtlich. Und auch das Vermächtnis lautet: Nichts ändern, »Weiter so«. In die Zukunft blickt man hier aber mit Zuversicht. Das Vermächtnis wird sich realisieren. Der Absturz bleibt aus (vgl. hierzu Abbildung 6). In diesem Bereich sehen wir also insgesamt wenig Bewegung. Angesichts der hohen Ungleichheit von Besitz und Vermögen kommt dieses Ergebnis unerwartet und erstaunt uns.

Finden wir bei der Erwerbsarbeit und dem Besitz ein »So und nicht anders ist das eben« und damit gesellschaftsweite Werte, so ist der Bereich Partnerschaft und Familie von Pluralität geprägt (vgl. hierzu Abbildung 7). Die »Normalfamilie« ist nicht mehr das Maß der Dinge, und man sehnt sich nicht nach ihr zurück. Vielfältige Modelle werden gelebt, und jedes wird von den jeweiligen Menschen so geschätzt, dass es auch der nachfolgenden Generation vermacht werden soll. Auch hier

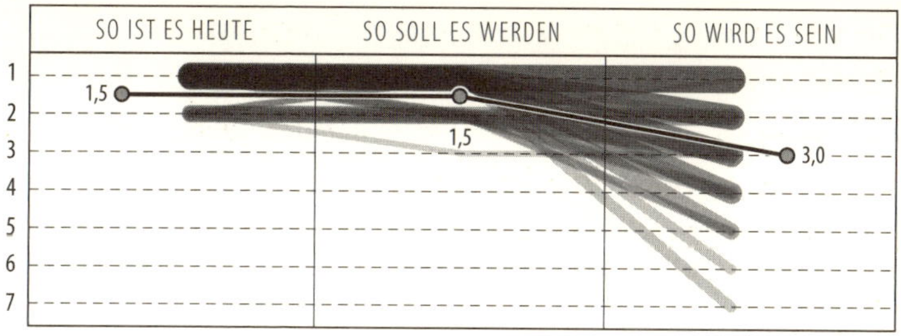

Basis: 3104 realisierte Fälle im Sommer 2015. Mittelwerte und parallele Koordinaten auf einer Skala von 1 = »voll und ganz« bis 7 = »überhaupt nicht«.

Abbildung 5. Erwerbsarbeit

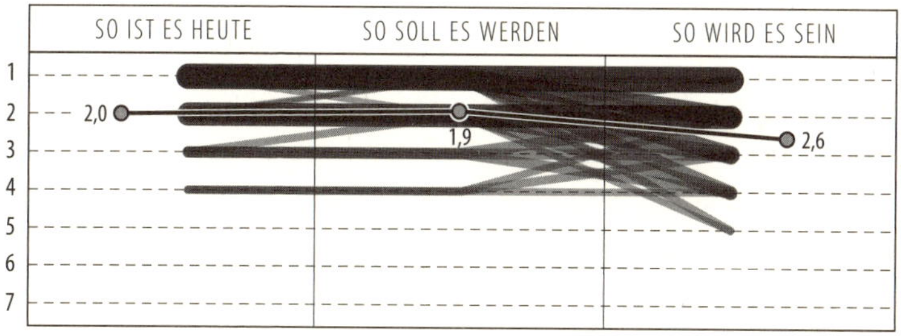

Basis: 3104 realisierte Fälle im Sommer 2015. Mittelwerte und parallele Koordinaten auf einer Skala von 1 = »voll und ganz« bis 7 = »überhaupt nicht«.

Abbildung 6. Besitz

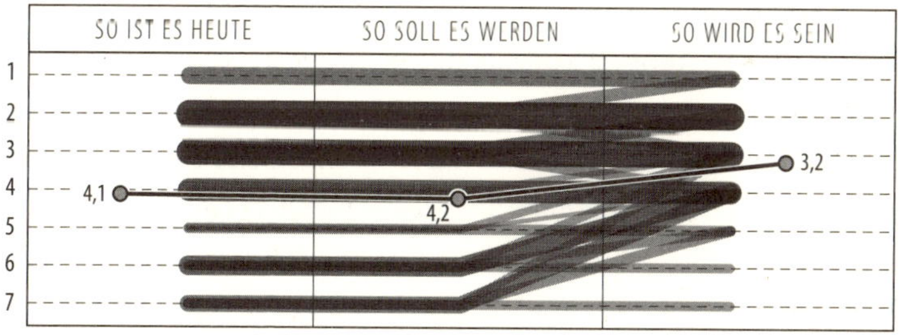

Basis: 3104 realisierte Fälle im Sommer 2015. Mittelwerte und parallele Koordinaten auf einer Skala von 1 = »voll und ganz« bis 7 = »überhaupt nicht«.

Abbildung 7. Partnerschaft

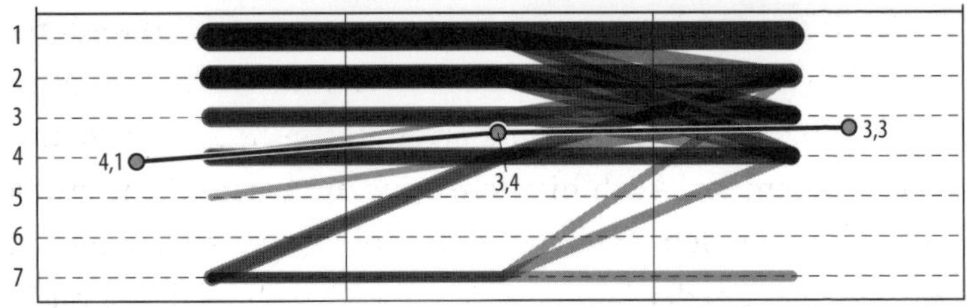

Basis: 3104 realisierte Fälle im Sommer 2015. Mittelwerte und parallele Koordinaten auf einer Skala von 1 = »voll und ganz« bis 7 = »überhaupt nicht«.

Abbildung 8. Technik

erkennen wir ein »Weiter so«, allerdings aus unterschiedlichen Positionen heraus und in verschiedene Richtungen führend. Der Blick in die erwartete Zukunft zeigt dann auch keinen kollektiven Bruch wie bei der Erwerbsarbeit. Eine nur leichte Verschiebung der jeweiligen Position ist zu sehen. Das ist erstaunlich. Die erwartete Zukunft zeigt uns immer, was unsere Befragten in die anderen Menschen hineinprojizieren. Im Bereich Partnerschaft und Familie gehen sie also davon aus, dass die Menschen in Deutschland ihre eigenen heutigen Einstellungen und ihr Vermächtnis teilen. Dies ist ganz offensichtlich nicht der Fall. Tatsächlich dominiert die Vielfalt. Wir werden diesen Faden später aufnehmen.

Unter Technik fasst man viele Phänomene, auf die wir später näher eingehen werden. Beschränken wir uns für den Moment auf die Akzeptanz und Nutzung der Gesundheitstechnik. Dieser Bereich lebt von einer dynamischen Entwicklung (vgl. hierzu Abbildung 8). Das Vermächtnis lautet hier: Wir müssen uns bewegen und sollten nicht stehen bleiben, wo wir uns gerade befinden. Wir sollten uns schulen, uns anstrengen und Technik verstehen. Ein »Mehr« wird vermacht. Interessant ist nun der Blick in die Zukunft: Die Technik wird schneller voranschreiten und stärker genutzt werden, als von den Menschen erwünscht. Eine Überforderung zeichnet sich ab.

Nach diesen vier Bereichen kommen wir dann zu weiteren Dimensionen dessen, was die Menschen unter einem guten Leben verstehen. Das sind Solidarität, Sicherheit, Information und Engagement. Auch hier lehrt uns die Vermächtnisstudie viel. Die folgenden Kapitel bilden somit Lebensbereiche und Befindlichkeiten der Menschen ab. Im nächsten Teil des Buchs wird es dann gezielt um die soziale Ungleichheit zwischen den Menschen gehen.

1.
Erwerbsarbeit: Höchste Priorität

Immer mehr Menschen sind auf Arbeit angewiesen. Die 2005 vollzogenen Änderungen in der Arbeitslosenversicherung begrenzen die Dauer des Arbeitslosengeldes und senken die Höhe des Auszahlungsbetrags. Die Arbeitslosenhilfe wurde zu Hartz IV und damit zu einem Pauschalbetrag, der unabhängig ist von dem zuletzt erzielten Einkommen. Die Bundesagentur für Arbeit prüft Anwartschaften strenger, Zumutbarkeitsregeln wurden gelockert. Mit Zeitarbeit, Minijobs und Ein-Euro-Jobs wurden neue Arbeitsformen eingerichtet.

Zeitlich etwas versetzt wurde 2008 das Unterhaltsrecht geändert und führte zu verschärften Erwerbsobliegenheiten, wie es in der Amtssprache heißt. Die geschiedenen Ehepartner erhalten jetzt nur noch drei Jahre Betreuungsunterhalt und sind ansonsten auf eigene Erwerbsarbeit angewiesen. Dies betrifft besonders Mütter, deren Erwerbsquote zumindest im Westen Deutschlands bislang sehr viel niedriger als die von Vätern war. Zum Jahresbeginn 2012 wurde zudem die Rente mit 67 eingeführt, auch dadurch wird die Erwerbsquote weiter steigen.[2]

Vor diesem Hintergrund verwundert es wenig, wenn fast 90 Prozent der in der Vermächtnisstudie befragten Menschen antworten: Die Erwerbsarbeit ist mir außerordentlich wichtig. Man könnte kommentieren: Es bleibt ihnen nichts anderes übrig. Wenig überraschend ist auch, dass die Menschen großen Wert auf eine stabile und sichere Erwerbsarbeit legen. Spannend aber wird sein: Formulieren die Menschen in ihrem

Vermächtnis Kritik, also womöglich den Wunsch, die Arbeit etwas zurückzunehmen, sie anders zu organisieren?

Verweilen wir im Moment bei der Situation heute, so wie die Menschen sie sehen. Wir konzentrieren uns auf das, was man unter guter Arbeit versteht: zufriedenstellende Tätigkeiten, passende Arbeitszeiten, sichere Jobs, angemessener Lohn. Nach dem Index Gute Arbeit 2014 des Deutschen Gewerkschaftsbunds (DGB) empfinden über 80 Prozent der Befragten ihre Arbeit als sinnvoll, 70 Prozent als sicher, und ebenso viele sind damit zufrieden, wie ihre Arbeitszeit geregelt ist. Geht es dagegen um das Einkommen und die Arbeitsintensität, sinkt die Zustimmung auf unter 50 Prozent. Über alle Merkmale hinweg haben gut 60 Prozent der Befragten nichts an ihrer Arbeit auszusetzen, ein Wert, der seit einigen Jahren relativ stabil ist. Das zeigen auch die Daten des Bundesministeriums für Arbeit und Soziales (BMAS), welches regelmäßig die gewünschte und erlebte Qualität der Arbeit untersuchen lässt.[3] Nach dem BMAS-Qualitätsindex erfahren etwa 30 Prozent der Beschäftigten eine besonders gute Arbeitsqualität, 22 Prozent arbeiten unter ausgesprochen schlechten Bedingungen.

Die Vermächtnisstudie kommt zu ähnlichen Ergebnissen. Mit zwei Fragen adressieren wir die Wichtigkeit, zunächst der Erwerbsarbeit als solcher und dann der Sicherheit der Arbeitsverhältnisse (siehe auch Abbildung 5). Die Ergebnisse haben wir bereits erwähnt. Die Wichtigkeit ist in beiden Fällen sehr hoch, und zwar für alle. Es gibt keine Gegenstimmen. Die Arbeitszufriedenheit und Sinnhaftigkeit der Arbeit erheben wir über die Frage: »Wie sehr gilt für Sie, dass Sie einer Beschäftigung nachgehen oder nachgegangen sind, die Sie auch wirklich machen wollen oder wollten?« Fast 80 Prozent antworten mit einem klaren Ja, sehr wenige, gerade 3 Prozent, mit Nein.[4] Den intrinsischen Wert der Arbeit umreißt die Frage: »Wie sehr gilt für Sie, dass Sie auch dann arbeiten würden, wenn Sie das Geld nicht brauchen?« Hier stimmen fast 60 Prozent entschieden zu, 11 Prozent lehnen klar ab. Auch Regelungen der Arbeitszeit und der Ortsgebundenheit der Arbeit haben wir erfragt. 60 Prozent geben an, feste Arbeitszeiten zu haben, 14 Prozent dagegen nicht. 50 Prozent könnten ihre Arbeit mit der entsprechenden Technik an jedem Ort der Welt erledigen, bei 25 Prozent geht das gar nicht.

Neben diesen Kernfragen, die wir in allen drei Dimensionen der Vermächtnisstudie erhoben haben und auf die wir später zurückkommen werden, wurden weitere Informationen zur heutigen Arbeit erbeten. »Mein Einkommen ist angemessen«, sagen 42 Prozent, 17 Prozent verneinen. »Meine Arbeit kann jeder verrichten«, meinen 26 Prozent, 38 Prozent sehen das anders. »Meine Arbeit kann von Maschinen erledigt werden«, glauben 3 Prozent, 90 Prozent lehnen das entschieden ab. Interessiert hat uns auch, wie Menschen die Veränderungen ihrer Arbeitsinhalte beurteilen. Fast 50 Prozent geben an, dass sich die Inhalte wandeln und die Arbeit dadurch spannend bleibt. Nur 3 Prozent sagen, dass sie aufgrund der schnellen Umgestaltung der Arbeit nicht mehr mitkommen. Ebenso wichtig: »Dominiert die Arbeit Ihr gesamtes Leben?« 20 Prozent stimmen zu, 36 Prozent verneinen.

Insgesamt ergibt sich ein teilweise doch verblüffendes Bild. Fast alle Menschen gehen einer Arbeit nach, die sie wirklich machen wollen. Die Mehrheit würde sogar arbeiten, wenn sie auf das Geld nicht angewiesen wäre. Natürlich ist dies eine fiktive Frage, denn die allermeisten Menschen brauchen das Geld. Dennoch: Mit der Arbeit verbindet man offenbar weit mehr als das nötige Einkommen. Viele Menschen haben zudem den Eindruck, dass nicht nur sie die Arbeit brauchen, sondern umgekehrt auch die Arbeit auf ihre persönlichen Fähigkeiten und

Fertigkeiten angewiesen ist. Sie halten sich für nicht ersetzbar. Durch Maschinen ließe sich ihre Arbeit jedenfalls nicht erledigen. Von anderen Menschen schon eher, aber auch das meint nur ein Viertel der Befragten. Auf den schnellen Wandel der Arbeitsinhalte fühlen sich die Menschen vorbereitet, die meisten finden die Veränderungen sogar spannend. Job-Enrichment statt Bedrohung könnte man sagen. Und diejenigen, die ihre Arbeit unangemessen bezahlt sehen (und über die wir später im Zusammenhang mit Armut näher berichten), sind in der Minderheit gegenüber denen, die höchst oder sehr zufrieden mit ihrem Einkommen sind.

Was wissen wir über die Menschen in guter Arbeit? Nicht unerwartet spielt die Bildung eine maßgebliche Rolle.[5] Gut gebildete Menschen sind viel eher in guter Arbeit als Bildungsarme. Sie erachten ihr Einkommen als angemessen und verrichten Arbeit, die sie wirklich machen wollen. Ebenso überrascht es nicht, dass Männer mit ihrer Entlohnung deutlich zufriedener sind als Frauen. Die Schattenseiten: Viel seltener als Frauen erledigen sie Arbeiten, die sie wirklich gerne machen,[6] und viel seltener geben Männer an, auch dann erwerbstätig sein zu wollen, wenn sie das Geld nicht bräuchten. Dies hängt durchaus auch mit den deutlich längeren Arbeitszeiten von Männern im Vergleich zu Frauen zusammen.

Menschen mit eigener Migrationserfahrung gehen deutlich seltener einer guten Arbeit nach. Viel häufiger als Menschen mit familiärer Migrationserfahrung und als Menschen ohne Migrationserfahrung geben sie an, dass ihre Arbeit auch jede andere Person übernehmen könnte, dass sie Tätigkeiten verrichten, die sie nicht wirklich machen wollen, und dass sie keinen Einfluss auf die Regelung ihrer Arbeitszeit haben. Dennoch: Gerade ihnen sind Erwerbsarbeit und sozialer Aufstieg ganz besonders wichtig.

Und das Alter? Über jüngere Menschen, gerade über die Generation Y zwischen 18 und 35 Jahren, hört man oft, dass ihnen qualitative Aspekte der Arbeit besonders wichtig wären. Das stimmt. Sie legen viel größeren Wert auf eine sinnvolle Tätigkeit, die sie reizt. Nicht zutreffend ist allerdings, dass sie sich von Erwerbsarbeit distanzieren. Keiner anderen Altersgruppe ist Erwerbsarbeit so wichtig wie ihnen.

Den Sozialwissenschaften wird oft vorgehalten, dass sie karge sozialstrukturelle Merkmale zu sehr in den Vordergrund stellen und deren Bedeutung überschätzen. »Das persönliche Auftreten entscheidet doch darüber, welchen Job man bekommt«, hört man dann, »das Selbstwertgefühl, die Selbstsicherheit und soziale Netzwerke, das Vitamin B.« Können wir mit diesen Informationen auch Einstellungen zur Erwerbsarbeit besser verstehen? Ja. Das Sozialkapital und die sozialpsychologischen Merkmale von Personen spielen auch in unserer Studie eine große Rolle. Sie wirken ergänzend, verändern also nicht die sozialstrukturellen Einflüsse.

Eine gute Bildung ist demnach immer wichtig, ganz gleich, ob wir es mit selbstsicheren oder ängstlichen Menschen zu tun haben. Gut gebildete und selbstsichere Menschen haben dann besonders vorteilhafte Positionen auf dem Arbeitsmarkt, jene mit einer guten Bildung und Ängsten eher schlechtere.

So viel zu den Einstellungen und Bewertungen der Menschen zu ihrer Arbeit heute. Die optimistische Grundstimmung hat uns verblüfft. Angst vor den Folgen der Digitalisierung zeigen die Menschen bei diesen konkret auf ihr heutiges Arbeitsleben bezogenen Fragen nicht, kaum jemand fürchtet die Macht der Roboter und die sich rasant verändernden Anforderungen auf dem Arbeitsmarkt. Sind die massiven Bewegungen noch nicht bei den Menschen angekommen, werden sie erst im

Vermächtnis sichtbar und in dem, was man in der Zukunft erwartet?

Wenn man über Arbeit spricht, was rät man den nachfolgenden Generationen? Die Antwort ist eindeutig ein »Weiter so«. Die Erwerbstätigkeit soll noch wichtiger genommen werden, obgleich das kaum noch geht, da allemal schon über 90 Prozent der Menschen die höchsten Skalenwerte wählen. Auch bei den einzelnen Aspekten guter Arbeit – sichere Arbeitsplätze, feste Arbeitszeiten, sinnvolle Jobs – bleibt die Zustimmung auf dem hohen Niveau oder steigt weiter, wenn man fragt, wie es in der Zukunft sein soll. Zudem ähneln sich die Empfehlungen der Menschen sehr. Die Erwerbstätigkeit erweist sich als starker kollektiver Wert. Erst ein genauerer Blick zeigt, dass es auch Menschen gibt, die leicht auf die Bremse treten. Die gut Gebildeten raten dazu, die Arbeit weniger wichtig zu nehmen, dem sicheren Arbeitsplatz und den festen Arbeitszeiten nicht so viel Gewicht beizumessen. Sie tun das aus einer guten Position heraus. Bildungsarme können sich diese Empfehlung nicht leisten. Ebenso wenig Menschen, die selbst Migrationserfahrungen gemacht haben. Sie legen den nachfolgenden Generationen ans Herz, auf gute, sinnvolle Arbeit viel mehr Wert zu legen, als sie es selbst tun und wohl auch tun können.

Ändern wir die Perspektive und verfolgen die individuellen Antwortmuster über die beiden Fragedimensionen. Jetzt geht es nicht mehr um die Höhe der Zustimmung, um das Niveau. Es geht um den Verlauf. Für jede einzelne Person können wir sehen, ob sie ihre Meinung beibehält oder verändert. Dieser Verlauf unterscheidet sich deutlich, je nachdem, welchen Aspekt von Arbeit wir betrachten. Man vermacht die eigene Position bei der Wichtigkeit von Arbeit, bei einer sicheren Arbeit und beim Arbeiten, auch wenn man das Geld nicht braucht. Der Wunsch, nichts zu ändern, wenn man es so fassen will, liegt zwischen 60 und 75 Prozent. Deutlich niedriger sind die Werte bei einer festen Arbeitszeit und, interessant, bei der Empfehlung, nur solche Arbeiten anzunehmen, die man gerne erledigt. Knapp 50 Prozent bleiben bei ihrer Position. Der Rat: Seid zu Konzessionen bereit, verabschiedet euch von zu hohen Ansprüchen. Man muss nicht jede Arbeit mögen.

Betrachten wir kurz das Antwortverhalten der einzelnen Gruppen. Wie erwartet, hat die Bildung durchweg einen maßgeblichen Einfluss auf die Antworten. Bei fast allen Fragen treten die akademisch Gebildeten auf die Bremse. Sie und nur sie empfehlen den kommenden Generationen, ihren Blick auf gute Arbeit etwas zu ändern. Sie nehmen die Erwerbsarbeit und sichere Arbeitsplätze sehr wichtig, sie legen Wert auf sozialen Aufstieg, können oft ortsungebunden arbeiten. Von all diesen Aspekten rücken sie in ihrem Vermächtnis ein Stück ab. Menschen mit niedrigerer Bildung dagegen formulieren den Wunsch nach guter Arbeit umso deutlicher. Ausnahmslos starke und einheitliche Effekte zeigen sich auch bei den psychologischen Variablen. Menschen, die sich als selbstsicher bezeichnen, geben ihre Einstellungen unverändert weiter. Dasselbe Verhalten sehen wir bei jenen, die Angst vor Armut haben. Eine Art Angststarre.

Kommen wir abschließend zu dem, was man in Zukunft erwartet. Es war für uns nicht recht abzuschätzen, was die Menschen denken. Die Arbeitsmarktzahlen sind derzeit gut. Niedrige Arbeitslosigkeit, die Erwerbsquote auf einem Hoch. Seit einiger Zeit wachsen die sozialversicherungspflichtigen und unbefristeten Beschäftigungsverhältnisse, der Mindestlohn ist eingeführt. Gehen sie davon aus, dass das so bleibt? Senden sie Zeichen von Unsicherheit und Skepsis oder von Optimismus?

Die Antwort ist nicht einfach. Wir können Schauergeschichten erzählen und darauf verweisen, dass bei manchen Fragen die Zustimmungswerte zwischen der Einschätzung heute und der Arbeit von morgen um sage und schreibe 70 Prozentpunkte fallen. Nutzen wir andere Maße und greifen zu den Mittelwerten, können wir Entspannung melden, da diese nur um einen, maximal zwei Skalenpunkte sinken und nun in der Skalenmitte bei einem recht unentschiedenen »Weiß nicht« liegen. Wir berichten daher ausführlich, statt auf eine Lesart zu verkürzen. Zunächst zur Wichtigkeit der Erwerbsarbeit, eines sicheren Arbeitsplatzes und fester Arbeitszeiten. Die Mittelwerte sinken, aber nicht dramatisch. Man weiß es eben nicht. Statt mit den Werten 1 oder 2 auf der 7er-Skala antworten die Menschen nun mit dem Wert 3 oder 4. Aber vor allem: Wird man noch die Arbeit verrichten, die man auch wirklich machen will? Darüber weiß man gar nichts. Die Mittelwerte fallen auf einen Wert von 4, also in die Skalenmitte. Die Zustimmungswerte stürzen von 80 auf 11 Prozent.

Diese große Unsicherheit verspüren aber nicht alle in gleichem Maße. Menschen mit guten Jobs beurteilen die Zukunft der Arbeit viel optimistischer als Menschen mit mieser Arbeit. Bei Akademikern ist das besonders gut zu sehen. Ihre Werte auf der Zukunftsdimension liegen höher als jene aller anderen sozialstrukturellen Gruppen. Aber auch Menschen mit eigener Migrationserfahrung blicken viel zuversichtlicher in die Zukunft, das allerdings aus einem anderen Grund. Sie hoffen, das zu erreichen, was sie heute bei ihren Mitmenschen sehen. Auch Eltern erwarten eine freundlichere Zukunft als Menschen ohne Kinder. Dieses Ergebnis war so nicht unbedingt zu erwarten, da man ja gerade Eltern oft nachsagt, dass sie aufgrund ihrer Kinder, und für diese, besonders um die Zukunft bangen. Meint man, das eigene Leben in der Hand zu haben und nicht Spielball von Zufall und Glück zu sein, sieht man die Zukunft der Arbeit viel positiver.

Was bleibt über die Zukunft der Arbeit zu sagen? Im Vermächtnis ungebrochen ist die Bedeutung von Erwerbsarbeit für unser Leben, sie wird eher noch steigen. Unverändert stark ist der Wunsch nach einem sicheren Arbeitsplatz und einer Tätigkeit, der man Sinn abgewinnen kann. Die erwartete Zukunft wird nicht in düsteren Farben gezeichnet, zu sehen sind aber riesige Fragezeichen. Die Menschen in Deutschland wissen um die Gefahren auf dem Arbeitsmarkt, auch wenn sie nicht selbst betroffen sind: Langzeitarbeitslosigkeit, Leiharbeit, befristete Beschäftigungsverhältnisse, Minijobs, Niedriglöhne, prekäre Beschäftigung, weitere Euro- oder Finanzkrisen. Sie sind unsicher, wie sich die Digitalisierung auf den Arbeitsmarkt auswirkt.[7] Unsicherheit tut den Menschen nicht gut. Angst drängt in ihr Vermächtnis: Bevor ihr zu viel verlangt, empfehlen die Menschen den nachfolgenden Generationen, schraubt eure Ansprüche runter. Es muss nicht immer die Arbeit sein, die man wirklich gern macht. Der Auftrag an uns alle ist damit klar. Auch wenn es schon so oft gesagt und geschrieben wurde: Bildung und Qualifikation helfen, das haben wir deutlich gesehen. Wir müssen die Menschen mitnehmen, ihnen Chancen, Orientierung und Sicherheit geben, sie aktiv vorbereiten auf die Arbeitswelt von morgen.

2.
Besitz: Vererben ist wichtig

Eine zentrale Aussage der 2016 vorgestellten neuen Empfehlungen an den Club of Rome[8] lautet, dass nicht die Werte die Menschen zur Umkehr bewegen sollen. Vielmehr sei die Politik aufgerufen, die Werte der Menschen durch klare Beschränkungen zu ändern.[9] Im Zentrum von Sorge und Kritik steht, dass das Streben nach immer mehr Besitz und Wohlstand die Triebfeder einer wachsenden globalen und nationalen sozialen Ungleichheit ist.

In Deutschland stehen diese Themen seit Langem auf der Agenda. Die Ausgangslage ist klar und unumstritten: Die zunehmende Ungleichheit von Arbeitseinkommen wurde in jüngster Zeit etwas gebremst. Der 2015 eingeführte Mindestlohn dämmt die Verbreitung von Niedriglöhnen ein Stück weit ein. Die Reallöhne sind aufgrund niedriger Inflationsraten und hoher Tarifabschlüsse wieder leicht gestiegen. Dennoch und trotz all dieser Erfolge wächst die Ungleichheit bei Besitz und Vermögen rasant – und damit die Ungleichheit im Vererbungsvolumen. Schließungsprozesse werden immer deutlicher. Gut Gebildete mit guter Arbeit bleiben auch in ihren Partnerschaften unter sich, in der Sprache der Ökonomie treffen gute auf gute Risiken und schlechte eben auf schlechte. Einige Eltern werden an ihre Kinder sehr viel vererben, andere wenig oder nichts. Dabei ist Geld das eine, Bildung das andere. Wir wissen, dass Kinder aus gut gestellten Elternhäusern viel bessere Chancen auf eine gute Bildung haben. Der hierdurch entstehende Teufelskreis ist wirklich ungerecht.

Die Lebens- und Entwicklungschancen der Menschen werden sich wieder stärker von Geburt an unterscheiden. Die Politik tut sich schwer, mit diesen Gegebenheiten angemessen umzugehen. Schon lange wird über Erbschaft- und Vermögensteuern diskutiert, das Bundesverfassungsgericht pocht auf Änderungen. Kompromisse wurden gefunden, ausreichend erscheinen sie nicht. Die Wissenschaft ist uneins. Die Liste ihrer Vorschläge ist lang und bunt. Mehr staatliche Investitionen in Bildung werden gefordert,[10] ein bedingungsloses Grundeinkommen,[11] ein Startkapital für jede Bürgerin und jeden Bürger mit Erreichen der Volljährigkeit,[12] höhere Vermögen- und Erbschaftsteuern.[13] All diese Maßnahmen setzen auf das für notwendig erklärte Eingreifen der Politik.

Und doch gibt es Stimmen, die darauf verweisen, dass sich die Werte der Menschen auch ohne die Vorgaben der Politik ändern. Der amerikanische Soziologe und Ökonom Jeremy Rifkin verkündete 2014, dass sich der Kapitalismus grundlegend umwandle, und bezog sich dabei auf die starke Verbreitung aller möglichen Formen des Sharings. Er machte in der Gesellschaft einen wachsenden Kollektivismus aus, der das individuelle Besitzstreben zurückdrängen würde.[14] Dies ist sehr weitreichend interpretiert. Dennoch: Auch in Deutschland werden Sharing-Dienste entwickelt, genutzt und versprechen Unabhängigkeit von eigenem Besitz. Ändern sich also tatsächlich die Werte der Menschen? Entlassen wir gleichsam die Politik aus der Pflicht?

Die Vermächtnisstudie gibt Antworten. Drei Bereiche interessieren uns besonders: Wollen die Menschen möglichst viel besitzen? Verleiht ihnen materieller Besitz Sicherheit? Finden sie es richtig, dass Besitz vererbt wird und damit in den jeweiligen Familien bleibt? Zunächst die Verteilungen kursorisch: »Ich muss nicht alles besitzen, was ich zum Leben brauche«, sagen 46 Prozent der Befragten, 17 Prozent sind anderer Meinung (Mittelwert 3,2). »Gibt Ihnen materieller Besitz Sicherheit?« Bei der Mehrheit ist dies der Fall. 57 Prozent bejahen, 7 Prozent verneinen (Mittelwert 2,6). »Wie sehr gilt aus Ihrer Sicht, dass es gut ist, wenn Besitz in der Familie bleibt, also wenn Eltern ihr Vermögen an die eigenen Kinder vererben?« Die Zustimmung liegt bei sehr hohen 75 Prozent, und nur 2 Prozent haben damit Probleme (Mittelwert 2,0). Es wird deutlich: Beim eher allgemein gehaltenen Streben nach Besitz sind die Standpunkte uneinheitlich. Bei der Frage von Sicherheit durch materiellen Besitz ist der Konsens schon höher, fast geschlossen aber sind die Menschen in Deutschland der Meinung, dass Besitz in der Familie bleiben muss (siehe auch Abbildung 6).

Wir untersuchen das Antwortverhalten näher und werden überrascht. Die oft als postmateriell beschriebene Jugend, die Generationen, die Sharing-Plattformen wie Kleiderkreisel.de, couchsurfing.com, drivy.de und viele andere aus der Taufe gehoben und zum Erfolg geführt haben, erweisen sich als besonders interessiert an Besitz. Sehr überzeugt geben sie weit häufiger als die Älteren an, alles besitzen zu wollen. In dieselbe Richtung argumentieren diejenigen, die in ländlichen Regionen leben. Ihnen ist Besitz wichtiger als den Stadtbewohnern. Erstaunlich: Weder der Bildungsstand noch das Einkommen machen hier einen Unterschied. Neben den sozialstrukturellen Merkmalen schärfen die sozialpsychologischen Faktoren unser Bild. Menschen mit Armutsangst wollen so viel wie möglich besitzen; hier zeigt sich die soziale Lage also schon, wenngleich eher indirekt. Denn gerade jeder Dritte mit Armutsangst ist tatsächlich objektiv arm, lebt also unterhalb der Armutsschwelle. Auch Menschen, die davon ausgehen, dass ihr Leben durch Zufall und Glück bestimmt wird und die eigene Leistung nichts bewirken kann, sind sehr interessiert an materiellem Besitz, ebenso Menschen, die mit ihrer Gesundheit unzufrieden sind. Zusammengefasst: Von materiellem Besitz etwas Abstand nehmen nur jene, die sich ihrer selbst sicher sind. Sie gehen davon aus, dass sie ihr Leben selbst in der Hand haben, sie fühlen sich gesund, sind frei von Abstiegsangst. Diese Faktoren ermöglichen es ihnen, ein Stück weit loszulassen und auf Besitz weniger Wert zu legen. Dies kann auch den Alterseffekt erklären. Im Vergleich zu anderen Altersgruppen haben die Jungen selbst noch wenig materiellen Besitz, und es mag ihnen zudem an Selbstsicherheit fehlen, ihren Weg finden und gehen zu können.

An dieser Stelle müssen wir präzisieren. Denn die Jungen verbinden mit materiellem Besitz oft auch etwas anderes als die Älteren. »Gibt Ihnen materieller Besitz ein Gefühl von Sicherheit?«, lautete unsere Frage. Die Jungen, also gerade jene, denen Besitz besonders wichtig ist, antworten viel zurückhaltender als Menschen über 65 Jahre. Besitz steht nicht für Sicherheit, sagen sie. Rentnerinnen und Rentner dagegen streben weniger als die Jungen nach materiellem Besitz, dieser gibt ihnen aber durchaus Sicherheit. Eine dritte Gruppe möchte Besitz erlangen, und dieser macht sie auch sicherer. Dies gilt für Menschen, die Angst haben, in Armut zu fallen. Menschen mit Angst vor Gewalt und Überfremdung verbinden mit Besitz ebenfalls das Gefühl von Sicherheit. Das ist zunächst schwer nachzuvollziehen, denn gerade materieller Besitz kann vor Gewalt und Überfremdung nicht schützen. Dennoch: Materieller Besitz macht viele Menschen sorgloser und damit wohl offener, auch gegenüber Fremden, was ein wichtiges Ergebnis ist.

Wenn wir jetzt zu der Frage kommen, ob Besitz in der eigenen Familie bleiben soll, dürfen wir uns von den im Folgenden geschilderten Unterschieden zwischen Personengruppen nicht täuschen lassen. Dass Besitz in der Familie bleiben soll, ist eine Grundhaltung aller Menschen in Deutschland, eine Art kultureller genetischer Code. Unterschiede zwischen Menschen, so statistisch bedeutsam sie auch sein mögen, besagen nicht, dass den einen das Vererben von Besitz wichtig, den anderen dagegen unwichtig ist. Wenn wir Unterschiede sehen, so sind diese sehr gering. Die Angaben liegen alle auf einem sehr hohen Skalenniveau, also zwischen den Werten 1 und 2, sehr selten wird 3 vergeben. Es geht deshalb nur darum zu berichten, welche Gruppen dies ganz besonders betonen: Menschen über 65 Jahre, Menschen mit sehr geringer Bildung, Menschen mit Kindern und Menschen, die auf dem Land wohnen. Das Einkommen macht keinen Unterschied.

Man kann das so interpretieren: Ältere Menschen beschäftigen sich mehr mit dem Vererben, Eltern wissen genau, wem sie etwas vererben, Menschen mit geringer Bildung möchten zumindest das Wenige, was sie haben, sichern und vererben. Zu diesen sozialstrukturellen Variablen kommen nun Faktoren, die uns etwas überraschen. Selbstsichere Menschen und Menschen, die Leistung statt Glück für ausschlaggebend erachten, pochen besonders auf das Vererben. Hier geht es um empfundene Stärke: Ich kann etwas leisten, ich leiste etwas, und das soll auch bei meinen Nachkommen bleiben, gleich ob sie selbst etwas leisten oder nicht. Es sind ja meine Kinder, und als solche haben sie sich ihr Erbe »verdient«. Umgekehrt führt vermeintliche Schwäche aber nicht zu einer Umverteilung. Denn auch Menschen mit Angst vor Armut und mit Angst vor Überfremdung klammern sich an ihren Besitz und möchten diesen in der Familie halten.

So weit die Einstellungen zum Besitz heute. Wir sehen angesichts der sehr ungleichen Verteilung von Besitz und Vermögen in unserer Gesellschaft eine sehr einheitliche Haltung. Dies erstaunt wenig, solange wir nach dem eigenen Leben fragen. Natürlich, so könnte man sagen, gebe ich mein eigenes Erbe weiter. Kommen wir zum Vermächtnis, ist das schon anders. Denn hier geht es um den Entwurf einer guten Gesellschaft, der auf den eigenen Erfahrungen beruht. Hier erwarten wir Kritik.

Diese Zeichen bleiben aus. Wenn man das Vermächtnis der Menschen betrachtet, tut sich nichts. Verfolgt man die 3100 Antworten individuell über die beiden Analysedimensionen, zeigt sich zwar etwas mehr Bewegung, aber auch hier dominiert bei 67 Prozent die Aussage: »Es soll so bleiben, wie es ist.« Schauen wir uns nur die Frage nach dem Vererben von Besitz an, sind es sogar 82 Prozent. Dies wünschen sich alle Menschen, arme und reiche, gut und schlecht gebildete, Frauen und Männer, Menschen aus Ost und West, mit und ohne Migrationserfahrung. Menschen mit Armutsangst vertreten besonders stark diese Meinung. Angststarre statt Ausrufezeichen und Impuls zur Veränderung. Wenn es nach den Vorstellungen der Menschen geht, sollte alles so bleiben, wie es ist. An der großen Ungleichheit in der Verteilung von Besitz und Vermögen würden sie nicht rütteln.

Und die erwartete Zukunft? Bei der Erwerbsarbeit haben wir von großer Unsicherheit berichtet. Die Menschen sind darauf vorbereitet, dass sich viel ändern wird. Und sie machen erste Konzessionen. Hart ausgedrückt: In der Not mache ich jede Arbeit, nicht nur die, an der ich Gefallen finde. Und beim Besitz? Zeigen sich hier Reaktionen auf die immer größere Spaltung von Besitz und Vermögen? Erwartet man, dass die Politik handelt, auch wenn einem das selbst nicht passt? Erstaunlicherweise nicht. In Zukunft, so unsere Befragten, ändert sich so gut wie nichts. Trotz der immer größer werdenden Ungleichheit von Besitz und der wiederkehrenden Diskussionen um eine höhere Besteuerung von Vermögen bleiben die

Menschen bei ihrer Meinung. Fast 60 Prozent der Befragten sagen mit großem Nachdruck: »Ich denke, dass der Besitz auch in Zukunft tatsächlich in den Familien bleiben wird.« Gerade 4 Prozent der Befragten glauben das nicht. Es sind jene Menschen, die Angst haben und sich insbesondere vor Gewalt und Überfremdung fürchten.

Zusammengenommen machen die Ergebnisse der Vermächtnisstudie deutlich, wie wichtig es ist, verschiedene Funktionen von Besitz zu unterscheiden. Zwar können wir beobachten, wie sich unser Verhältnis zu den Dingen ändert. In bestimmten Bereichen ist die Sharing Economy eingeführt. Doch stolzen Prognosen vom Ende des Kapitalismus und dem Sieg der Kollektivität fehlt jeder empirische Beleg. Besitz wird nicht unwichtiger, ganz im Gegenteil. Und auch der Statuserhalt durch Besitz ist wichtig, soll es und wird es nach dem Willen der Menschen auch tatsächlich bleiben. Die Sharing Economy dürfte hier an ihre Grenzen stoßen. Für die Politik ist das nicht einfach. Die Menschen halten einerseits am Vererben von Besitz und Vermögen fest. Andererseits hat laut der Einkommens- und Verbrauchsstichprobe[15] die Ungleichheit, mit der die Vermögen verteilt sind, in den letzten Jahren deutlich zugenommen. Wir wissen, dass die wachsende Ungleichheit den gesellschaftlichen Zusammenhalt und die Solidarität in der Gesellschaft gefährdet. Auch die Zufriedenheit der Bürgerinnen und Bürger geht bei wachsender Ungleichheit zurück.[16] Die Politik muss handeln.

3. Technik: Offen für Entwicklung

Technik bestimmt unser Leben, auch wenn wir das oft gar nicht mehr merken. Dennoch, oder gerade deswegen, stehen die Menschen dem Thema aber durchaus ambivalent gegenüber (siehe auch Abbildung 8). Zurück zur Natur, zum einfachen Leben, so hört man immer wieder, und viele Ratgeber empfehlen genau das für ein entspanntes, entschleunigtes, selbstbestimmtes und auch umweltschonendes Leben. Gleichzeitig zeigt man sich erpicht, immer die neueste Technik zu besitzen und zu nutzen. Technik gilt als Statussymbol. Dabei scheinen in Deutschland die Vorbehalte zu überwiegen. Das Land der Dichter und Denker hat gemeinhin den Ruf, eher innovations- und damit oft technologiefeindlich zu sein. Die Politik ist zögerlich. Trotz erheblicher Budgetsteigerungen der Bundesregierung in den letzten Jahren liegt das Budget für Forschung noch immer unter den angestrebten 3 Prozent des Bruttosozialprodukts. Das für Innovationen meist benötigte Risikokapital scheint oft zu fehlen. Die Expertenkommission Forschung und Innovation weist in ihren Jahresgutachten immer wieder eindringlich darauf hin.

Die Vermächtnisstudie möchte diese Ambivalenz verstehen. Zwei Bereiche haben wir dabei besonders in den Blick genommen, den Besitz und alltäglichen Gebrauch von Technik daheim und die Gesundheitstechnik, ein sich schnell entwickelnder Wirtschaftssektor. Beide Bereiche bestimmen gewollt oder ungewollt unser Leben heute. Doch wie groß soll ihr Einfluss sein in dem Land, in dem wir leben wollen?[17]

Alltagstechnik

Beginnen wir mit Techniken, die wir aus dem täglichen Gebrauch gut kennen, sei es zum Waschen, Putzen, Kochen oder Reparieren, und die unser Leben gegenüber jenem früherer Generationen so sehr erleichtern. Wir beschränken uns dabei auf zwei Fragen, die sich auf den Besitz von Haushaltstechnik und den Umgang mit ihr beziehen. Die erste Frage verbindet den Besitz dieser technischen Geräte mit der Zeit für Hausarbeit. »Wie sehr gilt für Sie, dass Ihre Wohnung technisch so ausgestattet ist, dass Sie nur wenig Zeit für Hausarbeiten brauchen?« 39 Prozent bejahen, 13 Prozent verneinen (Mittelwert 3,3). Viele Menschen sind also der Meinung, dass sie ihre Arbeitszeit im Haushalt durch mehr Technik (weiter) senken könnten. Die zweite Frage greift die erste auf und gibt ihr eine etwas andere Richtung: »Wie sehr gilt für Sie, dass Sie vieles mit der Hand machen, obwohl es technische Hilfsmittel gibt oder gäbe?« Sie beschreibt eine Zurückhaltung im Gebrauch von Technik, man könnte auch sagen: das Recht auf Handarbeit trotz Technik. Immerhin 48 Prozent stimmen hier zu, 10 Prozent lehnen ab (Mittelwert 3,0). Handarbeit stellt also für die Hälfte der Befragten einen Wert an sich dar. Natürlich bedeutet Handarbeit, dass mehr Zeit aufgewendet werden muss. Aber der Ertrag ist hoch. 62 Prozent der Befragten meinen, dass durch die technische Entwicklung das direkte Erleben der Dinge verloren geht. Die Handarbeit wirkt dem unmittelbar entgegen.

Schauen wir uns das Antwortverhalten genauer an. Der Besitz von Haushaltstechnik unterscheidet sich relativ deutlich nach sozialstrukturellen Merkmalen. Menschen mit guter Bildung und einem hohen Einkommen haben und nutzen viel Technik. Ganz offensichtlich braucht man das nötige Geld, um sich die vielen technischen Geräte leisten zu können. Auch

Menschen, die in den neuen Bundesländern leben, nutzen die Techniken häufiger als Menschen in den alten Bundesländern. Hier scheint sich noch immer ein gewisser Nachholbedarf anzudeuten oder eben ein pragmatischer Umgang mit Haushaltstechnik. Neben diesen sozialstrukturellen Bestimmungsgrößen stechen zwei ganz unterschiedliche sozialpsychologische Faktoren heraus. Hat man Angst vor Armut, ist Besitz besonders wichtig, wie wir schon gesehen haben. Nun bestätigt sich dies auch bei der Haushaltstechnik. Aus einer ganz anderen Ecke kommend, zeigen selbstsichere Menschen das gleiche Verhalten. Wir wissen aus anderen Analysen, dass für diese Menschen ihre Gestaltungsfreiheit von großer Bedeutung ist.

Bei der zweiten Frage, dem Recht auf Handarbeit, wie wir es nennen, liegen die Dinge anders. Sozialstrukturelle Faktoren spielen kaum eine Rolle. Vor allem ist es ganz und gar kein Frauending. Wichtig sind hier nur das Sozialkapital und die sozialpsychologischen Faktoren: Menschen mit einem vielfältigen Freundeskreis und selbstsichere Menschen sagen von sich, dass sie nicht von der Technik abhängig sind, sondern diese gezielt einsetzen oder weglassen. Wenn man sich die Zusammenhänge näher anschaut, sieht man, dass Menschen mit Freunden mehr Wert auf gemeinsames Essen legen, auf Nähe und Beisammensein. Dieser Wunsch, Zeit mit anderen zu verbringen, schließt offenbar auch Zeit im Haushalt ein. Selbstsichere Menschen zeichnen sich durchweg dadurch aus, dass sie zeitliche Optionen suchen und diese auch nutzen wollen.

Wie steht es nun um das Vermächtnis der Menschen? Was sollte sich an der gegenwärtigen Situation ändern? Auf alle Fälle sollte man mehr technische Geräte im Haushalt haben; die Zustimmung steigt deutlich von 39 auf 53 Prozent, die Ablehnung sinkt von 13 auf 7 Prozent. Dieses Ergebnis stützt die These, dass viele Menschen gerne mehr Technik hätten, sich diese aber schlicht nicht leisten können. Und es zeigt, dass Menschen, die diese Technik bereits besitzen, viel von ihr halten und kein Zurück mehr wollen. Die Menschen empfehlen aber auch, zukünftig mehr mit der Hand zu arbeiten. Die Zustimmung steigt von 48 auf 56 Prozent, die Gegenstimmen fallen auch hier auf wenige Prozent. Bei beiden Fragen bleiben die Verteilungen unverändert: Sozialstrukturelle Merkmale bestimmen den Besitz von Technik; Sozialkapital und Selbstsicherheit prägen das Recht auf Handarbeit. Den Gebrauch von Haushaltstechnik zurückdrängen oder auf Handarbeit verzichten möchten nur sehr wenige. Die Botschaft ist damit klar. Man sieht und schätzt die Haushaltstechnik. Sie zu nutzen möchte man sich aber nicht vorschreiben lassen.

Die erwartete Zukunft liegt bei beiden Fragen nur auf den ersten Blick weit auseinander. Die Menschen gehen davon aus, dass die Haushalte zukünftig tatsächlich mit immer mehr zeitsparender Technik ausgestattet sein werden. 62 Prozent sagen dies, kaum jemand ist anderer Meinung. Allerdings gehen die Menschen von einer Art Übertechnisierung aus: Mehr als 40 Prozent der Befragten rechnen damit, dass die Haushalte deutlich stärker technisiert sein werden, als die Menschen sich das wünschen. Insbesondere junge Leute unter 35 Jahren und Menschen, die sich vor Einsamkeit fürchten, vermuten dies. Zu viel Haushaltstechnik, so scheint es, wird von manchen als Bedrohung wahrgenommen, als Zwang, der Freiräume nehmen und von der Gemeinschaft isolieren kann. Der Technisierung des Haushalts stehen die Menschen prinzipiell positiv gegenüber. Nachfolgende Generationen sollen auch *mehr* zeitsparende Technik nutzen, als wir es heute tun. Dass in Zukunft wohl aber *noch mehr* dieser Techniken genutzt werden als gewünscht wird, deutet auf eine übermäßige Beschleunigung der Entwicklung hin. Die Menschen sorgen sich, dass die grund-

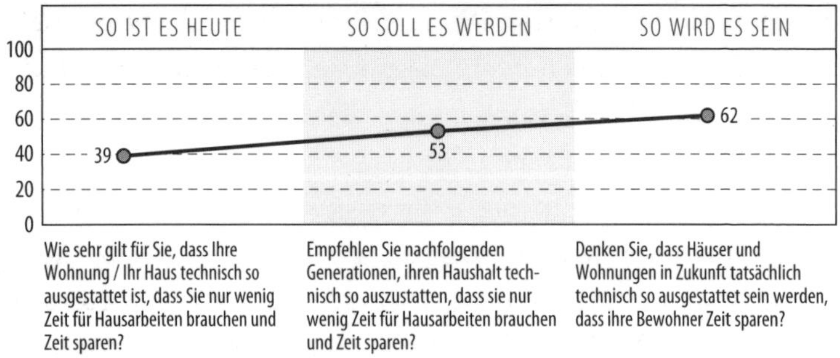

Basis: 3104 realisierte Fälle im Sommer 2015. Zustimmung (1,2) auf einer Skala von 1 = „voll und ganz" bis 7 = „überhaupt nicht" in Prozent.

Abbildung 9. Technik im Haushalt

sätzlich begrüßten Veränderungen zu ausgreifend und vereinnahmend sein werden. Der Verlauf über die drei Fragedimensionen steht für eine Entwicklung, die wir als Überforderung bezeichnen (Abbildung 9). Bei der zweiten Frage nach dem Recht auf Handarbeit trotz Technik erwartet man in der Zukunft massive Einbrüche. Die Zustimmung rutscht von 56 auf 14 Prozent. Für Handarbeit wird der Platz fehlen. »Es wird, wie ich will«, sagen hier nur 20 Prozent. Über 70 Prozent formulieren dagegen: »Es wird weit weniger Handarbeit geben, als ich möchte.« Das vollautomatisierte »Smart Home« wünschen sich die Menschen demnach nicht.

Stellen wir beide Antworten gegenüber, ergibt sich ein klares Bild. Die Menschen nutzen Technik viel und gerne, wenn sie zweckmäßig ist und in ihr Leben passt. Etwa die Hälfte der Befragten gibt dabei ihre heutige Einstellung an die nachfolgenden Generationen weiter. Bei der anderen Hälfte dominiert die Gruppe, die den nachfolgenden Generationen empfiehlt: Nutzt die Technik mehr, als ich es heute tue. Doch anders, als es sich manche Architekten und Ingenieure erhoffen, heißt das nicht, dass die Menschen in einer vollautomatisierten und technisierten Welt leben möchten. Sie wünschen sich auch Alternativen und Spielräume. Die tatsächliche Entwicklung ist für die Befragten zwar nicht ausgemacht, doch sie gehen davon aus, dass mehr Technik genutzt werden wird, als sie es sich wünschen. In ihrem Vermächtnis könnte also stehen: Technik im Alltag ist hilfreich, nutzt sie noch mehr als wir. Aber nur nicht zu viel! Denkt daran: Wer zu bequem wird, wird auch abhängig von der Technik und, wichtiger, verlernt vieles, was das Leben abwechslungsreich und lebenswert macht.

Gesundheitstechnik

Gesundheit ist ein besonderes Gut, tagtäglich, für uns alle. Die Menschen sind sich dessen bewusst. Gefragt, wie wichtig es ihnen ist, auf ihre Gesundheit zu achten, geben über 80 Prozent die höchsten Zustimmungswerte. Der Anteil erhöht sich auf 95 Prozent, wenn es darum geht, was man den kommenden Generationen nahelegt. Für die Gesundheit tut man viel, auch Dinge, hinter denen man gar nicht steht. Bekommt man für mehr Geld auch eine bessere medizinische Behandlung, so zahlt man für diese, wenn man kann. Und ist gleichzeitig unzufrieden mit sich, da man die feste Überzeugung vertritt, dass die beste medizinische Versorgung allen offenstehen sollte, egal wie viel Geld jemand hat. Das zeigt der Blick auf das Vermächtnis: Würden 53 Prozent der Befragten heute für eine bessere medizinische Behandlung auf jeden Fall mehr Geld ausgeben, so sackt der Wert im Vermächtnis auf 24 Prozent. Auch die Nutzung des Internets ist ein gutes Beispiel. Wenn man sich krank fühlt, recherchiert man schon mal und surft durch die Online-Welten der Krankheitschecks. Aber das schlechte Gewissen pocht, da man meint, doch besser den Arzt aufsuchen zu sollen.

In den letzten Jahrzehnten schob sich neben die Behandlung von Krankheiten immer mehr der Aspekt der Prävention.

Und damit drängte Hightech aus dem medizinischen Bereich stärker in unser Leben. Was für viele kranke oder ältere Menschen schon heute ein notwendiger Bestandteil ihres Alltags ist, der ständige Blick auf den Körper und auf die harten Zahlen der technischen Geräte, wird zunehmend auch für gesunde Menschen ganz normal. Gesundheitstechnik ist in Mode. Man scheint das automatisierte Protokollieren der Körperfunktionen und der körperlichen Routinen zu schätzen. Auch für genetische Analysen wächst offenbar die Akzeptanz und Inanspruchnahme. Der Hype um den an sich vernünftigen Ansatz, sich heute um die Gesundheit von morgen zu kümmern, ist ohne die massiven Interessen der Industrie und der Krankenversicherungsträger nicht zu verstehen. Schon längst melden sich die ersten Krankenkassen und locken mit Beitragsermäßigungen oder Zusatzleistungen, wenn man die eigenen Körperdaten erhebt und sie kontinuierlich an die Kassen meldet.

Wie aber denken die Menschen darüber? Fühlen sie sich verführt? Aus der Vermächtnisstudie können wir einiges über die Erwartungen der Menschen lernen in einer Zeit, in der immer mehr technische Neuerungen entstehen. Wir konzentrieren uns auf zwei Aspekte: das Monitoring der eigenen Körperfunktionen und die Akzeptanz einer frühen Diagnose von Erkrankungsrisiken durch biotechnologische Verfahren.

Das Monitoring erheben wir mit der Frage: »Wie sehr gilt für Sie, dass Sie Ihren eigenen Gesundheitszustand stets genau überwachen?« Hier gehen die Antworten weit auseinander, 31 Prozent stimmen nachdrücklich zu, 35 Prozent geben an, dies überhaupt nicht zu tun. Der Mittelwert von 4,1 besagt also inhaltlich wenig. Die Menschen sind nicht unentschieden, sie bilden zwei extreme Gruppen: ganz oder gar nicht. Eine solch klare Spaltung der Gesellschaft findet sich in der Vermächtnisstudie nur in sehr wenigen Bereichen. Prävention im

Sinne einer frühen genetischen Diagnose von Erkrankungsrisiken erfassen wir mit der Frage: »Wie sehr gilt für Sie, dass Sie sich Untersuchungen unterziehen, um zu erfahren, mit welcher Wahrscheinlichkeit Sie später an bestimmten Krankheiten erkranken werden?« Immerhin 27 Prozent geben an, dies zu tun. Eine Mehrheit von 45 Prozent sieht ganz davon ab. Auch hier steht der Mittelwert von 4,5 nicht für ein Unentschieden, sondern für eine starke Polarisierung.

Betrachten wir die Verteilungen näher. Wir finden ein klares Sozialprofil. Techniken des Gesundheitsmonitorings und der Gendiagnose werden insbesondere von älteren Menschen über 65 Jahre, Menschen mit niedriger Bildung, Menschen mit eigener Migrationserfahrung und Menschen aus den neuen Bundesländern verwendet. Die Nutzung scheint also durch eine gewisse Unsicherheit begünstigt zu werden. Der Alterseffekt lässt sich leicht erklären. Eine gute Gesundheit ist mit steigenden Lebensjahren insgesamt immer weniger selbstverständlich, und vielen bleibt auch aus ärztlicher Sicht nichts anderes übrig, als auf die Techniken zurückzugreifen. Aber auch Menschen mit niedriger Bildung, aus den neuen Bundesländern und jene mit Migrationserfahrung fuhlen sich eher unsicher und akzeptieren die neuen Techniken wohl deshalb stärker. Nur ein Merkmal steht dieser Interpretation entgegen: das Geschlecht. Männer nutzen die Gesundheitstechniken wesentlich häufiger als Frauen. Bei den sozialpsychologischen Faktoren sehen wir zunächst auch Zeichen der Verunsicherung. Menschen, die Angst vor Überfremdung äußern, suchen Sicherheit und Bestätigung öfter durch die Technik. Dem gegenüber stehen Menschen mit hoher Selbstsicherheit und auch diese setzen Gesundheitstechniken häufiger ein.

Wie gestaltet sich das Vermächtnis, die Weitergabe an die kommenden Generationen? Rücken jene, die die Techniken nutzen, von ihrem Verhalten ab und stellen es zur Disposition? Geben uns also etwa die älteren Menschen den Rat: Finger weg, solange ihr noch könnt! Das Gegenteil ist der Fall. Nicht nur die Älteren empfehlen einen stärkeren Gebrauch der Gesundheitstechniken – alle tun dies. Die Zustimmung steigt auf 38 (Monitoring) und 39 Prozent (Gendiagnose). Noch deutlicher schwindet die Ablehnung: Diese fällt auf 15 (Monitoring) und 28 Prozent (Gendiagnose). Die Mittelwerte verschieben sich um einen ganzen Skalenpunkt hin zur Zustimmung. Das ist viel.

Die erwartete Zukunft sieht wiederum anders aus. Bei den Techniken zur Überwachung der Gesundheit und zur Gendiagnose geht man davon aus, dass sich diese durchsetzen werden. Nur 8 Prozent sind skeptisch. Entsprechend verschieben sich auch die Mittelwerte hin zu einer noch höheren erwarteten Akzeptanz. Es überwiegen nun die mittleren Skalenbereiche. Man ist unschlüssig, zeigt sich aber prinzipiell offen für Veränderungen. Interessant ist auch, dass sich nun die Gruppenzusammensetzung ändert. Bildung, Migrationserfahrung, Ost und West oder Überfremdungsangst machen nun keinen Unterschied mehr. Auch die Altersgruppen liegen eng beieinander. Der Geschlechtseffekt ist verschwunden. Nur Menschen mit hoher sozialer Kontrollüberzeugung meinen, dass sich die Techniken in der Zukunft nicht finden werden. Wir haben es also mit einem sozialen Wandel zu tun, bei dem die tendenziell Schwachen und Unsicheren den Takt vorgeben und Pioniere einer Techniknutzung sind, die sich langsam in der gesamten Gesellschaft durchzusetzen scheint.

Im Vergleich zu vielen anderen Themen, die wir in der Vermächtnisstudie untersucht haben, sehen wir im Bereich der Gesundheitstechniken also starke Veränderungen hin zu einer Erwartung größerer Akzeptanz. Es ist viel in Bewegung, beharrende Kräfte fehlen. Die hohe Polarisierung der Antworten löst

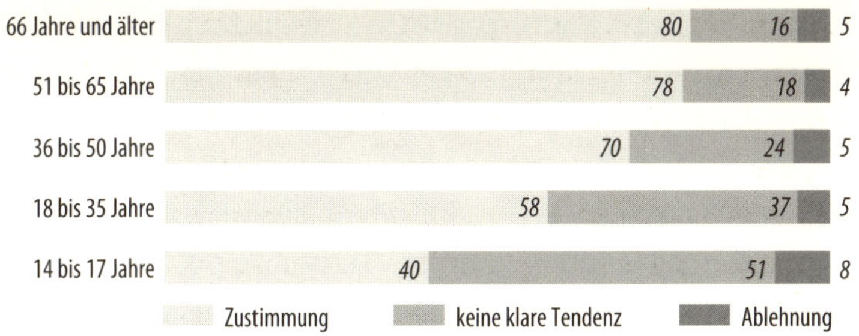

Basis: 3104 realisierte Fälle im Sommer 2015. Zustimmung (1,2), keine klare Tendenz (3,4,5) und Ablehnung (6,7) auf einer Skala von 1 = »voll und ganz« bis 7 = »überhaupt nicht« in Prozent. Abweichungen zu 100 Prozent sind rundungsbedingt.

Abbildung 10. Verzicht auf lebensverlängernde Technik

sich im Vermächtnis auf, und zwar einseitig in Richtung stärkerer Nutzung. Die erwartete Zukunft ist weit entfernt von dem, wie man sich selbst verhält, und entspricht eher dem, was man sich im Vermächtnis erhofft, geht aber sogar noch einen Schritt weiter. Überforderung nennen wir dieses Muster. Überforderung heißt, dass die Entwicklung begleitet werden muss durch Aufklärung und umfassenden Schutz. Freiwilligkeit muss dabei ganz oben stehen.

Wie können wir inhaltlich diese Überforderung fassen? Wo liegen die Grenzen unserer Technikaffinität? Auch dies können wir ansatzweise mit der Vermächtnisstudie klären. »Wie sehr gilt für Sie, dass Sie auf lebensverlängernde Technik verzichten würden, um in Würde sterben zu können?«, haben wir gefragt.[18] Fast 80 Prozent antworten mit einem sehr bestimmten Ja und nur sehr wenige ebenso nachdrücklich mit Nein. Der Mittelwert von 1,9 steht für diese sehr einheitliche Meinung. Die menschliche Würde markiert eine der Grenzen, die man nicht überschreitet und nicht zu überschreiten empfiehlt. Dabei ist die Ablehnung umso vehementer, je älter die Menschen sind (Abbildung 10). Wir dürfen vermuten, dass man mit zunehmendem Alter eher eigene Erfahrungen mit lebensverlängernden Techniken gemacht hat – nicht bei sich selbst, wohl aber bei anderen. Hier gilt also im Gegensatz zu Monitoring und Frühdiagnosen, dass mit der eigenen Erfahrung die Akzeptanz deutlich sinkt. Neben den Älteren lehnen auch Frauen, Menschen mit einem vielfältigen Freundeskreis und Menschen mit großer Selbstsicherheit diese Techniken besonders stark ab. Nur Menschen mit eigener Migrationserfahrung stehen lebensverlängernden Techniken besonders aufgeschlossen gegenüber. Nachdenklich macht uns die erwartete Zukunft. Sie ist oft anders als das, was man will und vermacht. »Es wird so kommen, wie ich es will«, sagt ein Viertel der Befragten. »Lebensverlängernde Maßnahmen werden häufiger eingesetzt, als ich mir das erhoffe«, befürchten dagegen fast 70 Prozent. Extreme Positionen nehmen dabei die wenigsten ein.

Ob einfaches Reflexhämmerchen, Fieberthermometer, Röntgenstrahlen oder Magnetresonanztomograph – es sind technische Mittel, durch die wir unseren Körper wahrzunehmen lernen. Das ist nicht neu. Neu sind Monitoring und viele gendiagnostische Verfahren, auch lebensverlängernde Techniken gewinnen an Boden. Die Vermächtnisstudie zeigt: Die Menschen sprechen sich dafür aus, dass Technik nicht um jeden Preis eingesetzt werden soll. Wenn ich meine, die Technik kontrollieren zu können, wenn mir ihr Nutzen transparent ist, empfehle ich sie den nachfolgenden Generationen. Entfremdet sie mich, ist mir ihr Nutzen zweifelhaft, rate ich eher ab. Schauen wir auf das, was die Menschen erwarten, wird außerdem deutlich: Die Menschen zeigen sich offen für zukünftige Entwicklungen. Nachfolgende Generationen können und sollen ihre Zukunft im Umgang mit Gesundheitstechnik aber selbst gestalten.

ARTIKEL 1

Wie viel Internet verträgt mein Leben?

VON JAN WETZEL

Immer wieder wird vor den wachsenden Unterschieden im Umgang mit dem Internet zwischen »Digital Natives« und »Digital Immigrants«, zwischen Jung und Alt gewarnt. Zu Recht, zumindest wenn man auf das Hier und Heute blickt. Fragt man Menschen aber danach, wie es in Zukunft sein sollte, ergibt sich ein ganz anderes Bild. Jung und Alt haben ganz ähnliche Vorstellungen. Doch das bedeutet für beide ganz Unterschiedliches.

Schauen wir zunächst auf das Hier und Heute, um die Generationen in ihrer Haltung zur Digitalisierung zu verstehen. Deutlich zeigen sich Unterschiede nach Alter, so etwa bei folgender Frage: Informiert man sich, wenn man sich krank fühlt, eher im Internet über Symptome und Behandlungsmöglichkeiten, oder geht man zum Arzt? Während die über 65-Jährigen Dr. Internet zu 79 Prozent ablehnen, sind es bei den 14- bis 17-Jährigen nur 46 Prozent.

Ein ähnliches Bild zeigt sich auch bei emotionalen Aspekten digitaler Kommunikation. Immerhin ein Viertel der Jugendlichen sagt, dass sie sich dank des Internets nie allein fühlen. Bei den Älteren sind das nur 6 Prozent. Eine noch größere Differenz zeigt sich bei der Frage, ob man seine Gefühle meist über elektronische Medien und nicht persönlich mitteilt. Für die Älteren ist das kein Thema: Fast 90 Prozent lehnen dies ab. Bei den Jugendlichen stimmen zwar nur 9 Prozent zu, fast die Hälfte jedoch antwortet in den mittleren Kategorien. Sie bejahen, ohne sich wirklich zu bekennen.

Die unterschiedlichen Einstellungen im Umgang mit digitalen Medien zeigen sich besonders bei den Empfehlungen der verschiedenen Altersgruppen an die nachfolgenden Generationen. Durch die Antworten zieht sich ein Muster: Die Älteren empfehlen, digitale Medien stärker zu nutzen – die Jüngeren hingegen wollen eher, dass es mehr wieder so wird »wie früher«. Sie empfehlen, eher zum Arzt zu gehen, anstatt Symptome zu googeln. Sie empfehlen, mehr per Hand zu schreiben, als sie selbst es heute tun. Sie empfehlen, Gefühle wieder mehr persönlich und nicht per Smartphone mitzuteilen.

Deutlicher noch zeigen sich die Unterschiede zwischen den Generationen, wenn es um die Frage geht, ob man Kinder früh an das Internet heranführen sollte. Nur 12 Prozent der 14- bis 17-Jährigen sprechen sich klar dafür aus. Die Hälfte lehnt es eindeutig ab. Die über 65-Jährigen sind in dieser Frage viel aufgeschlossener. Ein Drittel von ihnen rät dazu, Kinder früh mit dem Internet vertraut zu machen, nur ein Viertel ist klar dagegen.

Die Unterschiede zwischen den Generationen sind also, was das Vermächtnis betrifft, viel geringer als im Leben heute. Das zeigt, dass in dieser Frage kein grundsätzlicher Konflikt zwischen Jung und Alt besteht. Jede Altersgruppe distanziert sich von ihrer augenblicklichen Praxis – jedoch aus zwei gänzlich unterschiedlichen Richtungen: Die Älteren sind offen für den technischen Fortschritt, wenn es um digitale Kommunikationsmittel geht. Ihren Ansprüchen werden sie eher nicht gerecht, weil sie nicht mithalten können. Die Jungen hingegen nutzen digitale Medien mehr, als ihnen selbst lieb ist.

4.
Liebe: Eine Ode an die Vielfalt

Menschen in Deutschland haben meist sehr ähnliche Vorstellungen von dem Land, in dem sie leben möchten. Bei Werten wie Gemeinschaft, Nähe und Gesundheit ist das so, bei der Erwerbsarbeit, beim Besitz. Manchmal ist das überraschend, manchmal nicht. Bei den Einstellungen zu Familie und Partnerschaft eröffnet sich nun ein ganz anderes Bild. Wir entdecken eine echte Vielfalt, im Leben heute, im Vermächtnis und auch in den Erwartungen für die Zukunft.[19]

Vergegenwärtigen wir uns zunächst die großen Veränderungen, die Familie und Partnerschaft erfahren haben. Am Anfang stand der Bedeutungsverlust der Ehe. Zunächst von der alten Form der Ehe als Wirtschaftsgemeinschaft. Die Eltern entschieden, wen man heiratete. Die Idee der romantischen Liebe, entstanden im 18. Jahrhundert, war eine Befreiung von diesen Zwängen. *Ein* perfekter Partner, *eine* perfekte Partnerin *für das ganze Leben*. Die Liebe ist Schicksal und bedeutet Erfüllung oder Verhängnis. Die Liebe wird allein zur persönlichen Sache und damit zum Raum individueller Entfaltung – jenseits der Vorgaben der Eltern, der Erwartungen der Gesellschaft und der Standesgrenzen. In der Realität sah die Sache freilich anders aus, blieb die romantische Liebe doch in der Ehe gefangen, die verknüpft war mit Familie, Kindern, Sexualität und einem gemeinsamen Haushalt.[20]

Die einst starre Verbindung von Liebe und Ehe hat sich bis heute immer mehr gelockert. Sexualität ohne Ehe, Zusammenwohnen, die Elternschaft von Unverheirateten, Patchworkfamilien und gleichgeschlechtliche Beziehungen sind kaum mehr anstößig. All das, was wir unter »Modernisierung« verstehen – der Ausbau des Sozialstaats, die Liberalisierung von Arbeitsverhältnissen und die Frauenbewegung –, hat nachhaltige Spuren auch in intimen Beziehungen hinterlassen. Die Familie veränderte sich weg vom Befehlshaushalt der Männer hin zum Verhandlungshaushalt beider Partnerinnen und Partner.[21] An die Stelle von Abhängigkeit und Gehorsam traten egalitäre, partnerschaftliche Beziehungen. Der britische Soziologe Anthony Giddens geht noch einen Schritt weiter. In der Partnerschaft werde die aktive Gestaltung der Beziehung und des intimen Zusammenlebens zur gemeinsamen Verantwortung. Die Ehe wird zur emotionalen »Krönung« einer von allen äußeren Pflichten entbundenen »reinen Beziehung«.[22]

Diese Entwicklungen werden immer wieder als Zeichen eines allgemeinen Bedeutungsverlustes von festen Bindungen, von Familie und Partnerschaft gedeutet. Die Soziologie weiß, dass dies nicht der Fall ist. Man beobachtet heute die ungebrochene Wichtigkeit der Familie und gar eine Renaissance der Ehe.

Schwieriger ist die Frage zu beantworten, wie Vielfalt einerseits und gemeinsame Orientierungen andererseits zusammenspielen. Wo liegen Konflikte, die sich daraus ergeben? Wer hat sie wie auszutragen? Die Vermächtnisstudie gibt Antworten. Sie zeigt, wie Einstellungen, Wünsche und Erwartungen für die Zukunft miteinander verknüpft sind.

Partnerschaft

Schauen wir auf die Bedeutung der romantischen Liebe heute. Zunächst interessiert uns der Stellenwert der Ehe. Nimmt man die Heirat als einen »ganz besonderen Ausdruck von Liebe« wahr? 60 Prozent unserer Befragten stimmen dem zu. 26 Prozent sind unentschieden, nur 14 Prozent lehnen ab. Wir sehen keine ausdrückliche Bejahung der Ehe, aber doch eine klare Mehrheit, die sie gutheißt.

Wie sehr die Ideale der romantischen Liebe auch heute noch gültig sind, zeigt sich, wenn wir nach alternativen Liebesmodellen fragen. Wir haben zwei herausgegriffen. Sie werden gerne als »Trends« dargestellt und richten sich gegen die romantische Vorstellung der einen Partnerin oder des einen Partners, die oder der für das ganze Leben bestimmt ist. So steht die Figur des Lebensabschnittspartners gegen den Entwurf einer lebenslangen Partnerschaft. Für die Befragten ist das kein Thema. Die Aussage »Das Bild von einem Partner für das ganze Leben ist überholt. Da sich die Bedürfnisse im Leben ändern, gibt es für jede Lebensphase einen anderen passenden Partner«, bejahen nur 11 Prozent, 59 Prozent verneinen entschieden. Noch stärker ist die Ablehnung von Polyamorie, also Beziehungsmodellen, in denen man mehrere Partner gleichzeitig haben kann – mit Kenntnis und Einverständnis aller Beteiligten. Der Aussage »Man kann gut mehrere Liebesbeziehungen gleichzeitig haben« stimmen nur 5 Prozent zu, 82 Prozent der Befragten sind vehement dagegen. Unterschiede zwischen den sozialen Gruppen gibt es kaum, die monogame romantische Liebe ist nach wie vor wenig umstritten.

Ein ganz anderes Bild ergibt sich, wenn es um Unabhängigkeit in der Partnerschaft geht. Nur 11 Prozent geben an, immer Rücksicht auf ihre Nächsten genommen zu haben, und lediglich 26 Prozent sagen, dass sie wichtige Entscheidungen im Leben »nur aus Liebe zu einem Partner oder einer Partnerin« getroffen haben, indem sie zum Beispiel »ein Jobangebot abgelehnt oder angenommen, die Heimat verlassen, einen Abschluss nicht gemacht haben«. Doch die eigentliche Nachricht ist eine andere: Die Antworten verteilen sich erstaunlich gleichmäßig über alle sieben Skalenpunkte, die Menschen vertreten also ganz unterschiedliche Auffassungen. Diese Vielfalt an Meinungen zeigt sich auch, wenn wir nach dem Wert von Geheimnissen in der Partnerschaft (siehe auch Abbildung 7) oder danach fragen, ob es gut ist, klar zwischen Mein und Dein zu trennen.[23]

Wie sieht es nun im Vermächtnis aus? Finden wir hier die *eine* Welt, in der die Menschen leben wollen? Nein. Die meisten Befragten geben unverändert an die nachfolgenden Generationen weiter, was sie über ihr Leben heute sagen. Sie leben also unterschiedlich *und* sie sind sich uneins darüber, wie es in Zukunft sein soll. Positiv gesprochen: Vielfalt besteht und soll bestehen bleiben. Es gibt eine Ausnahme. Viele Menschen, die geäußert haben, in ihrem Leben nie Entscheidungen aus Liebe getroffen zu haben, ändern ihre Meinung im Vermächtnis. Sie geben den nachfolgenden Generationen mit auf den Weg: Habt den Mut, Entscheidungen auch einmal von anderen abhängig zu machen. Jene, die bereits Entscheidungen aus Liebe getroffen haben, bleiben bei ihren Einstellungen.

Wem sind Bindungen mehr, wem weniger wichtig? Welche Unterschiede zwischen den sozialen Gruppen lassen sich ausmachen? Wenig überraschend sind jüngeren Befragten persönliche Bindungen weniger wichtig. Die großen Lebensentscheidungen stehen für sie ja erst an. Eltern legen größeren Wert auf Bindungen als kinderlose Menschen. Kinder nehmen einen Teil der Unabhängigkeit. Doch die Eltern geben dies auch so weiter und bereuen ihre Entscheidungen nicht. Komplizierter ist es, wenn wir Frauen und Männer getrennt betrachten. Wer hat Lebensentscheidungen aus Liebe zum Partner getroffen? Wer möchte künftigen Generationen raten, dies ebenso zu tun?

Geht es um das Leben heute, ähneln sich die Einstellungen von Frauen und Männern. In ihrem Vermächtnis aber weichen sie deutlich voneinander ab: Frauen wünschen sich mehr Unabhängigkeit als Männer. Sie geben ihr heutiges Leben weiter, in dem sie nur wenige Lebensentscheidungen vom Partner abhängig machen. Männer ändern ihre Ansicht. Das Streben der Frauen nach Unabhängigkeit macht sich auch daran fest, dass sie selbst zwar mehr Rücksicht nehmen als Männer, in ihrem Vermächtnis aber empfehlen, dieses Verhalten zu ändern. Die Unterschiede zu den Männern verschwinden hier.

Die große Vielfalt, die beim Thema Partnerschaft herrscht, finden wir auch bei den Zukunftserwartungen. Die meisten glauben, dass es so kommen wird, wie sie es sich wünschen. Diese Vielfalt in der erwarteten Zukunft ist aufschlussreich – und trügerisch. Denn die erwartete Zukunft zeigt uns, wie wir heute die anderen wahrnehmen, diese Eindrücke schreiben wir dann in die Zukunft fort. Was heißt das bezogen auf die Einstellungen zur Partnerschaft? Zunächst: Wir sehen eine große Vielfalt in den Einstellungen und, wichtiger, eine hohe Zuversicht, dass die eigenen Wünsche auch denen der anderen entsprechen. Dieses Ergebnis lässt sich nur so interpretieren, dass man die ganze Vielfalt der Einstellungen selbst gar nicht wahrnimmt und die Einstellungen der eigenen sozialen Kreise fortschreibt.

Familie

Auch beim Thema Familie, bei den Beziehungen zu unseren Eltern ebenso wie zu unseren Kindern, interessiert uns die Spannung zwischen Autonomie und Abhängigkeit. Die Geschichte ist bekannt: Bindungen werden schwächer. Menschen möchten ihre Lebensentscheidungen nicht mehr vom Willen der Eltern abhängig machen, auch Kinder sollen kein Hindernis für die individuelle Entfaltung mehr sein. Was aber sagen uns die Befragten? Man kann es so zusammenfassen: Unabhängigkeit ist wichtig, das heißt aber nicht, dass die Familie an Wert verliert. Die Familie steht nach wie vor für Zugehörigkeit und Orientierung über die Generationen hinweg. Der Aussage »Mein Familienname gibt mir ein Gefühl von Zugehörigkeit« stimmen 60 Prozent klar zu, nur 11 Prozent lehnen ab. Noch deutlicher sind die Antworten auf die Aussage: »Was meine Eltern mir mitgegeben haben, möchte ich an die folgende Generation weitergeben.« Hier bejahen fast 70 Prozent, nur 6 Prozent verneinen.[24]

Interessanterweise ist es die mittlere Altersgruppe von 36 bis 50 Jahren, die diesen Aussagen am wenigsten zustimmt. Sie steht mitten im Leben, hat sich eine eigene Existenz aufgebaut, ist mit Erwerbsarbeit, Haushalt und Kindern voll beschäftigt. Wenn es um Fragen der Zugehörigkeit und Kontinuität geht, so wird die Familie wohl vor allem am Anfang und am Ende des Lebens zu einem wichtigen Bezugspunkt. Einen starken Einfluss haben auch sozialpsychologische Merkmale, jedoch mit einem überraschenden Muster. Sowohl Befragten, die das Gefühl haben, ihr eigenes und das gesellschaftliche Leben gestalten zu können, als auch Befragten mit vielen Ängsten ist die Familie besonders wichtig. Familie ist etwas, auf das man sich stärker einlässt, wenn man selbstbewusst und von der eigenen Handlungsfähigkeit überzeugt ist – Familie lässt einen aber auch fester im Leben stehen, wenn es an Mut fehlt.

Auch in Bezug auf die Familie hat der Wandel der Gesellschaft zu einer Vielfalt an Lebensmodellen geführt, ohne dabei klassische Orientierungen hinter sich zu lassen. Wir wollten wissen: »Wie sehr gilt für Sie, dass Sie wichtige Entscheidungen in Ihrem Leben im Sinne Ihrer Eltern getroffen haben, zum Beispiel einen Beruf gewählt, die Heimat nicht verlassen etc.?« 27 Prozent stimmen zu, 38 Prozent können es nicht klar beziffern, 36 Prozent sagen »gar nicht«. Fast identisch sind die

Antworten auf die Frage, ob man eine Partnerschaft für Kinder aufrechterhalten würde, auch wenn man sich auseinandergelebt hat. Zwar verneinen die Befragten das mehrheitlich und verstärken ihre Aussage im Vermächtnis. Doch es zeigt sich auch hier große Vielfalt. Von Giddens' »partnerschaftlicher Liebe« als einem Standardmodell, das gegen eine feste Bindung an Familie steht, ist nichts zu sehen. Die einen machen es so, die anderen so. Und kaum jemand hält es für nötig, das zu ändern.

Erneut sind es die Frauen, die eine größere Unabhängigkeit einfordern und den kommenden Generationen empfehlen. Ebenso sind es Befragte mit einer hohen Bildung, die Entscheidungen weniger von den Eltern abhängig machen und das auch weitergeben. Das Gegenteil sehen wir bei Menschen mit eigener Migrationserfahrung und bei Befragten in den neuen Bundesländern. Wie immer ist bei allen diesen Analysen berücksichtigt, ob auch noch andere Merkmalsunterschiede eine Rolle spielen – und das ist nicht der Fall.

Die Vielfalt der Lebensformen verschwindet, wenn es um Kinder geht. Im Durchschnitt sagen 63 Prozent der Befragten, davon 67 Prozent der Frauen und 57 Prozent der Männer, klar und deutlich, dass sie »aus Liebe zu ihrem Kind oder ihren Kindern Opfer gebracht und sich in wichtigen Lebenssituationen zugunsten des Kindes entschieden haben, zum Beispiel nicht umgezogen sind oder ein Jobangebot abgelehnt oder angenommen haben«. Im Vermächtnis steigt dieser Anteil auf 67 Prozent, wobei sich Frauen und Männer nicht mehr unterscheiden. Gefragt haben wir auch danach, ob man den eigenen Kindern Geheimnisse lässt. Glauben wir den Zahlen, ist dies ein hochgeschätztes Gut. 72 Prozent stimmen klar zu, nur 3 Prozent verneinen. Dies wird auch unverändert so weitergegeben.

Auffällig ist, dass hier erneut Befragte im mittleren Alter abweichend antworten. Auf der einen Seite sagen vor allem sie, dass sie Opfer für ihre Kinder gebracht haben, und geben dies auch als Vermächtnis weiter. Auf der anderen Seite stimmen sie der Frage, ob sie ihren Kindern Geheimnisse lassen, am wenigsten zu. Unter ihnen sind die »Helikoptereltern«, für die neben einem erfolgreichen Berufsleben auch die Kinder zu einem Projekt werden, in das Zeit und Anstrengung gesteckt werden.

Schließen wir wieder mit der erwarteten Zukunft. Auch hier bleibt die Vielfalt und auch hier gilt, was wir bereits bei der Partnerschaft festgestellt haben. Man geht davon aus, dass die Menschen in Zukunft so leben, wie man das selbst tut und wie man es sich von den kommenden Generationen wünscht. Angesichts der großen Vielfalt an gelebten Modellen ist das aufs Neue erstaunlich. Die Menschen scheinen, über die eigenen Netzwerke hinaus, nur wenig voneinander zu wissen. Denn die Zukunft, die man erwartet, spiegelt immer den Blick auf die anderen und hat oft wenig mit dem zu tun, was man sich selbst wünscht.

Zusammengefasst können wir festhalten: Die wesentlichen Elemente der romantischen Liebe und der Familie sind nicht bedroht – ganz im Gegenteil. Die »große Liebe« mit allen ihren Versprechungen ist in unserer Gesellschaft unverändert ein Fixpunkt. Die »partnerschaftliche Liebe« löst die romantische Liebe also nicht einfach ab, es entsteht vielmehr eine eigenartige Verbindung. Zwar werden nacheinander wechselnde Partner – die serielle Monogamie – zur Normalität. Doch das heißt nicht, dass es für jede Lebensphase die richtige Partnerin oder den richtigen Partner gäbe. Die oder der jeweils »Verflossene« war einfach noch nicht – und eben nicht »nicht mehr« – die oder der »Richtige«. Bleibt man bei der Suche erfolglos, mag man in seinen vergangenen Partnerschaften »the one that got away« entdecken, wie es in einem inzwischen geflügelten amerikanischen Satz heißt. Die »eine« oder den »einen«, die oder den man hat entwischen lassen. Insofern entsteht auch wieder, das sehen wir beim Vermächtnis, der Wunsch, sich festzulegen.

Beim Thema Familie entdecken wir die gleiche Vielfalt. Die Tendenz geht hier zwar hin zu einer größeren Freiheit – man lässt sich von den Eltern nichts mehr vorschreiben. Doch von einer allgemeinen Auflösung von Bindungen kann keine Rede sein. Die Menschen leben ganz unterschiedlich. Die Offenheit, die die aktive Ausgestaltung des Lebens kennzeichnet, lässt sich ohne die Alternativen, mit denen man täglich konfrontiert wird, wohl auch schlecht denken. Die beruhigende Nachricht ist, dass die Menschen in Deutschland diese Vielfalt nicht bedauern oder als Verlust empfinden. Debatten, die eine gesellschaftliche Retraditionalisierung suggerieren, finden wir in unseren Daten nicht. Die verschiedenen Lebensmodelle, in denen die Menschen heute Erfüllung finden, möchten sie auch an die folgenden Generationen weitergeben. Ein wesentlicher Teil der Befragten antwortet: So, wie es bei mir ist, soll es sein und wird es auch bleiben. Die Vielfalt wird immer dann gebrochen, wenn es um Kinder geht. Für Kinder, da ist man sich einig, nimmt man Einschränkungen in Kauf, das soll so bleiben und wird auch so kommen. Hier spiegelt sich der historische Wandel der Bedeutung des Kindes. Vom kleinen Erwachsenen im 18. Jahrhundert und früher über den selbstverständlichen Bestandteil der bürgerlichen Kleinfamilie im 19. Jahrhundert und weit ins 20. Jahrhundert hinein bis hin zum Partner in der Gestaltung eines Lebensprojektes, wie wir es heute beobachten. Den Befragten ist es sehr wichtig, den Kindern unter diesen Bedingungen ihre Freiräume zu erhalten. Die Frage ist, ob das auch gelingen wird.

5.
Solidarität: Schützt unseren Wohlfahrtsstaat

Wir schaffen das. Wir sind das Volk. Der Herbst 2015 war von diesen beiden kurzen Sätzen geprägt. Der erste – ausgesprochen von der Bundeskanzlerin – sollte zum Leitspruch der Willkommenskultur für Geflohene werden. Der zweite Satz war die wütende Antwort von jenen, die fürchten, dass sie selbst zukünftig zu kurz kommen werden. Die beiden Sätze markieren symbolhaft eine neue politische Spaltung der Gesellschaft. Kosmopoliten gegen (Rechts-)Populisten, Weltbürger gegen Wutbürger, die sich im nationalen Raum verortet sehen.[25]

Wir schaffen das. Wir sind das Volk. Beide Sätze, und beide Ansätze, beginnen mit dem »Wir«. Gibt es dieses »Wir«? Leben wir nicht in einer individualisierten Gesellschaft, die das »Ich« betont, den sozialen Zusammenhalt schwächt und damit die Solidarität bedroht?[26]

In der Vermächtnisstudie, just im Frühherbst 2015 erhoben, wollen wir wissen: »Verbindet die Menschen in Deutschland ein starkes Wir-Gefühl?«[27] Lediglich 17 Prozent bejahen ausdrücklich, 9 Prozent lehnen entschieden ab. Ganz anders sieht es aus, wenn wir die Menschen zu ihrem eigenen Wir-Gefühl befragen: Über 80 Prozent geben an, dass es ihnen persönlich sehr wichtig ist, ein Wir-Gefühl zu haben. Eine so hohe Zustimmung erfahren nur wenige andere Bereiche in der Vermächtnisstudie. Noch deutlicher werden die Menschen in ihrem Vermächtnis. Die Empfehlung ist unmissverständlich: Ein Wir-Gefühl soll auch den zukünftigen Generationen wichtig bleiben. Sorge blitzt erst bei der erwarteten Zukunft auf: Nur 23 Prozent der Befragten sind fest davon überzeugt, dass ein Wir-Gefühl den Menschen auch tatsächlich wichtig sein wird.

Wir sehen: Die Vorstellung von der Zukunft ähnelt dem, wie man die Menschen in Deutschland heute einschätzt. Sie ist sehr weit entfernt vom eigenen Wunsch nach Zugehörigkeit und Zusammenhalt. Die Menschen fühlen sich allein gelassen im eigenen Land, als Außenseiter. »Ich bin anders. Meine Werte passen nicht zu der Welt, die mich umgibt.« Das Interessante daran ist: Fast alle empfinden so.

Wie gehen die Menschen mit diesem Widerspruch um? Für die Einzelnen wäre es naheliegend, mit Rückzug zu reagieren und der Gesellschaft das Vertrauen zu entziehen. Wenn die anderen in Zukunft das »Wir« nicht hochhalten, warum sollte ich es dann tun? Eine solche Reaktion würde sich auch an einem Mangel an Solidarität zeigen, an einer fehlenden Bereitschaft, füreinander einzustehen und sich gegenseitig zu unterstützen. Nicht von ungefähr wird *sozialer Zusammenhalt* – bei uns das Wir-Gefühl – als Grundvoraussetzung für *Solidarität* verstanden.[28]

Wie also steht es um die Solidarität in Deutschland? Und damit auch: Wie steht es um die Zustimmung zum deutschen Sozialstaat? Nicht gerüttelt wird an der stärksten Achse des Sozialstaats, am Versicherungsprinzip. Es gilt bei Krankheit, Pflege, Rente und Arbeitslosigkeit. Man erbringt eine Leistung, zahlt seinen Beitrag und erhält Hilfe in den »Wechselfällen des Lebens«, wie es Hans Friedrich Zacher, der renommierte Sozialrechtler, so treffend ausgedrückt hat. Was sich so einfach anhört, ist ein kompliziertes Gebilde, das in seinen einzelnen Komponenten noch immer zu überzeugen vermag. Zunächst: Es handelt sich um eine *gesetzliche* Versicherung, offen für alle, auch wenn nicht alle beitreten müssen.

So soll es nach Meinung unserer Befragten auch bleiben. Nur 5 Prozent sprechen sich dafür aus, die gesetzliche Rentenversicherung abzuschaffen (Abbildung 11). Als gerecht wird auch empfunden, dass die Menschen proportional zu ihrem Einkommen einzahlen und entsprechend gestaffelte Leistungen beziehen. Die Befragten unterstützen damit das Äquivalenzprinzip. Hierbei handelt es sich um eine bedingte Hilfe. Denn ohne Leistung des Einzelnen geht nichts. Kann man da überhaupt von Solidarität reden?

Ja. Denn große Unterstützung findet auch ein weiteres Element der Sozialversicherung, die Umverteilung. Von den Befragten meinen 61 Prozent, dass die staatliche Altersvorsorge zu größerer Gleichheit der Einkommen und Lebensbedingungen unter den Älteren beitragen soll. Und nicht nur das. Zwei Drittel der Befragten möchten in einem Deutschland leben, in dem es eine staatliche Garantie für den Mindestlebensstandard gibt. Der Staat soll jenseits des Versicherungsprinzips auch bedürftigen Bürgerinnen und Bürgern in einer Notlage helfen. Fürsorge ist den Menschen in Deutschland wichtig.

Neben einer Mindestsicherung fordert fast die Hälfte der Befragten eine Obergrenze für Einkommen. Exorbitante Ban-

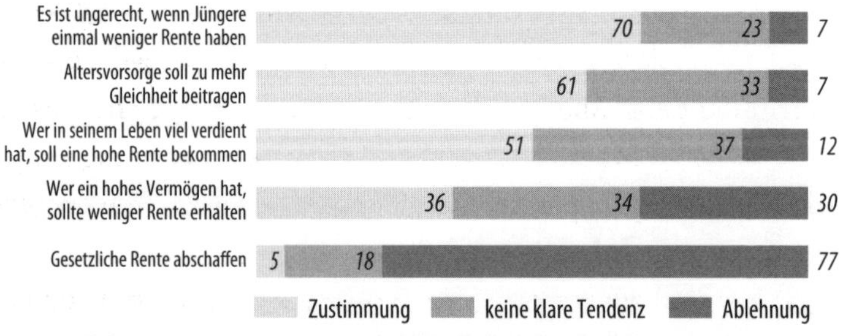

Basis: 3104 realisierte Fälle im Sommer 2015. Zustimmung (1,2), keine klare Tendenz (3,4,5) und Ablehnung (6,7) auf einer Skala von 1 = »voll und ganz« bis 7 = »überhaupt nicht« in Prozent. Abweichungen zu 100 Prozent sind rundungsbedingt.

Abbildung 11. Rente

kergehälter und Bonuszahlungen etwa sehen die Menschen nicht durch ein proportionales Mehr an Leistung und Verantwortung begründet. Es erschüttert ihr Vertrauen in die Leistungsgerechtigkeit und damit auch in die soziale Marktwirtschaft.

Von einer hohen Solidarität zeugen auch und insbesondere die Einstellungen der Befragten zum Gesundheitssystem. Hier sollen gerade nicht diejenigen, die mehr einzahlen, auch eine bessere Behandlung erfahren. 85 Prozent der Befragten finden, dass Menschen *immer* die bestmögliche Behandlung bekommen sollen, auch im Alter und bei geringen Heilungschancen – und selbst dann, wenn dadurch die Gesundheitskosten stark steigen. Im Bereich der Gesundheit zeigen sich die Menschen also besonders solidarisch. Hier gilt nicht die Leistungsfähigkeit, es gilt die Bedürftigkeit.

Diese Einstellung unterstreichen auch die Antworten auf eine Frage, die wir in dem für die Vermächtnisstudie typischen Dreiklang gestellt haben. Würde man für eine bessere medizinische Behandlung selbst mehr zahlen? 52 Prozent der Befragten würden dies tun. Gut finden sie das aber nicht. Vielmehr wünschen sie sich mehr Gleichheit. Den nachfolgenden Generationen geben nur noch 24 Prozent der Befragten mit auf den Weg, dass diejenigen, die mehr bezahlen, auch medizinisch besser behandelt werden sollen. Für die Zukunft jedoch verdunkelt sich der Blick. 70 Prozent der Befragten befürchten, dass es in Zukunft eine bessere medizinische Versorgung lediglich für diejenigen geben wird, die mehr bezahlen. Sie sorgen sich, dass die Solidarität wegbricht.

Wir fassen zusammen: Sozialer Zusammenhalt und Solidarität sind den meisten Menschen enorm wichtig. Die Wahrnehmung, dass nicht alle Menschen in Deutschland ein Wir-Gefühl verbindet, tut diesen Werten keinen Abbruch. Die Vorstellungen von einem gerechten und solidarischen Sozialstaat lassen sich klar umreißen. Das Credo »Leistung soll sich lohnen« ist noch immer der Kern ihres sozialen Gerechtigkeitsempfindens. Es gilt aber nicht uneingeschränkt. Der Sozialstaat sollte seine Hilfe nicht unter einen Mindestsockel, der ein würdiges Leben und Teilhabe ermöglicht, fallen lassen. Und er hat darauf zu achten, dass die Lohnspreizung nach oben wie nach unten begrenzt wird. Außerdem gilt: Wer krank ist, muss in jedem Fall auf die bestmögliche Unterstützung durch den Sozialstaat zählen können. Hier gilt nicht die Leistungsäquivalenz. Trotz unterschiedlicher Lebensweisen stehen wir füreinander ein und können uns aufeinander verlassen.

Diese ganz überwiegende Haltung der Menschen stimmt sehr zuversichtlich. Wir sehen eine Gesellschaft, die Unterschiede in einem gewissen Ausmaß tolerieren kann. Es ist ihr zuzutrauen, auch mit einer vorübergehenden Mehrbelastung der Sozialsysteme gut fertigzuwerden. Die Politik muss allerdings klar formulieren, dass der Sozialstaat auch für Zugewanderte gilt und dabei durch die Zuwanderung von Geflüchteten nicht überlastet wird. Die Politik muss den Menschen ihr Handeln erklären und ihnen die Ängste nehmen. Ob wir das schaffen, wird auch die 2016 erhobene Wiederholungsbefragung zeigen (siehe Teil IV).

6.
Information: Wir wollen mehr

Regelmäßig erscheinen neue Begriffe in der öffentlichen Debatte, die den Anspruch erheben, den aktuellen Zeitgeist zu beschreiben. Einer davon ist das »postfaktische Zeitalter« in der Politik. Demzufolge bilden sich Menschen ihre politische Meinung nicht mehr durch das mühevolle Abwägen verschiedener Positionen und das kritische Hinterfragen von Aussagen, sondern danach, was sich für sie wahr und richtig *anfühlt*. Nun sind Gefühle natürlich ernst zu nehmen, gerade weil sie handlungsrelevant sind. Schon 1928 formulierte der amerikanische Soziologe William Isaac Thomas die These: Wenn Menschen Situationen als wirklich definieren, sind sie wirklich in ihren Konsequenzen.[29] Ob dabei Fakten oder Gefühle zugrunde liegen, ändert nichts an der Sache, wie wir später auch am Beispiel subjektiv empfundener Armut zeigen werden. Mit dem Schlagwort des postfaktischen Zeitalters ist aber auch die Annahme verbunden, dass Fakten gar nicht mehr zählen und unwichtig geworden sind. Diesen Verdacht wollen wir aufgreifen und mit den Daten unserer Studie prüfen.[30]

Wir fragen die Menschen, wie wichtig es ihnen ist, über aktuelle politische und kulturelle Entwicklungen informiert zu sein. Die Antworten belegen: Es besteht kein Anlass, eine generelle Krise auszurufen. Immerhin 62 Prozent der Befragten geben an, dass ihnen Informationen wichtig sind, nur 5 Prozent halten dagegen. Das Interesse an Politik und Kultur ist dabei nicht gleichmäßig in der Gesellschaft verteilt: Das Alter, die Bildung und das Geschlecht machen einen entscheidenden

Unterschied.[31] 74 Prozent der Menschen über 65 Jahre sind politisch stark interessiert, in allen anderen Altersgruppen sind es weniger. Von den Menschen unter 18 Jahren sind es nur 42 Prozent (Abbildung 12). Eine ebenso drastische Kluft sehen wir, wenn wir nach dem Bildungsniveau sortieren: 80 Prozent der Akademiker sagen von sich, dass sie ein hohes politisches Interesse haben, gerade 46 Prozent sind es bei den Bildungsarmen. Der Anteil der Menschen mit beruflicher Ausbildung liegt mit 61 Prozent dazwischen. Frauen und Männer driften in ihrem politischen Interesse dagegen weniger weit auseinander. 66 Prozent der Männer und 57 Prozent der Frauen zeigen sich politisch interessiert. Das Einkommen, die Migrationsgeschichte oder Ost-West spielen hier keine Rolle.[32]

Genauere Analysen unserer Daten weisen darauf hin, dass Menschen mit hohem politischen Interesse sich von Menschen mit niedrigem Interesse in drei Bereichen systematisch unterscheiden: in ihrer Positionierung im gesamtgesellschaftlichen Diskurs, in ihrer Nähe zu politischen Parteien und in ihrer Angst vor bestimmten gesellschaftlichen Entwicklungen. Gut informierte Menschen haben zu politischen Sachfragen meist eine klare Meinung. Nehmen wir als Beispiele die Verbraucher-

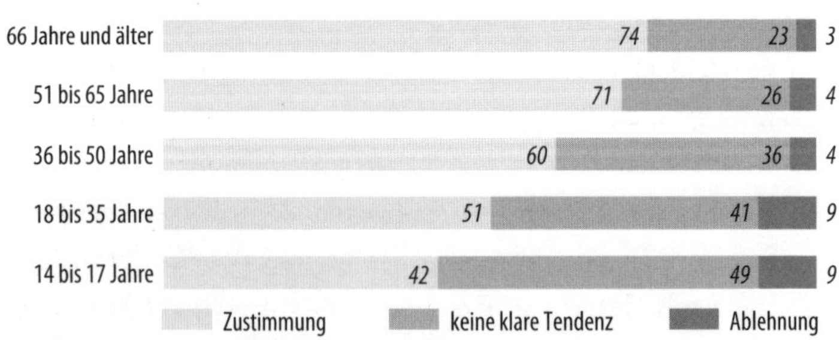

Basis: 3104 realisierte Fälle im Sommer 2015. Wichtig (1,2), keine klare Tendenz (3,4,5) und Ablehnung (6,7) auf einer Skala von 1 = »sehr wichtig« bis 7 = »überhaupt nicht wichtig« in Prozent. Abweichungen zu 100 Prozent sind rundungsbedingt.

Abbildung 12. Wichtigkeit, über aktuelle Entwicklungen in Politik und Kultur informiert zu sein

schutz- und Sozialpolitik. Hier stehen Menschen mit Interesse an Informationen staatlichen Eingriffen wesentlich offener gegenüber. Sie fordern, dass vollständige und verständliche Produktinformationen verbindlich bereitgestellt werden müssen und dass die Politik Lebensmittelkonzerne kontrolliert. In der Sozialpolitik sprechen sie sich besonders entschieden gegen Einschnitte in der gesetzlichen Rente aus und drängen darauf, dass die staatliche Altersvorsorge zu mehr Gleichheit von Einkommen und Lebensbedingungen unter den Älteren beiträgt. Nicht unerwartet legen sich Menschen, denen politische Informationen wichtig sind, auch eher auf eine politische Partei fest: 42 Prozent stehen einer bestimmten Partei nahe. Bei jenen, denen aktuelle gesellschaftliche Entwicklungen egal sind, sind es nur 14 Prozent. Letztlich zeigt sich aber auch, dass das Interesse an Information und die Angst zusammenhängen. So fürchten sich gut informierte Menschen viel häufiger als schlecht informierte vor einer wachsenden Ausländerfeindlichkeit in Deutschland, vor Klimakatastrophen, Finanz- und Wirtschaftskrisen und vor der Überwachung durch das Internet. Es kann natürlich auch sein, dass solche Ängste dazu führen, dass man sich mehr informiert. Auch wenn wir zur Kausalität hier nichts sagen können, so ist dieser Zusammenhang in den Kommunikationswissenschaften gut erforscht.

Wie steht es nun um das Vermächtnis? Wie wichtig sollte es nachfolgenden Generationen sein, sich über aktuelle Entwicklungen in Politik und Kultur zu informieren? Die Antworten sind sehr deutlich: Fast 80 Prozent der Befragten empfehlen dies ausdrücklich. Niemand rät davon ab. Wieder sind es Ältere und gut Gebildete, die den Menschen ein starkes Interesse an gesellschaftlichen Entwicklungen ganz besonders ans Herz legen. Die (ohnehin geringen) Geschlechterunterschiede verschwinden hingegen.

Die Verschiebungen zwischen dem Heute und dem Vermächtnis sind groß: Ein Drittel der Befragten ändert seine Meinung. Alle empfehlen jetzt, sich *mehr* zu informieren. Im Vergleich zu anderen Bereichen sind die Menschen, insbesondere Jüngere, Bildungsarme und Frauen, hier äußerst selbstkritisch. Betrachtet man die großen individuellen Verschiebungen zwischen dem Heute und den Empfehlungen an die kommenden Generationen, können wir mit einem Vorurteil also sofort aufräumen. Wer sich selbst nicht für Politik interessiert, ist für die Demokratie verloren? Falsch! Der Vergleich von Heute und Vermächtnis zeigt, dass selbst jene, die heute politisch desinteressiert sind, den Wert politischer Teilhabe anerkennen. Das zeigt ihr Vermächtnis.

Was muss passieren, damit die Menschen das auch tun, was sie so offensichtlich anstreben? Wie kann man Menschen unterstützen, die sich informieren wollen, es aber aus verschiedenen Gründen unterlassen? Eine erste Antwort finden wir wieder in der Vermächtnisstudie: Wer selbst die Erfahrung macht, durch eigenes soziales oder politisches Engagement die Verhältnisse beeinflussen zu können, interessiert sich auch eher für politische Entwicklungen im Allgemeinen (Abbildung 13). Diese Menschen sind politisch interessiert und wollen dies auch weitergeben. Durch die Erfahrung gesellschaftlicher Selbstwirksamkeit wird soziale Beteiligung damit zur »Schule der Demokratie«.[33] Dies wird auch in der politischen Bildung immer wieder betont. »Demokratiekompetenz«[34] entsteht nicht allein durch die Ansammlung theoretischen Wissens, sondern vor allem durch praktische Erfahrung. Insbesondere in Schulen, Ausbildungsstätten und Universitäten könnte durch eine substanzielle Beteiligung junger Menschen das Interesse an Angelegenheiten des Gemeinwesens geweckt werden. In einer Demokratie wäre eine solche Beteiligung schon ein Wert an

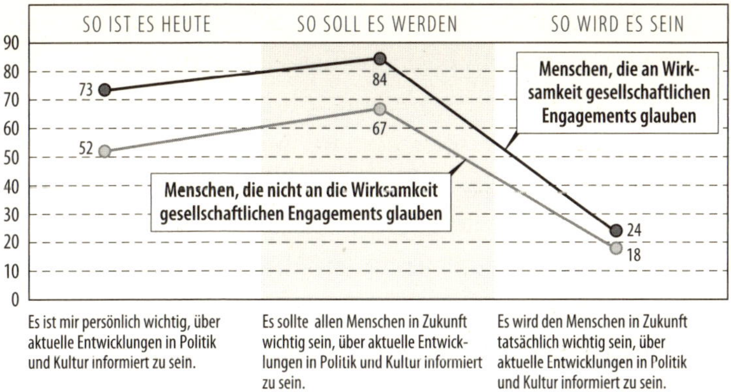

Basis: 3104 realisierte Fälle im Sommer 2015. Zustimmung (1,2) auf einer Skala von 1 = »voll und ganz« bis 7 = »überhaupt nicht« in Prozent. Anteil der Personen, die der jeweiligen Aussage zur politischen Informiertheit auf einer Skala von 1= »sehr wichtig« bis 7 = »überhaupt nicht wichtig« zustimmen (1,2). Der Glaube an die Wirksamkeit gesellschaftlichen Engagements wurde abgefragt mit: »Wenn ich mich sozial oder politisch engagiere, kann ich die Verhältnisse beeinflussen« (Skala von 1 = »voll und ganz« bis 7 = »überhaupt nicht«). Zustimmung (1,2): Menschen, die an die Wirksamkeit sozialen Engagements glauben. Ablehnung (6,7): Menschen, die nicht an die Wirksamkeit sozialen Engagements glauben.

Abbildung 13. Zusammenhang von Informiertheit und Glauben an die Wirksamkeit gesellschaftlichen Engagements

sich. Wenn daraus mehr Verständnis und Interesse an der »großen Politik« erwächst, umso besser.

Welchen Stellenwert werden Informationen in der Zukunft tatsächlich haben? Die Befragten sind unsicher. Die große Mehrheit von 72 Prozent der Befragten antwortet ohne eindeutige Tendenz. Nur noch 21 Prozent der Befragten gehen fest davon aus, dass Informationen den Menschen in Zukunft wichtig sein werden. 7 Prozent der Befragten meinen, dass Informiertheit ihre Bedeutung komplett verliert. Der Anteil der Menschen, die klar ablehnend antworten, ist damit bei der erwarteten Zukunft wesentlich größer als im Heute und im Vermächtnis. »Information« ist also einer der Bereiche, der am meisten an Zustimmung verliert, wenn es um die erwartete Zukunft geht. Die generelle Unsicherheit über zukünftige Entwicklungen allein kann die geringere Zustimmung also nicht erklären. Nun beurteilen Menschen zukünftige Entwicklungen, indem sie auf ihre Mitmenschen blicken und deren wahrgenommenes Verhalten in die Zukunft projizieren. Bei den anderen, insbesondere bei Menschen, die sich nur in ihren eigenen Netzwerken bewegen, erkennen die Befragten oft keinen Anspruch auf Information. Die Gefahr liegt auf der Hand: Warum sollte man sich selbst mit hohem Aufwand informieren, wenn es die anderen nicht tun und sich allemal nichts ändert? Man kapituliert. Genau dieses Muster zeigt sich auch, wenn wir den Verlauf der Antworten betrachten, die die Befragten zum Heute, zum Vermächtnis und zur erwarteten Zukunft geben.

Wir fassen zusammen: Die meisten Menschen haben ein hohes Interesse an Politik, von einer allgemeinen Politikverdrossenheit kann im Herbst 2015 also keine Rede sein. Dabei belegt die Vermächtnisstudie – wie viele andere Studien auch –, dass politisches Interesse stark mit der Bildung der Menschen zusammenhängt. Dies spiegelt sich auch im Wahlverhalten oder anderen Formen politischer Partizipation wider.[35] Unsere Studie weist nach, dass wenig interessierte Menschen für die Politik aber nicht verloren sind. Ganz eindeutig stellen sie den Wert politischer Information nicht infrage. Ihr Vermächtnis ist klar formuliert. Damit ist der politische Auftrag definiert. Frühe Partizipation in den Schulen, Demokratie lernen, die Übernahme von Verantwortung. Auch für ein früheres Wahlalter liefern diese Ergebnisse gute Gründe. Die Bereitschaft der Menschen ist da, wir müssen sie nutzen. Viel werden wir bereits aus der 2016 durchgeführten Wiederholungsbefragung lernen. Sie wird zeigen, inwiefern politische Ereignisse und deren mediale Darstellung das Interesse an Politik verändern (siehe Teil IV).

III.
SOZIALE UNTERSCHIEDE UND IHRE FOLGEN

Einleitung

Wir haben gesehen: Spricht man über Erwerbsarbeit, so sind die meisten Menschen einer Meinung. Von Veränderungen halten sie wenig, und gleichzeitig ist da die große Unsicherheit, was die Zukunft bringen wird. Ganz anders bei Partnerschaft und Familie. Hier zeigen sich viele verschiedene Lebensentwürfe, aber auch eine gewisse Sicherheit, dass diese Vielfalt uns tatsächlich erhalten bleibt. In der Arbeitswelt fühlen sich die Menschen den Bedingungen und Entwicklungen ausgeliefert, ihr Privatleben meinen sie unter Kontrolle zu haben.

Nun unterscheidet sich das Vermächtnis nicht nur zwischen den Lebensbereichen, zwischen Arbeit, Besitz, Liebe, Technik und hinsichtlich der Solidarität. Es unterscheidet sich auch zwischen den Menschen. So gehen wir alle wie selbstverständlich davon aus, dass die Generation Y anders lebt und auch ein anderes Vermächtnis formuliert als die 68er, Eltern die Welt anders sehen als kinderlose Menschen, Frauen andere Prioritäten setzen als Männer. Auch die Bildung, so meinen wir, hat einen riesigen Einfluss. Um genau diese Unterschiede geht es uns jetzt: um die Geschlossenheit oder Spreizung einer Gesellschaft. Uns interessiert also, inwieweit Mitglieder verschiedener sozialer Gruppen ihren je eigenen Blick auf die Welt heute und morgen haben. Im Mittelpunkt stehen Unterschiede, die sozial strukturiert, also auf die Zugehörigkeit zu einer Gruppe zurückzuführen sind. Die Menschen sind dann nicht durchweg einfach verschiedener Meinung. Mitglieder der einen Gruppe vertreten eine deutlich andere Meinung als jene der jeweils anderen Gruppe.[1] Wir fragen konkret: Haben junge Menschen, Frauen, gut Gebildete oder Menschen mit Migrationserfahrung andere Einstellungen als ältere Menschen, Männer, Bildungsarme oder Menschen ohne Migrationsgeschichte? Und: Welche Impulse für einen sozialen Wandel unserer Gesellschaft gehen von welchen Gruppen aus?

Wir gehen im Folgenden schrittweise vor. Jeweils getrennt nach einzelnen Lebensbereichen betrachten wir zunächst die ersten beiden Dimensionen, das »So ist es heute« und das »So soll es werden«. Konzeptionell ist dieser Vergleich spannend. Drei kurze Beispiele: Zeigen sich Einstellungsunterschiede zwischen Altersgruppen heute und halten sich diese im Vermächtnis, wird ihnen damit eine gewisse Hartnäckigkeit verliehen. Verschwinden die Unterschiede im Vermächtnis, wird man daraus folgern müssen, dass die jungen Menschen heute zwar anders als die älteren Menschen denken, sich beide Gruppen in ihrem Vermächtnis aber annähern und damit von den Jungen keine starken Veränderungsimpulse für die Zukunft der Gesellschaft ausgehen. Sie passen sich also an oder resignieren sogar.

Bei der Bildung stellt sich die Frage, ob Bildungsarme und Bildungsreiche heute unterschiedlicher Meinung sind und in den viel beschworenen Parallelwelten leben, in ihrem Vermächtnis, in ihren Perspektiven und Orientierungen auf die Welt von morgen aber wieder zusammenfinden und die gleichen Werte und Vorstellungen teilen. Ein letztes Beispiel: das Geschlecht. Liegen die Einstellungen von Männern und Frauen heute näher zusammen als in dem, was sie zukünftigen Generationen empfehlen? Wenn ja, dann zeigen sich darin Anzeichen für den häufig vermuteten *Backlash*, eine Retraditionalisierung und Aufspaltung der Werte in Männerwelten und Frauenwelten.

Der zweite Schritt, der Vergleich zwischen dem, was Menschen heute denken, und dem, womit sie in Zukunft tatsächlich rechnen, ist nicht minder interessant. Denn in den

Zukunftserwartungen der Menschen steckt immer auch ein Stück dessen, was sie bei anderen Menschen heute beobachten; sie nutzen diese Beobachtungen für ihre Prognose. Menschen mit Migrationserfahrung beurteilen also zumindest indirekt die Einstellungen der ganzen Gesellschaft, Frauen die Welten anderer Frauen und Männer. Damit können wir sehen, wie sich das eigene Vermächtnis der Menschen zu dem verhält, was sie von der Gesellschaft insgesamt erwarten.

Den folgenden Darstellungen liegt wieder das in Teil I beschriebene Analysemodell zugrunde. Um Fehlinterpretationen zu vermeiden, beschreiben wir Unterschiede zwischen sozialstrukturellen Gruppen, die sich auch dann noch zeigen, wenn die Gruppenmitglieder viele andere Merkmale teilen. Auch hierzu ein Beispiel. Die Aussage »Frauen stellen eher als Männer die eigenen Interessen hinter die ihrer Kinder zurück« bezieht sich also auf Frauen und Männer in jedem Alter, auf gut und schlecht gebildete, reiche und arme, Frauen und Männer mit und ohne eigene Migrationserfahrung.

Nun sind wir gespannt. Welche Merkmale einer Gruppe sind mit welchen Unterschieden in den Einstellungen ihrer Gruppenmitglieder verbunden? Und was lässt sich daraus ableiten?

1.
Alter: Werden die jungen Menschen unsere Gesellschaft verändern?

Die Generationenfolge ist ein faszinierender Gegenstand für alle, die sich mit gesellschaftlichem Wandel beschäftigen. Lange ging man davon aus, dass gesellschaftliche Dynamik allein schon durch die Abfolge der Generationen entsteht. Die jeweils Jungen hätten dabei den Vorteil des »Neuansetzen-Könnens«, wobei das Neue immer im Sinne des »Progressiven« verstanden wurde. Der Soziologie Karl Mannheim (1893–1947) hält dem entgegen, dass die Generationenabfolge als solche noch lange keinen Wandel bewirkt. Entscheidend seien soziale Verschiebungen und geistig-soziale Strömungen der Zeit. Nur wenn diese vorlägen, könnten die neuen Generationen sie aufgreifen und verarbeiten. Karl Mannheim nennt dies die »Potentialität der Generationen«.[2] Offen bleibe aber, ob diese Potenzialität, die Möglichkeitsräume, auch genutzt würden, und erst recht, ob die so entstehenden Einstellungen oder Verhaltensweisen gleichgesetzt werden könnten mit »konservativ« oder »progressiv«. Trocken weist er darauf hin, dass bereits die Burschenschaften mit ihren meist konservativen Grundwerten belegen, wie empirisch falsch die Annahme eines selbstverständlichen Fortschritts allein durch die Generationenfolge ist.

Auf Grundlage dieser Kritik formuliert Karl Mannheim seine zentralen Generationsmerkmale: Generationslagerung, Generationszusammenhang und Generationseinheit. Die Generationslagerung meint den Geburtsjahrgang der Menschen. Unter bestimmten sozialen und kulturellen Rahmenbedingungen befinden sich die Menschen ähnlicher Geburtsjahrgänge dann in einem Generationszusammenhang. Teilen die Menschen zudem noch bestimmte Einstellungen, so ergibt sich eine Generationseinheit.

Mit der Vermächtnisstudie können wir empirisch prüfen, inwieweit die zwischen 1935 und 2001 geborenen Menschen der einzelnen Altersgruppen, also je nach ihrer spezifischen Generationslagerung, bestimmte Einstellungen zum technischen Wandel, zu Entwicklungen in der Arbeitswelt, in Partnerschaft und Familie, der Gesundheit und dem Sozialstaat haben. Ist dies der Fall, können wir tatsächlich von Generationseinheiten sprechen, wie es die Bezeichnung der 68er-Generation, der Generation Y oder Generation Z nahelegt.[3]

Sollten wir solche Generationseinheiten finden, sagt das jedoch noch nichts darüber aus, ob von ihnen Impulse zur weiteren Entwicklung der Gesellschaft ausgehen. Dies wäre nur dann der Fall, wenn die Jungen nicht nur heute eine neue Sicht auf die Gesellschaft haben, sondern diese in ihrem Vermächtnis auch für die folgenden Generationen formulieren. Die Vermächtnisstudie prüft auf neue Weise, ob sich hinter den Einstellungen junger Menschen – und den Generationseinheiten im Allgemeinen – derartige Kräfte verbergen. Wenn junge Menschen über sich selbst sagen: »Es ist mir sehr wichtig, weniger zu arbeiten. Und das empfehle ich auch der kommenden Generation«, ist das etwas anderes, als wenn sie erklären: »Es ist mir sehr wichtig, weniger zu arbeiten. Den zukünftigen Generationen rate ich aber zu einer anderen Einstellung.«

Kommen wir zu den Ergebnissen: Wo finden wir heute Unterschiede zwischen den Altersgruppen? In welchen Bereichen bleiben diese Unterschiede im Vermächtnis bestehen und legen so den Grundstein für gesellschaftlichen Wandel?[4] Wo weichen die Einstellungen heute deutlich voneinander ab, nicht aber im

Vermächtnis? Und in welchen Bereichen ist es genau umgekehrt: Zwar sind die Einstellungen heute über alle Altersgruppen hinweg sehr ähnlich, im Vermächtnis aber driften sie sichtbar auseinander?

Lebensstil. Sprechen wir über die Generation X oder Y, so heißt es sofort: »Die suchen Glück statt BIP.« Feste Freunde, ein gutes Verhältnis zu den Eltern, gute Bildung, sinnvolle Arbeit, eine bessere Vereinbarkeit, alles in allem: eine höhere Sinnhaftigkeit dessen, was man im Leben tut.[5] Dies ist auch das Ergebnis dieser Studie. Den Jungen ist es viel wichtiger als den Älteren, das Leben zu genießen – und bei dieser Haltung bleiben sie auch in ihrem Vermächtnis. Das heißt jedoch nicht, dass ihnen die Erwerbsarbeit unwichtiger als den Älteren wäre, ganz im Gegenteil. Dies zeigt sich eindrücklich in ihrer intrinsischen Arbeitsmotivation. Wir fragen: »Würden Sie auch dann arbeiten, wenn Sie das Geld nicht brauchen?« Ja, sagen insbesondere die ganz jungen Menschen und empfehlen diese Haltung auch weiter. Ein Fragezeichen in Richtung Erwerbstätigkeit sehen wir hier nicht. Es geht um ein ausgeglichenes Nebeneinander von Arbeit und Leben, um eine Work-Life-Balance, wie man so schön sagt. Diese stellt sich auch nicht gegen eine berufliche Karriere oder sozialen Aufstieg. Gerade den Jüngeren ist beides wichtig. Die Ergebnisse der Vermächtnisstudie legen damit nahe, dass wir eher an der Vereinbarkeit von Beruf und allen anderen Lebensbereichen anzusetzen haben, als die Erwerbsarbeit als solche zu hinterfragen. Vereinbarkeit heißt dabei alles andere als eine Gleichzeitigkeit. Gerade die jüngeren Menschen sind nicht bereit, überall und jederzeit zu arbeiten. Sie möchten nicht, dass sich Beruf und Freizeit vermischen.

Aufgrund unserer Ergebnisse erwarten wir einen weiteren Bedeutungsverlust der Religion. Menschen unter 35 Jahren ist sie wesentlich weniger wichtig als älteren Menschen, und in ihrem Vermächtnis halten sie daran fest. Die Gesellschaft wird somit ein wesentliches Element verlieren, das Menschen miteinander verbindet – oft aber auch spaltet. In eine ähnliche Richtung, wenngleich weniger gravierend, entwickelt sich die Binde- und potenzielle Sprengkraft eines gemeinsamen Interesses an Politik und Kultur als etwas, worüber alle reden können und reden wollen. Gerade die jungen Menschen zeigen sich im Herbst 2015 deutlich weniger interessiert als die Älteren. Sie stellen ihr Desinteresse im Vermächtnis zwar etwas infrage, verspüren aber offensichtlich keinen allzu großen Druck, sich dafür rechtfertigen zu müssen. Das ist in Bezug auf das eigene Aussehen oder gesundes Essen ganz anders. Da geben die Jüngeren zwar an, auf das Aussehen viel Wert zu legen und nicht so recht darauf zu achten, was sie da eigentlich essen. Aber sie finden das eigene Verhalten nicht gut und korrigieren sich im Vermächtnis. Bei ihrem mangelnden Interesse an Politik tun sie das nicht, dort stehen sie zu ihrer Meinung.

Familie und Partnerschaft. Im Bereich Partnerschaft, Liebe und Familie gehen eindeutige und sehr starke Veränderungsimpulse von jüngeren Menschen aus. Zunächst stellen wir fest, dass Menschen unter 50 Jahren ihrer individuellen Selbstverwirklichung ein wesentlich größeres Gewicht geben, als es die Älteren tun. Sie gestehen sich eher zu, keine Rücksicht auf geliebte Menschen zu nehmen, um sich selbst einmal auszuleben. Das heißt nicht, dass alle Rücksicht verloren geht, der Respekt ist schon noch da. Aber das Selbst tritt doch viel deutlicher in den Vordergrund. Das zeigt sich auch bei den Antworten auf die Frage, ob man eine Partnerschaft nur wegen der Kinder weiterführen würde. Für die Älteren ist das noch viel selbstverständlicher als für die Jüngeren, die Partnerschaft und Kinder eher getrennt voneinander denken. Ebenso verhält es sich bei

Fragen zur Institution der Ehe: »Ist Heirat für Sie ein besonderer Ausdruck von Liebe?« Nein, sagen die Jüngeren öfter und bekräftigen dies noch in ihrem Vermächtnis. Hier wird der Unterschied zu den Älteren größer, als er heute allemal schon ist. »Sind Ihnen Kinder wichtig?« Ja, schon, meinen jüngere wie ältere Menschen heute und in ihrem Vermächtnis. Hat man aber Kinder, so fühlen sich die Jüngeren stärker als die Älteren verpflichtet, für Kinder auch Opfer zu bringen. Gleichermaßen überwachen jüngere Menschen ihre Kinder viel mehr oder würden das tun: Für die Älteren ist es völlig normal, dass man Kindern ihre Geheimnisse lässt, für die Jüngeren nicht so sehr.

Technik. In diesem Bereich konzentrieren wir uns auf die Gesundheitstechnik und den Umgang mit dem Internet. Bei beiden Themen sehen wir deutliche Altersunterschiede heute und im Vermächtnis. Für die Einstellungen zur Gesundheitstechnik sind das eigene derzeitige Erleben von Technik und das Alter entscheidend. In der Kühnheit ihrer Jugend überwachen die Jungen die eigene Gesundheit viel weniger als die Älteren und würden doch alles dafür tun, so lange wie möglich zu leben. Zumindest auf lebensverlängernde Technik würden sie wesentlich seltener verzichten als die Älteren. Die Älteren hingegen sind mit der technischen Überwachung ihres Körpers eher vertraut, gehen zur Vorsorge, messen Puls und Blutdruck. Sie akzeptieren diese Technik und empfehlen sie den kommenden Generationen. Damit lassen sie es aber auch schon gut sein. Lebensverlängernde Technik lehnen sie meist ab. Dies könnte damit zusammenhängen, dass die ältere Generation sicherlich schon Erfahrungen mit solchen Techniken gemacht hat – nicht bei sich selbst, aber bei anderen –, die jüngere Generation aber nicht. Bei einer weiteren Frage zeigt sich ein anderer Schnitt durch die Generationen. »Würden Sie sich Untersuchungen unterziehen, um zu erfahren, mit welcher Wahrscheinlichkeit Sie später an bestimmten Krankheiten erkranken werden?« Hier sind es sowohl die ganz Jungen als auch Menschen über 65 Jahre, die zustimmen. Menschen in der Mitte des Lebens äußern sich dagegen sehr zurückhaltend.

Das Internet sehen die Altersgruppen ganz unterschiedlich, wobei die Richtung teilweise überraschend ist. Die Jüngeren gehen mit dem Internet viel selbstverständlicher um als die Älteren über 50 Jahre, gleichzeitig formulieren die Jüngeren in ihrem Vermächtnis ein »Hab acht!« vor seiner Magie. Weiterhin ist den Jüngeren heute das Internet viel eher ein Ort der Freiheit als den Älteren. Sie fühlen sich durch das Internet auch stärker mit anderen Menschen verbunden und daher nicht alleine. Ihre Gefühle auch elektronisch mitzuteilen, ist für junge Menschen nicht selbstverständlich, nur jeder Zehnte stimmt mit Nachdruck zu. Für ältere Menschen ist das aber ganz undenkbar. Überraschend dann die Antworten auf die Frage, ob es gut ist, Kinder so früh wie möglich an das Internet heranzuführen. Die Jungen lehnen entschieden ab, die älteren Menschen reagieren mit einem vorsichtigen Ja. Es scheint fast, als wollten sie den Kindern ein Wissen erschließen, das sie nicht haben, und eine Welt, die sie nicht kennen.

Kurz zusammengefasst: Die Jungen drängen in diesen drei Bereichen – Lebensstil, Partnerschaft und Technik – und werden die Gesellschaft verändern. Die Vereinbarkeit von Beruf und anderen Lebensbereichen wird sich verbessern, die Institution der Ehe wird nur ein mögliches Lebensmodell sein, das Internet wird noch viel stärker als heute unser Leben bestimmen. Bei der Gesundheitstechnik müssen weitere Untersuchungen zeigen, inwieweit die Haltung der Jungen hier über ihren Lebensverlauf hinweg unverändert bleibt. Und auch bei dem weniger ausgeprägten politischen Interesse der Jungen wird es spannend zu beobachten sein, ob sich dieses mit steigendem Lebensalter und unter veränderten politischen und kulturellen Rahmenbedingungen hält.

Bislang haben wir uns auf die Felder konzentriert, bei denen heute sehr deutliche Unterschiede zwischen den Generationen vorliegen, die auch im Vermächtnis fortbestehen. Das heißt aber nicht, dass sonst alles beim Alten bleibt. Tatsächlich ist das nur in einigen wenigen Bereichen der Fall. So sind für alle Menschen – gleich welchen Alters – Nähe und Zugehörigkeit sehr wichtig, und alle halten in ihrem Vermächtnis daran fest. Dies gilt auch für ein solidarisches Miteinander in unserem Sozialstaat. In den meisten Bereichen erwarten wir aber eine Entwicklungsdynamik, deren Prozess sich nur etwas anders darstellt. Denn gesellschaftlicher Wandel deutet sich auch dann an, wenn es Einstellungen der Älteren gibt, denen die Jüngeren bereit sind zu folgen. Mit anderen Worten: Es zeigen sich zwar heute große Unterschiede zwischen den Generationen, diese lösen sich im Vermächtnis aber auf, da sich die Jungen der Meinung der Älteren anschließen.[6] Dies ist der Fall beim gesunden Essen und bei der Wichtigkeit der Gesundheit. Je älter man ist, umso wichtiger ist es den Menschen, dass die konsumierten Nahrungsmittel ressourcenschonend hergestellt wurden. Die Generationen liegen in ihrer Einstellung also weit auseinander. Gefragt nach ihrem Vermächtnis, korrigieren sich alle deutlich. Ältere wie Jüngere fordern: Achtet viel mehr als wir darauf, was da gemacht wird! Da sich die jungen Menschen in ihrem Vermächtnis viel stärker bewegen und sich dadurch gewissermaßen auch viel deutlicher kritisieren, finden wir im Vermächtnis keine nennenswerten Unterschiede mehr zwischen den Altersgruppen. Das ist auch so beim Wunsch nach gemeinsamen Mahlzeiten und bei der Wichtigkeit der eigenen Gesundheit.

Nun finden wir natürlich auch dann Hinweise auf gesellschaftliche Veränderungsprozesse, wenn sich die Älteren in ihrem Vermächtnis auf die Jüngeren zubewegen. Dann müssen die Jungen ihre Positionen nicht mehr durchsetzen, da sie bereits in gewisser Weise breit angedacht, unterstützt, ja, etabliert sind. Dies ist bei der Qualität der Arbeit, dem Verständnis von Technik und der Aufgeschlossenheit gegenüber Neuem der Fall. Anforderungen an die Qualität der Arbeit messen wir mit der Frage: »Wie wichtig ist es Ihnen, dass Sie einer Beschäftigung nachgehen oder nachgegangen sind, die Sie auch wirklich machen wollen oder wollten?« Älteren Menschen ist dies deutlich wichtiger als jüngeren Menschen, die hier zu Konzessionen bereit sind. Befragt zu ihrem Vermächtnis korrigieren sich die Älteren aber und teilen jetzt eher die Haltung der Jungen. Alle werden kompromissbereiter. Diese Entwicklung findet sich auch beim Technikverständnis. Will man die neueste Technik verstehen? Die Älteren antworten zögerlich, die Jüngeren bejahen. In ihrem Vermächtnis ändern die älteren Menschen aber ihre Meinung so radikal, dass sie mit den Jungen gleichziehen, ja, sie sogar leicht übertreffen. Diese Bereitschaft sollte man aufgreifen und nutzen, in der Bildung, in der Ausbildung und tagtäglich, nicht nur am Arbeitsplatz. Auch auf die Frage, wie wichtig es ist, im Leben mal etwas Neues zu beginnen, reagieren junge Menschen viel zustimmender als Ältere – um dann in ihrem Vermächtnis bei insgesamt steigenden Zustimmungswerten von den Älteren sogar leicht überholt zu werden. Die Älteren passen sich also nicht nur an, sie vertreten diese Auffassung sogar vehementer.

Abschließend möchten wir auf zwei Bereiche hinweisen, in denen sich heute noch keine Unterschiede zwischen den Altersgruppen zeigen, wohl aber im Vermächtnis. In beiden drückt sich ein Unwohlsein der Jüngeren aus, ein Stopp. Es geht um das eigene Aussehen und um die Berufswelt, die allgegenwärtig ist. Heute ist allen Altersgruppen das Aussehen gleichermaßen wichtig. Die Älteren geben ihre Einstellung weiter an die kommenden Generationen, die Jüngeren sagen deutlich: Nehmt das weniger wichtig. Es kommt mehr auf anderes an, auf die inneren Werte, die Leistung. Im Bereich der Arbeit geht es um die Frage, inwiefern man möglichst unabhängig von einem bestimmten Ort oder Platz seiner Arbeit nachgehen möchte. Auch hier unterscheiden sich die Altersgruppen im Heute wie in ihrem Vermächtnis nicht. Alle möchten Grenzen zwischen Arbeit und Freizeit gewahrt sehen.

Fassen wir zusammen: Es gibt viele Altersunterschiede, in fast allen Lebensbereichen. Oft können oder müssen wir von reinen Alterseffekten, den Generationslagerungen, sprechen, die an der Gesellschaft wenig rütteln. Sie wachsen sich aus und zeigen sich entsprechend nicht mehr im Vermächtnis. In einigen Bereichen ist das aber anders. In der Terminologie von Karl Mannheim sehen wir Beispiele von einer Generationseinheit (also sogenannte Generationeneffekte): Die Welt wird sich ändern, getrieben durch die Jüngeren. Man will das Leben mehr genießen, aber dafür die Erwerbsarbeit nicht infrage stellen. Die Religion wird an Bedeutung verlieren. Die Pluralisierung von Partnerschaftsformen nimmt zu. Verbindlichkeiten nehmen ab. Ganz anders bei dem Verhältnis zu Kindern. Kinder gehören für die Jüngeren zwar weniger zu einem vollständigen Leben, haben sie aber welche, werden Kinder zu einem eigenständigen Lebensprojekt. Man bringt für sie mehr Opfer als früher und führt sie an einer deutlich kürzeren Leine. Die Technik wird zunehmend unser Leben bestimmen. Die jüngeren Altersgruppen drängen hier kräftig nach vorne, urteilen im Vermächtnis aber etwas zurückhaltender als Ältere. Von allen Bereichen, die wir auf Alters- und Generationeneffekte untersucht haben, steht nur einer felsenfest: die Erwerbsarbeit. Wir können nicht erkennen, dass deren Bedeutung abnehmen wird. Im Gegenteil: Die Menschen werden kompromissbereiter und akzeptieren Inhalte und Formen, die sie früher abgelehnt haben.

Wird in diesen Bereichen noch zwischen den Generationen verhandelt und müssen die Älteren erst noch überzeugt werden, so sehen wir viele andere Themen, deren Entwicklungen in den Vorstellungswelten der Älteren bereits angekommen sind. So zeigen sich Ältere aufgeschlossen, stärker auf einen umweltbewussten Konsum zu achten, sich mehr um das eigene Technikverständnis zu kümmern und Neuem offen gegenüberzustehen. Hier wird ein gesellschaftlicher Wandel wahrscheinlich früher einsetzen und ist weit weniger gebrochen. Gerade hier braucht es massive politische Unterstützung.

Kommen wir zur dritten Erhebungsdimension, der erwarteten Zukunft. Dabei müssen wir beachten, dass Menschen die Zukunft meist viel ungenauer bestimmen (können), als das, was sie über sich und ihr Vermächtnis sagen. Die nachvollziehbare Tendenz, sich nicht auf eine bestimmte Meinung festzulegen, führt dazu, dass sich die einzelnen Altersgruppen nur in wenigen Bereichen voneinander unterscheiden.

Interessant ist nun, dass wir deutliche Unterschiede genau dort sehen, wo Menschen meinen, sich rechtfertigen zu müssen, beispielsweise bei Themen wie Genuss von Alkohol und Drogen, Sex, Schönheitsoperationen, Besitz, Nahrungsmittelproduktion, Internet statt Arztbesuch. In den meisten dieser Bereiche vertreten die Menschen zudem eine bestimmte Meinung, von der sie sich aber im Vermächtnis distanzieren. Für die Zukunft erwarten die Menschen dann aber deutliche Rückschritte. Wir haben das entsprechende Muster »Kapitulation« genannt. Es findet sich bei den Fragen zum eigenen Aussehen, zur ressourcenschonenden Herstellung von Nahrungsmitteln und zu den Ausgaben für die medizinische Behandlung. Die Menschen glauben, sie selbst machen es nicht richtig. Die anderen aber erst recht nicht. Das relativiert das eigene Scheitern.

Wir lernen zweierlei: Man kann dann nicht auf sozialen Wandel schließen, wenn zwar ein gemeinsames Vermächtnis erkennbar ist, dieses aber gebrochen wird durch die Meinung, dass es in der erwarteten Zukunft nicht realisiert wird, dass sich keine Mehrheit dafür findet. Wenn also jeder von den anderen denkt, dass diese ihre eigenen, im Vermächtnis formulierten Werte sowieso nicht umsetzen werden, dann lässt man viele gute Vorsätze fallen und läuft einfach mit. Ein klassisches soziales Dilemma. Sind solche Tendenzen sichtbar, können Politik, Wirtschaft und Zivilgesellschaft durchaus helfen. So könnte die Nahrungsmittelindustrie stärker vom Staat überprüft und reglementiert werden, oder entsprechend »gute« Nahrungsmittel könnten billiger, weil subventioniert, angeboten werden. Im Gesundheitssystem sollte die Politik entschlossen Prinzipien der Umverteilung und der Gleichheit im Angebot guter medizinischer Versorgung vertreten.

Schließen wir diese Ausführungen mit einem Blick auf die individuellen Verlaufsmuster über die drei Dimensionen. Werden diese durch das Alter bestimmt? Dies ist in der Tat der Fall. Im Vergleich zu den Menschen über 65 Jahre äußern die 36- bis 50-Jährigen, insbesondere aber die 18- bis 35-Jährigen in ihrem Vermächtnis wesentlich eher eine gewisse Distanz zu ihren Einstellungen heute und zu einer Akzeptanz anderer Lebensweisen. Allerdings sehen wir auch, dass gerade diese Menschen häufig dem Muster der Kapitulation folgen. Der Wunsch nach Veränderung ist da, man hat aber keine Zuversicht, dass er umgesetzt wird. Hier wäre gezieltes Handeln aller gesellschaftlichen Akteure nötig. Wie dieses aussehen könnte, haben wir bereits am Beispiel staatlicher Sanktionen und Anreize dargestellt.

2.
Bildung: Wird sie unsere Gesellschaft spalten?

In Deutschland, in diesem reichen Land, haben 4 Prozent der Bevölkerung keinen allgemeinen Schulabschluss.[7] Die Unterschiede zwischen den Bundesländern sind erheblich. In Sachsen-Anhalt verließen im Schuljahr 2013/2014 knapp 10 Prozent der Jugendlichen die Schule ohne Abschluss.[8] Bei der beruflichen Ausbildung zeigen sich noch größere Probleme: 17 Prozent haben weder einen berufsqualifizierenden Bildungsabschluss, noch sind sie dabei, diesen zu erwerben. Auch hier sind die regionalen Unterschiede beträchtlich.[9] Wie sehr allein die Chancen auf dem Arbeitsmarkt von der Bildung abhängen, mag eine Zahl verdeutlichen: Im Jahr 2013 war in der Gruppe der Menschen ohne Abschluss fast jeder Fünfte (langzeit-) arbeitslos.[10]

Über das Bildungssystem und die Notwendigkeit von Reformen habe ich mich schon mehrfach geäußert.[11] Hier wird es nun um die Frage gehen, wie stark die Vorstellungen von dem Land, in dem wir leben wollen, vom Bildungs- und Ausbildungsstand der Menschen bestimmt werden. Teilen wir über alle Bildungsabschlüsse hinweg die gemeinsame Vision einer guten Zukunft? Oder zeigen sich tiefe Risse, Parallelwelten auch in unserem Vermächtnis? Leben wir in dem *einen* Land? Wo liegt der politische Auftrag? Denn eines ist klar: Bildungschancen lassen sich gestalten. Das Bildungsniveau ist veränderbar, ganz anders als das Alter oder der soziale und ethnische Hintergrund.

Wir gliedern die folgende Darstellung wieder nach den einzelnen Lebensbereichen und weisen aus, wo Unterschiede sichtbar werden, die allein auf den Bildungsstand zurückzuführen sind. Wir konzentrieren uns also auf signifikante Unterschiede zwischen Bildungsgruppen, die auch nach Berücksichtigung anderer Einflussgrößen, wie Alter, Geschlecht und soziale Herkunft, bestehen bleiben.

Allgemeine Werte und Lebensstil. Der Wunsch nach Nähe und Zusammengehörigkeit überbrückt alle Bildungsgrenzen, ebenso wie die Überzeugung, dass klare Vorstellungen vom Leben wichtig sind. Unabhängig vom Bildungsstand bestätigen die Menschen, bereit für Neues zu sein. Diese Offenheit hat uns überrascht, wird weniger gebildeten Menschen doch oft eine gewisse Trägheit und mangelndes Interesse an Veränderung unterstellt.

Ansonsten finden wir die erwarteten sehr großen Unterschiede nach Bildungsstand in den Einstellungen zum Hier und Jetzt. Die wichtige Erkenntnis der Vermächtnisstudie ist aber: In dem, was bildungsarme und bildungsreiche Menschen den kommenden Generationen empfehlen, unterscheiden sie sich nicht. Drei Beispiele wollen wir hervorheben: Information, Solidarität und Nachhaltigkeit. Menschen mit höherer Bildung ist es heute viel wichtiger als Bildungsarmen, über Politik und Kultur informiert zu sein. Im Vermächtnis formulieren Bildungsarme dann aber Soll-Sätze an die kommenden Generationen, die belegen, wie wertvoll Wissen auch für sie ist. Informiert euch, so ihr Vermächtnis. Die Frage zur Solidarität zeigt, dass im Hier und Heute gut gebildete Menschen weniger solidarisch sind als niedrig gebildete. Sie sind bereit, für eine bessere medizinische Behandlung mehr zu zahlen, und setzen so auf ihre individuellen Möglichkeiten. Schaut man auf ihr Vermächtnis, sieht es ganz anders aus. Akademiker raten mindestens so eindringlich wie geringer gebildete Menschen davon ab, Gesundheit zu einer Frage des Geldbeutels zu machen. Mit Blick auf die Nachhaltigkeit achten Menschen mit geringer Bildung heute beim Einkauf viel weniger als Menschen mit hoher Bildung darauf, wie Lebensmittel hergestellt wurden. Den kommenden Generationen empfehlen sie aber, hier aufmerksamer zu sein und ihr Handeln zu ändern. Wir lernen: Die Risse zeigen sich heute; die Vorstellungen dessen, wie das Leben sein sollte, nähern sich aber deutlich an.

Allein bei der Wichtigkeit von Religion in ihrer klassischen Form liegen die Bildungsgruppen weit auseinander, was auch im Vermächtnis der Menschen so bleibt. Die Religion nimmt im Leben niedrig gebildeter Menschen einen viel größeren Stellenwert ein als in dem gut Gebildeter, und sie wünschen den kommenden Generationen, dass die Religion für sie ebenfalls eine große Bedeutung haben soll. Vielleicht gibt Religion den Menschen Sicherheit in einer Welt, die ihnen aufgrund ihrer fehlenden Zugänge immer undurchsichtiger erscheint.

Erwerbsarbeit. In vielen Bereichen liegen die Einstellungen von Menschen mit hoher und niedriger Bildung heute weit auseinander. Aber auch hier zeigt unsere Studie: Im Vermächtnis gleichen sie sich an. So etwa bei der Frage, ob man einer Erwerbstätigkeit auch dann nachgehen würde, wenn man das Geld nicht braucht. Die meisten gut Gebildeten stimmen hier zu. Wenig überraschend sind niedrig Gebildete mit den ohnehin schlechteren Arbeitsbedingungen davon weit weniger angetan. Setzen sie also eher auf Alimentierung statt Arbeit, fehlt ihnen die intrinsische Motivation? Blicken wir auf ihr Vermächtnis, ist das nicht der Fall. Menschen mit niedrigerer Bildung ändern ihre Meinung. Auch sie empfehlen, arbeiten zu gehen, selbst wenn man das Geld nicht braucht.

Im Gegensatz zum Lebensstil finden sich aber bei der Erwerbsarbeit auch Beispiele für heute übereinstimmende Einstellungen, die im Vermächtnis dann weit auseinanderdriften: Über Bildungsgrenzen hinweg sind den Menschen heute ein sicherer Arbeitsplatz und geregelte Arbeitszeiten wichtig, ebenso wären sie bereit, mit der entsprechenden technischen Unterstützung überall zu arbeiten. Diese einheitlichen Positionen brechen im Vermächtnis auf. Menschen mit akademischen Abschlüssen empfehlen nun viel eher als niedrig Gebildete, auch einmal auf einen sicheren Arbeitsplatz oder feste Arbeitszeiten zu verzichten. Gleichermaßen hinterfragen sie wesentlich stärker einen Ansatz, der nahelegt, durch den Einsatz entsprechender Techniken überall zu arbeiten. Den Rat, auf einen sicheren Arbeitsplatz auch einmal zu verzichten, muss man sich erst einmal leisten können. Das gelingt Akademikern eher, denen sich aufgrund ihres Bildungsniveaus viele Optionen öffnen. Im zweiten Bereich verstehen wir die Antwort als Abgrenzung von ihrem Leben heute, wo Arbeit und Freizeit immer mehr verschmelzen. Man muss hier sehr aufpassen, dass die Umgestaltung der Arbeit die niedrig Gebildeten nicht gezielt außen vor lässt.

Auch bei der Erwerbsarbeit sehen wir nur bei einem Aspekt einen sehr großen und bleibenden Unterschied zwischen den Bildungsgruppen heute und im Vermächtnis, und zwar beim sozialen Aufstieg. Durchgängig, heute wie im Vermächtnis, ist es Menschen mit geringer Bildung weit wichtiger als Menschen mit hoher Bildung, aufgrund beruflicher Erfolge sozial aufzusteigen. Das mag mit ihrem niedrigen sozialen Status zusammenhängen und mit der Tatsache, dass die meisten von ihnen auch materiell schlecht abgesichert sind. Man braucht die Hoffnung auf sozialen Aufstieg. Das heißt aber auch: Dieses Versprechen eines immerwährenden sozialen Aufstiegs ist für die gut Gebildeten längst überflüssig geworden. Hier müssen wir uns keine Gedanken machen. Umgekehrt schon. Gerade Menschen mit niedriger Bildung brauchen viel bessere Möglichkeiten, ihrer gegenwärtigen sozialen Lage zu entkommen. Und wir sollten fest darauf vertrauen, dass sie motiviert sind, diese Chancen auch zu ergreifen.

Besitz. Besitz als solcher ist heute allen wichtig, die Bildung macht keinen Unterschied. Im Vermächtnis gehen dann aber die Meinungen auseinander. Akademiker raten, auf materiellen Besitz etwas weniger Wert zu legen. Niedrig Gebildete ändern ihre Ansicht nicht. Akademiker sehen, auf hohem Niveau, auch das Vererben des Besitzes an die nächste Generation etwas kritischer als niedrig Gebildete. Bildungsarme wollen behalten, was sie haben. Es ist allemal sehr wenig. Dieses Ergebnis fügt sich zu dem Eindruck, den wir bereits bei den Gesundheitsausgaben gewonnen haben. Gut gebildete Menschen zeigen sich durchaus auch solidarisch. Wir sehen das zwar nur im Vermächtnis, also an dem, was sie den kommenden Generationen empfehlen, aber immerhin. Hier könnte man politisch ansetzen.

Familie und Partnerschaft. Bei Fragen zu Familie und Partnerschaft finden wir die weitaus größten Unterschiede zwischen Menschen je nach Bildungsgrad. Sie zeigen sich hier und heute und bleiben auch im Vermächtnis erhalten. Anders als Menschen mit niedriger Bildung richten sich Akademiker weniger nach ihren Eltern, bringen für ihre Kinder seltener Opfer, haben weniger Geheimnisse in der Partnerschaft und sehen in der Heirat seltener einen Ausdruck von Liebe. Der Möglichkeit, Gefühle elektronisch mitzuteilen, stehen gebildete Menschen viel skeptischer gegenüber als bildungsarme Menschen. Sie unterstützen in deutlich geringerem Ausmaß eine gleiche Verteilung der Hausarbeit bei Paaren mit Kindern. Bei einer wesentlichen Frage sehen wir heute zwischen den Bildungsgruppen keine Unterschiede – im Vermächtnis dann schon. Menschen mit hoher Bildung wünschen sich eigene Kinder. Wenn es aber darum geht, was die kommenden Generationen tun *sollen,* sieht das anders aus. Akademiker, und nur diese, sind zurückhaltender in ihrer Empfehlung, Kinder haben zu wollen. Gemeinsame Einstellungen, die sie auch kommenden Generationen empfehlen, teilen die Bildungsgruppen in drei Fragen. Sie stimmen heute und in ihrem Vermächtnis darin überein, dass man auch mal keine Rücksicht auf andere nehmen und sich ausleben sollte, dass man Entscheidungen aus Liebe trifft und den eigenen Kindern ihre Geheimnisse lässt.

Fassen wir kurz zusammen: Bildung fördert Freiheit. Nicht umsonst heißt das Motto der Stanford University, das auch im Original in deutscher Sprache steht, »Die Luft der Freiheit weht«. Da Bildung die Mündigkeit erhöht, erlaubt sie stärker selbstbestimmte (und damit unabhängiger gelebte) Partnerschaften, den Verzicht auf die Bande der Ehe, löst sie Menschen von der Religion und von den Vorgaben der Eltern. Sogar vor dem Umgang mit Kindern macht sie nicht Halt. Man ordnet die eigenen Bedürfnisse den Kindern weniger unter und formuliert eher: Ich will keine Kids. Im Bereich der Erwerbsarbeit wird diese Freiheit nicht minder deutlich. Man kann es sich leisten, auf feste Arbeitszeiten zu verzichten, auf Megaflexibilität durch die Arbeit an jedem Ort, sogar auf sichere Jobs. Man braucht keinen sozialen Aufstieg und würde auch arbeiten gehen, ohne dafür bezahlt zu werden. Gut Gebildete zeichnen damit, ausgehend von ihrer Situation heute, eine andere Welt von morgen als die weniger gut Gebildeten.

Die Ergebnisse schärfen unser Verständnis für die Folgen von Bildung und führen nachdrücklich vor Augen, worum es heute geht. Bildungsarme können die Werte, die sie haben, selbst nicht leben. Das ist das größte Problem. Öffentliche Zuschreibungen von Bildungsarmen als faul, unflexibel und unverantwortlich handelnd sind nur eine der vielen Folgen. Und es ist ein schwacher Trost, wenn wir Anzeichen von Gemeinsamkeiten sehen. Sie zeigen sich darin, dass Menschen, gleich welcher Bildung, im Vermächtnis zusammenrücken. Bildungsarme sind materiell und gesellschaftlich abgehängt. Aber sie formulieren trotz allem: Wir sollten mehr Interesse an Politik und Kultur haben, den sozialen Aufstieg wünschen, uns auf die Erwerbsarbeit hin orientieren. Sie haben sich nicht aufgegeben, und es liegt an der Gesellschaft, dies aufzunehmen und aufzubauen. Vor einem sollten wir uns aber hüten: die Ergebnisse so zu interpretieren, dass es nur Disziplin bräuchte und das Schicksal allein in der eigenen Hand liege. Unverzichtbar sind entsprechende Handlungsoptionen und gute Bildungsmöglichkeiten über den gesamten Lebensverlauf.

Wie verhält es sich mit den Einschätzungen der erwarteten Zukunft? Anders als bei den Altersgruppen sehen wir hier keine signifikanten Gruppenunterschiede. Menschen aller Bildungsstufen teilen die Wahrnehmung einer Zukunft, die von großen Fragezeichen geprägt ist. Es ist ein gewaltiger Auftrag, ihnen hier mehr Orientierung zu bieten.

Wir haben gesehen: Bildung durchzieht das ganze Leben. Bildung bestimmt die Chancen auf dem Arbeitsmarkt, das Einkommen, die Gesundheit und auch die sozialen Kreise, in denen wir uns bewegen. Bildung prägt unsere Einstellungen und unser Verhalten. Und wir haben gelernt: Im Vermächtnis unterscheiden sich die Bildungsgruppen so sehr nicht. Wir können und müssen also handeln. Es ist eine der wichtigsten Aufgaben unseres Gemeinwesens, dafür zu sorgen, dass allen der Zugang zu qualitativ hochwertiger Bildung bereits früh im Leben offensteht und ebenso eine zweite oder dritte (Weiter-)

Bildungsphase ermöglicht wird.[12] Davon sind wir noch weit entfernt. Vielmehr zeigen sich neue Mechanismen, die Menschen voneinander trennen. Insbesondere internationale Bildungsabschlüsse, Studienjahre und Auslandsaufenthalte sind hier zu nennen, die erwiesenermaßen Menschen aus sozial gut gestellten Elternhäusern eher als anderen zuteilwerden. Auf global vernetzten Arbeitsmärkten werden diese Zertifikate und Erfahrungen immer wichtiger, gleichzeitig sehen wir, dass der Zugang zu ihnen sozial sehr ungleich verteilt ist. Dies gilt auch für die Möglichkeit zusätzlicher (Weiter-)Bildungszeiten. Das heißt: Jene mit einer sehr guten Bildung greifen nach den Sternen. Sie werden Teil internationaler Bildungseliten, sind bestens vernetzt und schon in frühen Jahren abgesichert.[13] Viele andere geraten in einen Teufelskreis aus fehlenden Chancen und Perspektiven.

3. Armut: Was den Menschen fehlt

Spricht man über soziale Ungleichheit, denkt man sofort und vor allem an das Einkommen. Stärker als alle anderen sozialstrukturellen Merkmale der Menschen sollte es unsere Lebenssituation und damit auch unsere Einstellungen und unser Vermächtnis prägen.

Nun hängen Bildung und Einkommen sehr eng zusammen, in Deutschland noch mehr als in anderen Ländern.[14] Eine höhere Bildung geht nach wie vor mit einem höheren Einkommen einher, allen Unkenrufen über schrumpfende Bildungsrenditen zum Trotz. Werden wir also überhaupt Bereiche finden, in denen sich die Menschen lediglich aufgrund ihres Einkommens unterscheiden? Bei unserer Darstellung kontrollieren wir wieder andere mögliche Einflussgrößen wie Alter, Geschlecht oder eben die Bildung der Menschen. Wir erwarten, dass sich nur wenige signifikante Unterschiede nach der Einkommenssituation zeigen werden. Dies ist auch der Fall. Sie ergeben sich lediglich in den drei Bereichen Solidarität, Besitz und Nachhaltigkeit.

Die Vermächtnisstudie belegt, dass Menschen mit hohem Einkommen deutlich eher als andere für eine bessere medizinische Behandlung auch mehr Geld zahlen würden. Angesichts ihres finanziellen Spielraums überrascht das nicht. Allerdings raten sie den nachfolgenden Generationen vehement davon ab, es ihnen gleichzutun. Eine gute medizinische Versorgung soll allen offenstehen. Gefragt, ob sie nur das Nötigste besitzen und nur das Notwendigste aufbewahren möchten, stimmen nur wenige Menschen mit höherem Einkommen zu. Sie wollen nicht unter ihren Möglichkeiten leben. Außerdem betonen Menschen mit höherem Einkommen – wie auch Menschen mit hoher Bildung – eher als andere, auf Nachhaltigkeit zu achten.

Wir können annehmen, dass manchen Menschen allein aufgrund ihres Einkommens der Konsum nachhaltig erzeugter Lebensmittel möglich ist oder verwehrt bleibt. Im Vermächtnis schließt sich wiederum die Lücke, weil Menschen mit niedrigem Einkommen hier die gleichen Werte wie Menschen mit höherem Einkommen vertreten und zu ihnen aufschließen. Der hier abgedruckte Essay von Patricia Wratil zum Thema »Was wollen wir essen?« geht darauf ausführlicher ein.

ARTIKEL 2

Was wollen wir essen?

VON PATRICIA WRATIL

Gechlorte Hühner, Gen-Mais und mit Hormonen behandeltes Fleisch – große politische Debatten wie die Diskussionen um das Freihandelsabkommen TTIP werden vom Thema Essen geprägt. Nahrungsaufnahme kann zum Politikum werden.

Die Ergebnisse der Vermächtnisstudie belegen, dass das Essen in der Gesellschaft einen hohen Stellenwert besitzt. Und sie weisen darauf hin, was die Menschen von den Politikern auch bei diesem Thema erwarten: dass sie handeln und entscheiden.

Gefragt wurde nach gesundem Essen, aber auch nach angrenzenden Themen, wie der Bedeutung der Nahrungsmittelproduktion. Knapp 90 Prozent der über 3000 Befragten empfehlen kommenden Generationen mit höchstem Nachdruck, auf gesundes Essen zu achten, und 74 Prozent unterstreichen die zukünftige Bedeutung einer nachhaltigen Nahrungsmittelproduktion. Unter ihnen finden sich Arme wie Reiche, Menschen mit niedriger wie mit hoher Bildung.

Ganz anders die tatsächliche Situation heute. Menschen mit hoher Bildung und gutem Einkommen achten sehr genau auf die Art der Nahrungsmittelproduktion. Menschen mit geringer Bildung und geringem Einkommen tun dies weniger. Ihnen ist dabei selbstkritisch bewusst, dass sie unterhalb der eigenen Ideale bleiben, schließlich wünschen sie sich für die kommenden Generationen höhere Standards (Abbildung 14).

Was nun bedeutet dies für die Politik? Sie sollte zur Kenntnis nehmen, dass Menschen aufgrund ihrer sozialen Realität daran gehindert werden, sich ihren Vorstellungen gemäß zu ernähren.

Kann davon nun eine Aufforderung zum Dirigismus abgeleitet werden: Nein! Den Menschen vorzuschreiben, was sie essen sollen und kaufen dürfen, wird von nur 3 Prozent der Befragten befürwortet. 85 Prozent der Befragten sprechen sich allerdings dafür aus, dass die Politik dafür sorgt, dass Bürgerinnen und Bürgern vollständige und verständliche Produktinformationen zugänglich sind (Abbildung 15). Durch mehr Transparenz erhalten die VerbraucherInnen und Verbraucher erst die Möglichkeit, sich bewusst für das eine oder das andere Produkt zu entscheiden. Diese

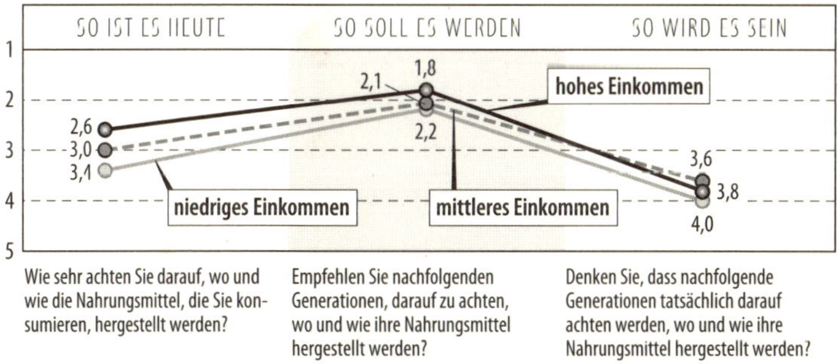

Basis: 3104 realisierte Fälle im Sommer 2015. Mittelwerte auf einer Skala von 1 = »voll und ganz« bis 7 = »überhaupt nicht« in Prozent. Niedriges Einkommen: unter 60 Prozent des Medians des Nettoäquivalenzeinkommens (NÄE) (nach Mikrozensus 2013 unter 892 Euro). Mittleres Einkommen: Personen zwischen 60 und 200 Prozent des Medians des NÄE. Hohes Einkommen: Personen mit mindestens dem Zweifachen des Medians des NÄE (nach Mikrozensus 2013 über 2972 Euro).

Abbildung 14. Auf Nahrungsmittelproduktion achten

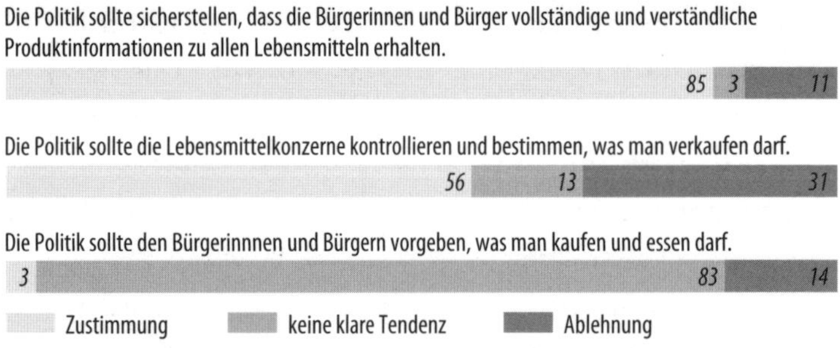

Basis: 3104 realisierte Fälle im Sommer 2015. Zustimmung (1,2), keine klare Tendenz (3,4,5) und Ablehnung (6,7) auf einer Skala von 1 = »voll und ganz« bis 7 = »überhaupt nicht« in Prozent. Abweichungen zu 100 Prozent sind rundungsbedingt.

Abbildung 15. Lebensmittel und Politik

Chance, durch das eigene Kaufverhalten, Einfluss auszuüben, wird eher von Menschen wahrgenommen, die in Städten leben, einen heterogenen Freundeskreis unterhalten und insgesamt davon ausgehen, ihr Leben aktiv selbst gestalten zu können. Stärkere Kontrollen der Lebensmittelkonzerne befürworten hingegen eher Menschen mit niedrigerem Einkommen. Der Supermarktbesuch soll für sie aber nicht zum Ampel-Test werden, sondern zum sorgenfreien Einkaufserlebnis.

Wenn wir die Aussagen über das Hier und Jetzt für die verschiedenen Einkommensgruppen betrachten, so zeigen sich also nur wenige Unterschiede. Diese verschwinden mit Blick auf das Vermächtnis. Man kann daraus zwei Botschaften ableiten. Erstens: Über alle Einkommensgruppen hinweg stimmen die Menschen darin überein, in welcher Welt sie gerne leben würden. Zweitens: Einkommensbedingte Unterschiede im tagtäglichen Leben sollten von Politik und Gesellschaft so nicht akzeptiert werden. Gezielt gilt es, das Bildungssystem in seiner Gänze zu stärken, den solidarischen Sozialstaat nicht zu beschädigen und die Bedingungen zu schaffen, dass nachhaltiger Konsum nicht vom Geldbeutel abhängt.

Da wir bislang allein das Einkommen betrachtet haben, wissen wir noch nichts über das Vermächtnis derjenigen, die im Vergleich zu anderen kaum etwas verdienen, sich arm fühlen oder Angst vor Armut haben. Können wir aus unseren Ergebnissen wirklich ableiten, dass arme Menschen mit allen anderen die Vorstellung von einer guten Welt teilen?

Um dieser Frage nachzugehen, müssen wir zunächst definieren, was Armut ist. In der sozialwissenschaftlichen Forschung und in der Politik wird hierfür meist ein *relativer* Armutsbegriff genutzt. Die relative Armut bemisst sich an der jährlich neu errechneten Armutsgefährdungsschwelle. Als armutsgefährdet gilt demnach, wer unter 60 Prozent des mittleren Einkommens (Median) der Gesamtbevölkerung zur Verfügung hat.[15] In der Vermächtnisstudie verdienen 15 Prozent der Befragten weniger als diesen Betrag und gelten entsprechend als relativ arm. Darunter sind besonders viele Menschen, die nicht erwerbstätig oder nur geringfügig beschäftigt sind. Auch Ostdeutsche und Menschen mit eigener Migrationserfahrung haben ein signifikant höheres Risiko, die Armutsgefährdungsschwelle zu unterschreiten. Deutlich ist auch der Zusammenhang mit der Bildung: Über ein Drittel der Menschen ohne Schulabschluss und/oder ohne eine berufliche Ausbildung sind relativ arm. Damit sind sie mehr als dreimal so häufig von Armut betroffen wie Menschen, die eine berufliche Ausbildung durchlaufen haben, und sogar mehr als fünfmal so häufig wie Akademikerinnen und Akademiker. Menschen über 65 Jahre sind dagegen am schwächsten in dieser Gruppe vertreten. Mit gerade einmal 7 Prozent sind sie nur halb so oft wie die Gesamtstichprobe und damit am seltensten relativ arm.[16]

Neben der relativen Armut, die durch eine rein statistisch gesetzte Grenze definiert wird, ermitteln wir auch die *subjek-*

tiv empfundene, also *gefühlte Armut*. Diese messen wir mit einem Verfahren, das wir mittlerweile in vielen Befragungen erfolgreich eingesetzt haben.[17] Wir zeigen den Befragten eine Abbildung, die die Form einer Pyramide hat und die Gesellschaft als Ganzes darstellen soll.[18] Dann bitten wir sie, ihre eigene finanzielle Situation mit einem Punkt in dieser Abbildung zu verorten. Letztlich sollen die Befragten eine Linie einziehen, die für die gesellschaftliche Armutslinie steht. Liegt diese Linie oberhalb des Punktes, der die eigene finanzielle Situation der Befragten angibt, bezeichnen wir die Menschen als subjektiv arm. In der Vermächtnisstudie sind dies 22 Prozent der Befragten, also deutlich mehr, als von relativer Armut betroffen sind. Bei der Wahrnehmung subjektiver Armut spielt die Erwerbstätigkeit keine Rolle, und auch mit dem Einkommen hängt sie nur schwach zusammen. Allerdings finden sich auch hier signifikant mehr Menschen ohne Schulabschluss und/oder ohne Berufsausbildung, mehr Ostdeutsche und Menschen mit Migrationserfahrung. Überraschend ist, dass die subjektive Armut nichts mit dem Alter zu tun hat. Befragte über 65 Jahre verorten sich genauso häufig unter der Armutslinie wie alle anderen: Insgesamt 20 Prozent der Menschen über 65 fühlen sich arm. Bei der relativen Armut waren es gerade 7 Prozent. Offenbar überschätzen die Älteren die Einkommensverteilung in der Gesellschaft oder beziehen eine Rente, die ihnen nicht erlaubt, ihren früheren Lebensstandard zu halten.

Prüfen wir nun, wie viele Menschen relativ *und* subjektiv arm sind. Die Überschneidung der beiden Armutsgruppen ist eher gering: 30 Prozent der Menschen, die sich subjektiv arm fühlen, gelten auch als statistisch oder relativ arm. 45 Prozent der statistisch Armen schätzen sich als subjektiv arm ein. Das ist nicht einmal die Hälfte.

Neben der statistisch definierten und subjektiv empfundenen Armut verwenden wir ein drittes Armutskonzept: die *Angst vor Armut*.[19] In der Vermächtnisstudie haben 17 Prozent der Befragten diese Armutsangst. Menschen mit einem niedrigen Einkommen sind in der Gruppe häufiger als andere vertreten, allerdings darunter nur wenige, die als relativ arm gelten. Viele liegen knapp oberhalb der statistisch gezogenen relativen Armutsgrenze. Voll- und Teilzeiterwerbstätige haben signifikant mehr Angst vor Armut als geringfügig Beschäftigte und Nichterwerbstätige. Bei Voll- und Teilzeiterwerbstätigen ist die Fallhöhe größer und meist können sie ihre Arbeitszeit nicht aufstocken und damit ihr Einkommen nicht erhöhen. Außerdem sind sie und ihre Familien auf das Einkommen aus der Voll- oder Teilzeitbeschäftigung angewiesen; bei Minijobbern dürfte das seltener der Fall sein.[20] Die Bildung, mit Ausnahme einer akademischen Bildung, macht keinen Unterschied. Menschen mit einer abgeschlossenen Berufsausbildung – ob mit Abitur oder ohne – haben genauso viel Angst vor Armut wie diejenigen mit geringer Schul- und Berufsbildung. Ebenso wenig spielt das Alter eine Rolle.

Die Überschneidung mit den anderen beiden Gruppen ist hier noch geringer. Nur 13 Prozent der Menschen mit Angst vor Armut gehören auch zur Gruppe der statistisch Armen, 25 Prozent zur Gruppe der subjektiv Armen. Diese geringe Überschneidung der Armutskonzepte heißt allerdings auch, dass die Gesamtgruppe der Armen, also jener Menschen, die statistisch als arm gelten, sich arm fühlen oder Angst vor Armut haben, insgesamt sehr groß ist. Es sind insgesamt 42 Prozent.

Nach diesem wichtigen Einblick in die Armutslagen kommen wir nun zurück zu der Frage, ob und wie Armut in ihren unterschiedlichen Formen die Einstellungen der Menschen heute und ihr Vermächtnis beeinflusst.

Armut prägt die Einstellungen der Menschen. Dabei sehen wir deutliche Unterschiede je nach der Form der Armut. Die Angst vor Armut hat andere Folgen als die statistische und die gefühlte Armut, deren Auswirkungen sehr ähnlich sind und zudem mit den Ergebnissen übereinstimmen, die wir aufgrund der einfachen Einkommensklassifikation erhalten haben. Anders als in den beiden vorangegangenen Kapiteln gliedern wir deshalb die folgende Darstellung nicht nach den einzelnen Lebensbereichen, sondern nach den drei Formen der Armut.

Unterschiede zwischen statistisch wie subjektiv Armen und jenen, die weder statistisch als arm gelten noch sich arm fühlen, zeigen sich in den Bereichen, in denen sich die finanzielle Situation besonders stark auswirkt: eigene Ausgaben für eine bessere medizinische Behandlung, Achtsamkeit gegenüber einer nachhaltigen Nahrungsmittelproduktion und Einstellungen zum Besitz. Menschen, die als relativ arm gelten oder sich arm fühlen, geben viel seltener als andere an, für eine bessere medizinische Behandlung auch mehr bezahlen zu wollen. Ihre Wohnungen sind seltener technisch so ausgestattet, dass sie Zeit beim Erledigen der Hausarbeiten sparen. Oft geben sie an, in ihrer Wohnung nur das Notwendigste aufzubewahren. Auf die Nahrungsmittelproduktion achten sie weniger. Alle diese Unterschiede verschwinden im Vermächtnis. Dies ist ein deutlicher Hinweis darauf, dass beide Armutsgruppen nicht nach ihrer eigenen Vorstellung leben können. Ihnen fehlen die finanziellen Mittel, oder sie scheinen ihnen zu fehlen.

Zwischen den Menschen, die als arm gelten, und denjenigen, die sich arm fühlen, gibt es bei allen Ähnlichkeiten einen bemerkenswerten Unterschied: das Interesse an Informationen über Politik und Kultur. Menschen, die sich selbst als arm einschätzen, ähneln hier dem Durchschnitt: Knapp zwei Drittel interessieren sich sehr für solche Informationen. Bei Menschen, die statistisch gesehen arm sind, ist das anders. Hier legt nur knapp die Hälfte Wert darauf, informiert zu sein. Zwar empfehlen auch sie den nachfolgenden Generationen, sich mehr für Politik zu interessieren; die Kluft zwischen den Menschen, die arm sind, und jenen, die sich arm fühlen, schließt sich aber nicht. Offenbar glauben gerade die Menschen, die statistisch gesehen als arm gelten, nicht daran, dass die Politik etwas an ihrer Lage ändern wird: Sie resignieren und ziehen sich zurück.

Die Angst vor Armut hat ebenfalls Folgen für die Einstellungen von Menschen. Anders als bei der statistischen und der gefühlten Armut wirkt sich die Abstiegsangst aber nicht auf das Hier und Jetzt aus, wohl aber auf das Vermächtnis. Dies kann man beispielhaft an den Bereichen Arbeit und Mobilität zeigen, wie es Jan Wetzel in dem hier abgedruckten Essay »Angststarre« getan hat. Nehmen wir das Beispiel Erwerbsarbeit. Es ist gleich, ob Menschen Armutsangst haben oder nicht: Ihre Einstellungen zur gegenwärtigen Erwerbsarbeit ähneln sich. Die Angstvollen empfehlen den nachfolgenden Generationen dann, so weiterzumachen, wie sie es heute tun. Sie rechnen aber damit, dass die Zukunft eine andere sein wird. Vermächtnis und erwartete Zukunft liegen weit auseinander. Jene, die keine Abstiegsangst haben, nähern sich in ihrer Empfehlung an die nachfolgenden Generationen dem an, was sie für die Zukunft vermuten. Diejenigen, die ohne Abstiegsangst leben, scheinen zu wissen, dass man sich auf Veränderungen einstellen muss. Abstiegsangst führt hingegen zur Suche nach individueller Kompensation. Man zieht sich zurück.

Fassen wir zusammen: Da das Einkommen eng mit der Bildung zusammenhängt, lässt sich schwer unterscheiden, wo allein der Einfluss der Bildung oder des Einkommens zum Tragen kommt. In unseren Analysen haben wir nur drei Bereiche ausgemacht, in denen sich allein das Einkommen wesentlich auswirkt. In allen drei Fällen weichen die Einstellungen im Hier und Jetzt deutlich voneinander ab, nähern sich im Vermächtnis dann aber an. Die Menschen haben unterschiedliche Möglichkeiten heute, teilen aber die Vision über ein Land, das sie erleben möchten. Dies gilt auch für jene, die arm sind oder sich arm fühlen. Relative und subjektive Armut beeinträchtigt Menschen vor allem *im Hier und Jetzt*. Diese Menschen können nicht nach ihren Vorstellungen leben. Dies betrifft insbesondere jene, die als relativ arm gelten. Von der Politik erwarten sie keine Hilfe: Resigniert wenden sie sich ab. Entscheidend ist deshalb, die Ursachen der Armut zu bekämpfen. Ein möglicher Ansatzpunkt ist eine bessere Bildung. Bildungsarme haben ein wesentlich höheres Risiko, unter die Armutsgefährdungsschwelle zu fallen und sich auch subjektiv arm zu fühlen, als gut gebildete Menschen.

Die Angst vor sozialem Abstieg, die heute bis in die Mitte der Gesellschaft reicht, hat hingegen vor allem Auswirkungen auf das Vermächtnis: Sie lähmt. Die Betroffenen verharren in einer Angststarre. Für die Zukunft fühlen sie sich nicht gewappnet. Hier können nur deutliche Signale aus der Politik helfen: Es müssen Sicherheiten gegeben werden wie das Recht auf gute Arbeit, die ein angstfreies Leben ermöglicht.

ARTIKEL 3

Angststarre

VON JAN WETZEL

Nur selten laufen Menschen in Deutschland Gefahr, aufgrund schlechter Lebensumstände zu verhungern, zu verdursten oder zu erfrieren. Schon lange unterscheidet man deshalb nicht nur die absolute von der relativen, sondern auch von der subjektiven Armut. Und auch hier gibt es Riesenunterschiede: Gerade einmal 30 Prozent derer, die sich selbst unter der Armutslinie einordneten, sind im statistischen Sinne arm. Armut ist also auch eine persönliche Erfahrung, die sich nicht unbedingt mit statistischen Kriterien messen lässt. Und selbst wenn man gar nicht betroffen ist, kommt das Subjektive als Angst vor Armut oder allgemeiner als Angst vor dem sozialen Abstieg zum Tragen. Die Vermächtnisstudie zeigt, wie diese Angst die Menschen lähmen kann – und dass man ihr entgegenwirken sollte.

Welche Auswirkungen hat Abstiegsangst auf das Vermächtnis? Thema Wohnen: Bei der Frage danach, wie sehr das eigene Zuhause ein Ort der Beständigkeit ist, unterscheiden sich jene, die sozialen Abstieg fürchten, kaum von jenen, die diese Angst nicht haben (Abbildung 16). Geht es aber um das Vermächtnis, driften die Gruppen auseinander: Die Angstvollen empfehlen den nachfolgenden Generationen stärker, in ihrem Zuhause einen Ort der Beständigkeit zu suchen und nicht laufend umzuziehen. Einig sind sich beide Gruppen indes darüber, dass man in Zukunft kein beständiges Zuhause haben wird.

Beim Thema Arbeit zeigen sich die Folgen der Abstiegsangst noch deutlicher. Zwar gilt die klassische Erwerbsarbeit weithin als Garant eines sicheren Lebensverlaufs. Doch bei denjenigen mit Abstiegsangst liegen die Werte noch einmal höher (Abbildung 17). Bei der Frage danach, ob man zukünftig eine Arbeit mit festen Arbeitszeiten anstreben sollte, steigt die Differenz auf immerhin 15 Prozentpunkte. Einig sind sich die Gruppen wiederum darin, dass es in Zukunft wohl kaum mehr feste Arbeitszeiten geben

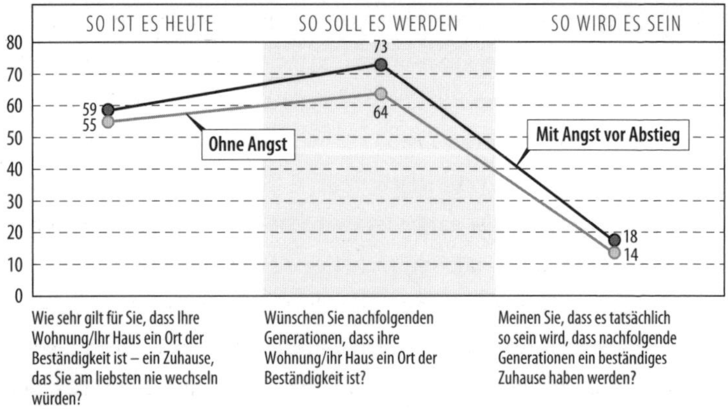

Basis: 3104 realisierte Fälle im Sommer 2015. Zustimmung (1,2) auf einer Skala von 1 = »voll und ganz« bis 7 = »überhaupt nicht« in Prozent. Dargestellt sind Befragte, die angaben, Angst vor Armut, Angst vor Arbeitslosigkeit sowie Angst davor zu haben, von staatlicher Unterstützung abhängig zu sein (Angst vor Abstieg), im Vergleich mit denen, die angaben, keine Ängste in diesen drei Punkten zu haben.

Abbildung 16. Die Wohnung als Ort der Beständigkeit

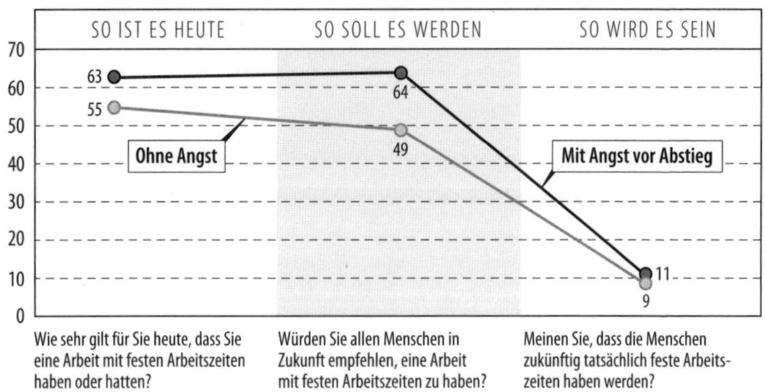

Basis: 3104 realisierte Fälle im Sommer 2015. Zustimmung (1,2) auf einer Skala von 1 = »voll und ganz« bis 7 = »überhaupt nicht« in Prozent. Dargestellt sind Befragte, die angaben, Angst vor Armut, Angst vor Arbeitslosigkeit sowie Angst davor zu haben, von staatlicher Unterstützung abhängig zu sein (Angst vor Abstieg), im Vergleich mit denen, die angaben, keine Ängste in diesen drei Punkten zu haben.

Abbildung 17. Feste Arbeitszeiten

wird. Die Angstvollen empfehlen den nachfolgenden Generationen trotzdem, wie sie selbst feste Arbeitszeiten anzustreben. Jene, die keine Abstiegsangst haben, nähern sich in ihrer Empfehlung hingegen dem an, was sie für die Zukunft erwarten: Achtet nicht so sehr auf feste Arbeitszeiten wie wir – es könnte anders kommen.

In beiden Gruppen ist der Unterschied zwischen den Empfehlungen für die Zukunft und den tatsächlichen Erwartungen eklatant. Diejenigen ohne Angst vor Abstieg scheinen jedoch zu wissen, dass man sich auf Veränderungen einstellen muss. Daran muss die Politik anknüpfen: Welche Form der sozialen Grundsicherung etwa braucht es, damit man sich den Unsicherheiten des Lebens ohne Angst stellen kann? Fragen wie diese müssen beantwortet werden, denn Abstiegsangst ist gefährlich. Wo ein offensiver Umgang mit der Welt notwendig wäre, führt sie zum Rückzug auf Sicherheiten, die längst verloren sind.

4. Geschlecht: Das Land, das Frauen und Männer erleben wollen

Wir alle wachsen in einem Land auf, das noch immer unterschiedliche Erwartungen an Frauen und Männer richtet.[21] Diese Erwartungen prägen unsere Lebenswelten massiv und damit auch unsere Einstellungen. In unserer Studie können wir dieser geschlechtsspezifischen Prägung nicht nachgehen. Wohl aber können wir untersuchen, welche Einstellungen Frauen und Männer heute haben und welche davon sie den kommenden Generationen mitgeben möchten. Je tiefer Einstellungen verinnerlicht wurden, desto eher werden sie auch anderen empfohlen. Wollen Frauen oder Männer dagegen an der heutigen Situation etwas ändern, so sollte sich dies darin zeigen, dass sie bestimmte Einstellungen, die sie heute haben, im Vermächtnis verwerfen, oder aber Haltungen nahelegen, die sie heute eben noch nicht vertreten. Diese Umbrüche und die damit einhergehenden Dynamiken sind für uns von besonderem analytischen Interesse, tragen die Ergebnisse doch auch wesentlich dazu bei, die Forschung zu dieser Thematik voranzutreiben.

Im Folgenden zeigen wir wieder sortiert nach den Lebensbereichen, welche Einstellungen Frauen und Männer heute haben und welche sie in ihrem Vermächtnis weitergeben wollen. Um Fehlinterpretationen zu vermeiden, nutzen wir unser eingangs beschriebenes Analysemodell. Wir kontrollieren also wieder alle anderen sozialstrukturellen Merkmale der Menschen.

Lebensstil. Frauen ist Zusammengehörigkeit und Nähe im Allgemeinen wichtiger als Männern, sie achten stärker auf ihre Gesundheit und auf gutes Essen. Weiterhin kümmern sich Frauen mehr um ihr Aussehen, guter Sex spielt dagegen eine weniger große Rolle. Diese statistisch hochsignifikanten Unterschiede sind robust, man findet sie in den Einstellungen heute wie auch im Vermächtnis. Zudem ist es Männern heute im Durchschnitt deutlich wichtiger als Frauen, politisch und kulturell informiert zu sein. Hier aber schließen die Frauen in ihrem Vermächtnis zu den Männern auf und formulieren ebenso nachdrücklich wie diese den Auftrag an die kommenden Generationen: Informiert euch gut!

Erwerbstätigkeit. Frauen suchen die Erwerbstätigkeit stärker und setzen der Arbeit gleichzeitig klarere Grenzen als Männer. So sprechen sich Frauen nachdrücklicher als Männer dafür aus, einer Erwerbstätigkeit auch dann nachzugehen, wenn man das Geld nicht benötigt. Gleichzeitig lehnen sie eher ab, ortsungebunden zu arbeiten. Die mit der Erwerbsarbeit einhergehende Nähe, das direkte Zusammenarbeiten mit anderen ist ihnen wichtig. Auch hier handelt es sich um robuste Unterschiede. Wir finden sie in den Einstellungen heute und in dem Vermächtnis. In anderen Bereichen nehmen Frauen die Meinung von Männern an. So ist es zwar heute Frauen wichtiger als Männern, einer Arbeit nachzugehen, die sie wirklich gerne machen, und feste Arbeitszeiten zu haben. Kommenden Generationen empfehlen sie aber, konzessionsbereiter zu sein, auch eine nicht ganz so erfüllende Arbeit anzunehmen und unregelmäßige Arbeitszeiten zu akzeptieren. Das ist exakt die Haltung von Männern, sowohl im Hier und Jetzt als auch im Vermächtnis.

Technik. Auch hier sehen wir deutliche Unterschiede zwischen Frauen und Männern. Frauen sind Neuem gegenüber sehr aufgeschlossen, und doch warnen sie stärker als Männer.

Das Internet sei nicht der Ort der Freiheit, es schütze nicht vor Einsamkeit, und es schade Kindern, wenn sie zu früh an das Internet herangeführt werden. Im Haushalt wollen sie mehr als Männer ihre Freiheit erhalten wissen und auch dann Dinge mit der Hand erledigen können, wenn die technischen Geräte vorhanden sind. Auch zu der Gesundheitstechnik haben sie einen anderen Bezug als Männer. Frauen überwachen ihre Gesundheit seltener mit technischen Hilfsmitteln und legen auch weniger Wert darauf, ihre Erkrankungsrisiken durch entsprechende Tests zu erfahren. Und sie formulieren klarer als Männer, auf lebensverlängernde Maßnahmen verzichten zu wollen. All dies zeigt sich heute und im Vermächtnis. In diesem Bereich sehen wir keine Annäherungen zwischen Frauen und Männern.

Partnerschaft und Familie. Eindeutige und robuste Unterschiede zwischen Frauen und Männern heute und im Vermächtnis finden sich in drei Bereichen: Partnerschaften wegen der Kinder aufrechterhalten, eine traditionelle Arbeitsteilung verfolgen, Geheimnisse haben. Frauen lehnen viel entschiedener als Männer ab, nur wegen der Kinder eine kaputte Beziehung weiterzuführen, und stellen sich viel klarer gegen die traditionelle Arbeitsteilung von Beruf und Familie. In der Partnerschaft sehen Frauen keinen Platz für Geheimnisse. Sie sprechen sich aber viel stärker als Männer dafür aus, Kindern ihre Geheimnisse zu lassen. Auch das gilt für heute und für das Vermächtnis. Andere Unterschiede verschwinden. Frauen geben zwar heute wesentlich häufiger als Männer an, für ihre Kinder Opfer zu bringen oder gebracht zu haben. In dem, was man den kommenden Generationen empfiehlt, nähern sich die Geschlechter dann aber einander an. Das liegt allerdings nicht daran, dass Frauen ihre Einstellungen ändern. Die Lücke schließt sich, da Männer ihre Position überdenken und den nächsten Generationen nahelegen, andere Ziele zugunsten der Kinder zurückzustellen. Gleiches beobachten wir bei der Frage, ob Rücksicht auf andere genommen wird. Heute sind die Unterschiede riesig. Frauen nehmen viel häufiger Rücksicht als Männer. Im Vermächtnis verschwinden die Unterschiede. Frauen bleiben bei ihrer Haltung, Männer korrigieren sich und raten dringend dazu, mehr Rücksicht auf andere zu nehmen.

In den Empfehlungen an die kommenden Generationen entstehen auch Unterschiede zwischen Frauen und Männern, die wir heute noch gar nicht sehen. »Passt auf«, so die Frauen, »und trefft weniger Entscheidungen im Sinne eurer Eltern, und, allgemein gesprochen, trefft überhaupt weniger Entscheidungen aus Liebe. Seid kompromissloser und verzichtet notfalls auf Kinder. Weicht nicht aus in ein bequemes Leben.«[22] Frauen schließen nicht zu den Männern auf, sie sind radikaler als diese. Wir sehen hier einen weiteren Modernisierungsschub und damit das Gegenteil einer Retraditionalisierung.

Fassen wir zusammen: Akzeptiert man, dass das Vermächtnis immer auch etwas darüber aussagt, wie Menschen gerne leben würden, so wünschen sich Frauen ein Land, das ihnen mehr Bewegungsfreiheit bietet, als sie heute haben. Dies ist durchaus auch ein Appell an die Frauen selbst. Man sollte weniger Entscheidungen aus Liebe treffen, weniger Opfer bringen, sich entsprechend mehr um sich selbst kümmern und alles tun, um auf eigenen Beinen zu stehen. Um dies zu erreichen, machen Frauen deutliche Abstriche an ihren Vorstellungen heute. Ihre Konzessionsbereitschaft ist gerade im Bereich der Erwerbsarbeit hoch. »Seid weniger wählerisch, dafür flexibler«, raten sie, »verzichtet auf feste Arbeitszeiten, geht einer Arbeit nach, auch wenn ihr diese nicht gerade gerne macht.« Angesichts der oft schlechten Arbeitsbedingungen von Frauen und ihrer im Allgemeinen niedrigeren Entlohnung ist das beklemmend. Es zeigen sich Realismus, Pragmatismus und Not. Männer bewegen sich ihrerseits ein Stückchen auf die Welt der Frauen zu. Dies erkennen wir an der Empfehlung, mehr Rücksicht auf andere zu nehmen und selbst mehr Opfer für die eigenen Kinder zu bringen. In zwei großen Bereichen bleiben Frauen und Männer quasi unter sich. Zusammengehörigkeit, Nähe, Gesundheit – diese Werte stehen für Frauen ganz außer Frage und werden von ihnen viel stärker gewichtet als von Männern. Männer nehmen ihrerseits die technischen Entwicklungen und deren Nutzung weit vorbehaltloser an, als Frauen dies tun. Ein ziemlich klassisches Ergebnis.

In der dritten Dimension, der Beurteilung dessen, was die Zukunft tatsächlich bringen wird, bleiben nur noch wenige Unterschiede bestehen. Frauen gehen häufiger als Männer davon aus, dass es den Menschen in Zukunft wichtig sein wird, über Politik und Kultur informiert zu sein, die Technik zu verstehen und Entscheidungen unabhängig von anderen zu treffen. Dies zu interpretieren, ist nicht ganz einfach. Denn wenn wir das Spektrum öffnen und die Antworten von Frauen über die drei Erhebungsdimensionen Heute, Vermächtnis, erwartete Zukunft hinweg vergleichen, sehen wir oft eine ansteigende Linie, ein Muster wachsender Zustimmung. Das Vermächtnis liegt auf dieser Linie also zwischen den Einstellungen heute und dem, was Frauen in Zukunft tatsächlich erwarten. Exklusive Modernisierung haben wir dieses Muster genannt. Hierzu ein Beispiel: Gegenwärtig ist Frauen Information wenig wichtig, in ihrem Vermächtnis formulieren sie, dass Information wichtiger sein sollte, und in der Zukunft erwarten sie eine noch höhere Bedeutung von Information. Bei den Fragen, ob man eine Partnerschaft nur wegen der Kinder weiterführen sollte und Entscheidungen aus Liebe oder im Sinne der Eltern trifft, stimmen Frauen schon heute zu und schrauben ihre Erwartungen für die Zukunft noch weiter hinauf. Frauen lösen sich also von ihren heutigen Einstellungen, empfehlen den kommenden Generationen klare Korrekturen und rechnen gleichzeitig damit, dass der Wandel noch viel deutlicher ausfallen wird. Ist es das, was sie anstreben? Sehen sie sich auf dem richtigen Weg? Freuen sie sich darüber? Oder befürchten sie, dass man von ihnen in Zukunft mehr fordern könnte, als sie zu geben bereit sind?

5.
Kinder: Ein Land, das sich Eltern wünschen

»Ach, warten Sie nur ab, bis Sie Kinder haben«, hört man immer wieder, wenn es um die Einstellungen von Frauen und Männern zu Fragen rund um Beruf und Familie geht. Kinder, so die Annahme, ändern alles, führen zu einer geschlechtsspezifischen Rollenaufteilung bei den Eltern, lassen Vorsätze und hochfliegende Wünsche verschwinden. Wenn dem so ist, müssten wir enge Zusammenhänge zwischen dem Vorhandensein von Kindern und den Einstellungen von Müttern und Vätern in der Welt heute und morgen finden. Und tatsächlich sehen wir diese auch. Sie beziehen sich relativ deutlich auf jene Bereiche, die direkt mit dem Familienleben zu tun haben. Durchgängig, in ihren heutigen Einstellungen wie auch in ihren Empfehlungen an kommende Generationen, sind den Eltern Zusammengehörigkeit und Nähe besonders wichtig. Eltern sehen die Heirat eher als Ausdruck von Liebe, legen mehr Wert auf gemeinsame Mahlzeiten mit der Familie, lassen Alkohol und Drogen eher beiseite und finden guten Sex wichtiger als andere. Sie unterstreichen die Bedeutung der Religion und wünschen sich (noch) häufiger, dass der Besitz in der Familie bleibt. Wenig überraschend sind den Eltern ihre Kinder besonders wichtig, auch in dem, was sie nachfolgenden Generationen weitergeben wollen (Abbildung 18). Von #regrettingmotherhood,[23] also der Reue darüber, Mutter geworden zu sein, findet sich keine Spur.

In wenigen Bereichen finden wir Einstellungsunterschiede heute, die dann im Vermächtnis verschwinden. Heute stimmen

Eltern eher als kinderlose Menschen der Aussage zu, dass sie wichtige Entscheidungen aus Liebe getroffen haben, und meinen eher, dass Partnerschaften mit Kindern auch dann bestehen bleiben sollen, wenn man sich auseinandergelebt hat. Das faktische Leben mit Kindern hat hier ganz offensichtlich einen entscheidenden Einfluss. In beiden Punkten korrigieren sich Eltern, wenn es um ihr Vermächtnis geht. Sie üben leise Kritik an ihren Einstellungen (und wohl auch an ihrem Verhalten) und nähern sich nun der Meinung von kinderlosen Menschen an.

Höchst aufschlussreich sind die Bereiche, in denen sich die Unterschiede erst im Vermächtnis auftun. Eltern geben viel häufiger als kinderlose Frauen und Männer den nachfolgenden Generationen mit auf den Weg: Nehmt die Erwerbstätigkeit ernst. Geht arbeiten, auch wenn ihr das Geld nicht braucht. Erwerbsarbeit scheint gerade für Mütter wichtig zu sein, um soziale Kontakte aufrechtzuerhalten, und ist durchaus auch eine Quelle der Inspiration.

Kommen wir abschließend zu den Einschätzungen, was die Zukunft tatsächlich bringen wird. Im Vergleich zu anderen Ungleichheitsdimensionen, die wir bisher betrachtet haben, zeigen sich doch deutliche Unterschiede zwischen Eltern und

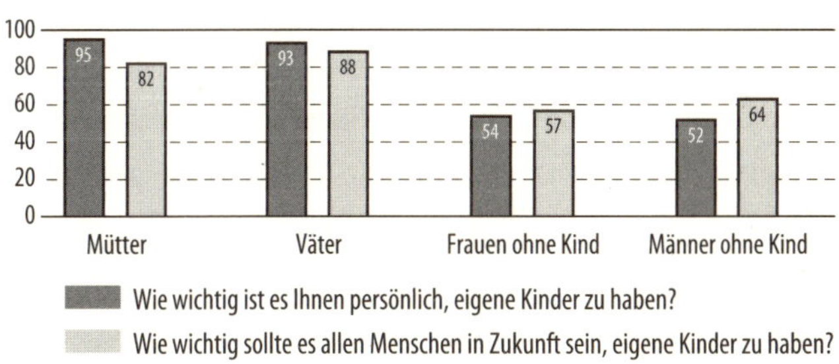

Basis: 3104 realisierte Fälle im Sommer 2015. Zustimmung (1,2) auf einer Skala von 1 = »sehr wichtig« bis 7 = »überhaupt nicht wichtig« in Prozent.

Abbildung 18. Wichtigkeit eigener Kinder

kinderlosen Menschen. Eltern sehen die Zukunft wesentlich freundlicher als Menschen ohne Kinder. Eltern gehen eher davon aus, dass den Menschen in Zukunft an Nähe gelegen sein wird, an gesunder Ernährung, an einer umweltbewussten Nahrungsmittelproduktion, an einer fairen Arbeitsteilung im Haushalt. Sie rechnen damit, dass man künftig häufiger Arbeiten verrichten wird, die man auch wirklich machen will, sich mehr für Technik interessiert.

Dieses Ergebnis wird auch durch die Antwortmuster für jede einzelne Person im Verlauf von Heute, Vermächtnis und erwarteter Zukunft unterstützt. Danach zeichnen Eltern das freundlichste Bild und weichen wesentlich seltener als alle anderen Gruppen in der erwarteten Zukunft in ein »Weiß nicht« aus. Wie ist das zu erklären? Man hat die Kinder selbst erzogen und geht davon aus, dass man über sie auch die eigenen Werte in die Zukunft überträgt. Ebenso ist zu vermuten, dass die Kinder ihre Eltern ein Stück weit an die Zukunft heranführen und den Eltern daher das Gefühl geben, weniger im Nebel des Ungewissen zu stochern. Kinder erschließen neue Welten, man erhält Einblick in ihr Leben, ihre Werte und ihre Routinen. Diese Brücke in die Zukunft macht zukunftssicher, erwartungssicher und optimistisch.

Zusammenfassend können wir festhalten, dass Menschen mit und ohne Kinder ein sehr ähnliches Land erleben möchten. Geht es nach den Eltern, gibt es in diesem Land allerdings mehr Nähe in allen ihren Formen und keine Alternative zur Erwerbstätigkeit. Beide Bereiche scheinen für Mütter und Väter sehr eng miteinander verbunden zu sein: Familie ohne Erwerbstätigkeit wird ebenso wenig gewünscht wie Erwerbstätigkeit ohne Familie.

ARTIKEL 4

Ich liebe mein Kind, aber ...

VON JUTTA ALLMENDINGER

Mütter lieben ihre Kinder. Doch würden sie sich nochmals für Kinder entscheiden? Manche Frauen blicken auf ihr Leben zurück und sind nachdenklich. Wäre ich ohne meine Kinder vielleicht glücklicher, mehr bei mir selbst? Hätte ich jetzt eine Führungsposition? Ginge es mir wirtschaftlich viel besser? Hätte ich ein erfüllteres Liebesleben, einen anderen Partner? Orna Donaths 2015 erschienene Studie »Regretting motherhood« hat eine Diskussion über »bereuende Mütter« ausgelöst. Um Väter geht es darin aber nicht.

Für die Vermächtnisstudie fragten wir gut 1000 Mütter und 600 Väter zunächst nach dem, was ihnen selbst wichtig ist. Die Ergebnisse zeigen: Den Eltern sind ihre Kinder wichtig. Sehr sogar. 95 Prozent der Mütter und 93 Prozent der Väter stimmen mit höchstem Nachdruck der Aussage zu: Die Kinder sind mir wichtig. Bei der Frage, was Eltern den kommenden Generationen mitgeben wollen, ging die Zustimmung zu der Aussage, dass Kinder im Leben wichtig seien, allerdings zurück: Bei den Müttern um 13 Prozentpunkte, bei den Vätern um 5. Verbirgt sich dahinter ein Bedauern oder vielleicht sogar wirklich ein Bereuen?

Vergleichen wir zunächst Menschen mit und ohne Kinder. Frauen ohne Kinder und – noch stärker – kinderlose Männer finden, der kommenden Generation sollten Kinder wichtiger sein als ihnen selbst. Einige scheinen zu bereuen, keine Kinder bekommen zu haben. Es herrscht also ein starker Kinderwunsch bei jenen, die die Erfahrungen, Anstrengungen und Widersprüche einer Elternschaft noch nicht gemacht und erlebt haben – insbesondere bei Männern. Wer weiß, was es bedeutet, Kinder zu gebären und aufzuziehen, neigt zur Vorsicht.

Sodann haben wir in der Studie die Unterschiede innerhalb der Gruppe der Eltern untersucht: Welche Eltern äußern also eher Bedauern als andere? Wir prüften zahlreiche Einflussfaktoren wie Alter, Herkunft,

Bildung, Einkommen, Kinderzahl und die Zusammensetzung des Freundeskreises. Das Ergebnis: Es sind die Akademikerinnen und Akademiker. Ein hoher Bildungsabschluss und Kinder scheint bei vielen eine Kombination zu sein, die zur Reue in der Kinderfrage drängt. Es passt offenbar nicht recht zusammen, wenn man seine Möglichkeiten voll ausschöpfen will. Das gilt vor allem für Mütter.

Was lehren uns diese Zahlen? Es geht um Vereinbarkeit, Vorbilder und fehlende Traditionen. Wir müssen endlich verstehen, dass Frauen, vor allem gut gebildete, erwerbstätig sein wollen. Kind oder Arbeit? Vor diese harte Entscheidung gestellt, empfehlen manche Frauen, lieber zu arbeiten, sich und ihr Können zu zeigen. Und einen Auftrag geben uns Frauen auch mit. Sie betonen, wie wichtig eine faire Teilung der Haus- und Familienarbeit ist und sein sollte. Hier aber ziehen Männer (und insbesondere Väter) wenig mit, wie unsere Daten belegen. Männer müssen sich aufmachen, hin zu weniger Arbeitszeit und mehr Familienarbeit. Unternehmen, Tarifpartner, Staat und wir alle sollten sie nicht bremsen.

6.
West und Ost: Ein Land, ein Vermächtnis, eine Zukunft?

In welchem Land wollen die Menschen leben, die in den alten und den neuen Bundesländern zu Hause sind? Welche Welten möchten sie erleben? Ähneln sich diese? Oder zeigen sich getrennte Welten nicht nur heute, sondern auch im Vermächtnis? Mit unseren Daten können wir diesen Fragen nachgehen. Wir müssen uns allerdings damit begnügen, die Menschen räumlich nach ihrem aktuellen Wohnort einzuordnen. So können wir einen 30-Jährigen, der seit seiner Geburt in Dresden lebt, nicht von dem 30-Jährigen unterscheiden, der in Köln aufgewachsen ist und nun in Dresden arbeitet. Daher werden uns einige Ergebnisse verloren gehen. Aber jene, die wir gewinnen, können als besonders robust gelten.

Über alle Fragen hinweg überwiegen die Gemeinsamkeiten zwischen Ost und West. Unterschiede finden wir in wenigen Bereichen, in denen sie aber auch zu erwarten waren. In den neuen Bundesländern hat die Religion einen deutlich niedrigeren Stellenwert als in den alten Bundesländern. Die Erwerbstätigkeit ist dagegen noch wichtiger, ebenso eine faire Aufteilung der Hausarbeit in der Partnerschaft. Diese Einstellungen werden unverändert in das Vermächtnis übertragen.

Andere Unterschiede scheinen sich aufzulösen. So legen Menschen in den neuen Bundesländern heute einen größeren Wert auf Arbeit, die sie gerne machen, und auch feste Arbeitszeiten sind ihnen wichtiger als Menschen in den alten Bundesländern. In ihrem Vermächtnis gehen die Menschen in den neuen Bundesländern Konzessionen ein und nähern sich den Einstellungen der Menschen aus den alten Bundesländern an. Dafür tauchen dann andere Unterschiede im Vermächtnis aber erst richtig auf: Menschen in den neuen Bundesländern empfehlen den kommenden Generationen, einen sozialen Aufstieg anzustreben, ihr Aussehen wichtig zu nehmen und bei ihren Entscheidungen die Ratschläge ihrer Eltern zu beachten. All dies formulieren Menschen in den alten Bundesländern so nicht.

Sozialer Aufstieg, Aussehen und die Rückbesinnung auf Ratschläge der Eltern – auf den ersten Blick ein merkwürdiges Sammelsurium an Empfehlungen für die kommenden Generationen. Wie wir im nächsten Abschnitt sehen werden, entspricht dieses Vermächtnis aber exakt jenem, das auch Menschen mit eigener Migrationserfahrung weitergeben. Sozialer Aufstieg steht für den Wunsch nach Teilhabe. Das Aussehen wird als Türöffner für vielzählige Chancen gesehen. Die Nähe zu den Eltern umreißt den Wunsch, verwurzelt zu bleiben und den Zusammenhalt zu wahren.

Zusammenfassend gesehen, ähneln sich die Welten sehr, die Menschen in den neuen und in den alten Bundesländern erleben möchten. Die Religion macht den größten Unterschied, das wird auch so bleiben. Die Meinungen zur Rolle der Frauen, deren Erwerbsarbeit und zur Vereinbarkeit von Beruf und Familie gleichen sich an, hier zieht der Westen nach. Für eine wachsende Übereinstimmung zwischen West und Ost sprechen auch die Vorstellungen, die Menschen von der erwarteten Zukunft haben. Richtig große Unterschiede finden wir hier nicht.

7.
Migranten: Angekommen? Aufgenommen?

Es gibt sie nicht, *die* Menschen mit Migrationserfahrung. Sie stammen aus ganz unterschiedlichen Herkunftsländern, die sie aus verschiedensten Gründen verlassen haben. Sie leben in Deutschland seit mehr oder weniger langer Zeit, in der ersten, zweiten oder dritten Generation. Sie haben die deutsche Staatsbürgerschaft oder auch nicht, sie planen, in ihr Herkunftsland zurückzukehren oder in Deutschland zu bleiben. Die Vermächtnisstudie kann diese Unterschiede nur begrenzt nachzeichnen. So wissen wir nicht, aus welchen Herkunftsländern die Menschen kommen, und wir konnten nur jene befragen, die Deutsch sprechen. Aber: Wir wissen, ob die Menschen die deutsche Staatsangehörigkeit haben, ob sie selbst in Deutschland geboren wurden und ob dies auch bei ihren Eltern und Großeltern so war.

In unseren Analysen unterteilen wir alle Befragten folglich in drei Gruppen: (1) Menschen ohne Migrationserfahrung, (2) Menschen mit eigener Migrationserfahrung, das sind also jene, die nicht in Deutschland geboren wurden und auch nicht deren Eltern und Großeltern, und (3) Menschen mit familiärer Migrationserfahrung, also jene, die selbst in Deutschland geboren wurden, nicht aber deren Eltern und/oder Großeltern. Wir sehen viele Unterschiede in den Einstellungen von Menschen mit und ohne Migrationsgeschichte. Allerdings finden sich diese fast ausnahmslos zwischen den Menschen, die nicht in Deutschland *geboren* wurden, und allen anderen. Und zwar im Heute, im Vermächtnis, insbesondere aber in der erwarteten Zukunft.

Werte und Lebensstil. Menschen mit eigener Migrationserfahrung ist die Religion viel wichtiger als Menschen mit familiärer Migrationserfahrung oder Menschen ohne Migrationserfahrung. Gleiches gilt für das Aussehen. Diese Unterschiede sind robust und bleiben im Vermächtnis bestehen. In einem anderen Bereich teilen die Menschen ein gemeinsames Vermächtnis: Menschen mit eigener Migrationserfahrung ist es heute viel wichtiger als allen anderen Gruppen, etwas Neues zu beginnen. Das erstaunt nicht, haben sie in ihrem eigenen Leben doch Neues gewagt. In ihren Empfehlungen nehmen sie davon aber Abstand, die Unterschiede zu den anderen Gruppen verschwinden. Sie wünschen den kommenden Generationen eher Ruhe und Kontinuität.

Erwerbsarbeit. Bei Menschen mit eigener Migrationserfahrung ist der Wunsch, sozial aufzusteigen, wesentlich höher als bei den anderen Gruppen, heute wie im Vermächtnis. Man selbst hat den Anfang gemacht, nun liegt es an den kommenden Generationen, hier anzuschließen. Bestimmte Merkmale des eigenen Arbeitslebens möchte man dagegen nicht weitergeben. Für sich selbst haben Menschen mit eigener Migrationserfahrung akzeptiert, dass sie Arbeiten nachgehen, die sie eigentlich nicht machen wollen. Das soll so nicht bleiben. Die kommenden Generationen sollen es besser haben.

Besitz. Ein ähnliches Ergebnis sehen wir auch beim Besitz. Menschen mit eigener Migrationserfahrung fühlen sich noch auf der Reise. Ihre Wohnung ist für sie kein Ort der Beständigkeit, sie empfehlen, nur das Nötigste aufzubewahren, und betonen stärker als die anderen Gruppen, dass Besitz durchaus auch belastet. All dies zeigt sich auch noch in ihrem Vermächtnis.

Familie und Partnerschaft. Menschen mit eigener Migrationserfahrung treffen eher Entscheidungen im Sinne der Eltern, sehen die Heirat eher als Zeichen der Liebe, und Kinder sind ihnen viel wichtiger als Menschen ohne Migrationserfahrung und Menschen mit familiärer Migrationserfahrung. Das Herauslösen aus traditionellen Zusammenhängen liegt ihnen fern. Familie, Liebe und Partnerschaft sind für sie eine feste Größe in einem Leben, das meist große Veränderungen erfahren hat. Und mit besonderem Nachdruck geben sie ihre Einstellungen auch an die kommenden Generationen weiter. Ihr Vermächtnis unterscheidet sich deutlich von allen anderen Gruppen.

Fassen wir zusammen: Die Menschen mit eigener Migrationserfahrung haben teilweise deutlich andere Einstellungen als die Mehrheitsgesellschaft. Die meisten Unterschiede verschwinden aber im Vermächtnis. Menschen mit eigener Migrationserfahrung scheinen damit einen Weg zu gehen, der jenem der Menschen mit familiärer Migrationserfahrung entspricht. Denn diese teilen in unserer Vermächtnisstudie ähnliche Meinungen und Werte wie die Menschen ohne Migrationserfahrung, was durchaus auch daran liegt, das wir Alter, Bildung, Geschlecht und viele andere Merkmale mit in den Blick genommen und herausgerechnet haben. Was bleibt, sind Unterschiede, die wir bereits von anderen Gruppen kennen: Sozialer Aufstieg ist Menschen mit eigener Migrationserfahrung wichtiger als anderen Gruppen, ebenso das Aussehen und die Nähe zu den Eltern. Hinzu kommt die Religion. Wir sehen Spuren des Abschiednehmens und des Neuankommens.

Blicken wir auf die Zukunft, die Migranten tatsächlich erwarten. In dieser dritten Erhebungsdimension haben wir in den vorangegangenen Kapiteln nur wenige Unterschiede gesehen. Das ist hier völlig anders. Dabei zeigen sich zwei klare Muster:

Bei Familie, Partnerschaft und Religion bleiben deutliche Unterschiede zwischen Menschen mit eigener Migrationserfahrung und allen anderen bestehen, werden aber etwas kleiner. Diese Annäherung ist immer darauf zurückzuführen, dass Menschen mit eigener Migrationserfahrung ihre Einstellungen abschwächen und sich so auf die anderen Gruppen zubewegen. Man könnte fast von einer Entwicklung weg von der eigenen und hin zu einer neuen Kultur reden, von einem Prozess der Anpassung und des Ankommens. Zum anderen ergeben sich hier Unterschiede, die so nicht zu erwarten waren, und teilweise massive Einstellungswechsel aufseiten der Migranten bedeuten. Dies betrifft Bereiche, die wir im Allgemeinen als Teil eines guten Lebens umschreiben: das Leben genießen, auf gutes Essen und die Gesundheit achten, gemeinsame Mahlzeiten mit der Familie einnehmen, die Wohnung als Ort der Beständigkeit schätzen, das eigene Aussehen nicht allzu wichtig nehmen, informiert sein über Politik und Kultur. Wir wissen: Genau diese Aspekte sind den Menschen in Deutschland heute und in ihrem Vermächtnis besonders wichtig, und genau hier sehen wir bei ihnen die dicken Fragezeichen hinsichtlich der erwarteten Zukunft. Diese Fragezeichen setzen Menschen mit eigener Migrationserfahrung viel weniger. Sie zeichnen ein freundlicheres und optimistischeres Bild vom zukünftigen Deutschland als alle anderen Gruppen. Es scheint fast, als würden sie einer Zukunft entgegensehen, die sie heute bereits bei den Menschen in Deutschland wahrnehmen.

Diese Ergebnisse sind keine künstlichen statistischen Durchschnitte, zusammengesetzt aus den drei Erhebungsdimensionen. Die hoffnungsvolle Einstellung der Migranten zeigt sich auch, wenn wir ihre individuellen Antworten über das Heute, das Vermächtnis und die erwartete Zukunft verfolgen. Sie gehören ganz überwiegend zu jenen 10 Prozent unserer

Befragten, die eine positive Vision von der Zukunft entwickeln und weder dunkle Wolken noch Unsicherheit aufziehen sehen. In dieser Zuversicht ähneln sie nur den Menschen mit Kindern.

Diese Ergebnisse haben uns viel gelehrt. Die Motivation der Menschen mit eigener Migrationserfahrung ist da. Sie sind leistungsorientiert, wollen aufsteigen. »Sozialschmarotzer« sehen wir hier nicht. Natürlich sind diese Menschen oft anders als jene, die keine Migrationserfahrung haben und meist auch nicht haben müssen. Doch allein der Befund, dass Menschen mit familiärer Migrationserfahrung sich nicht von Menschen ohne Migrationserfahrung bei allen hier erhobenen Fragen unterscheiden, zeigt doch, wie sehr sie sich einfinden können in eine Gesellschaft, solange diese offen ist und plurale Werte vertritt.

IV.
DAS LAND, IN DEM WIR LEBEN WOLLEN

1.
Die Veränderungen zwischen 2015 und 2016: Wir können gestalten

Die Gesellschaft für deutsche Sprache erstellt jährlich eine Liste von Wörtern, welche rückblickend die Ereignisse des Jahres in besonderer Weise zusammenfasst. 2013 war GroKo das Wort des Jahres, gefolgt von Protz-Bischof und Armutseinwanderung. Das Jahr 2014 stand für Lichtgrenze, schwarze Null und Götzseidank. Das alles scheint ewig her zu sein. Als wir die Vermächtnisstudie 2015 erhoben hatten, wurden von der Jury die Wörter Flüchtlinge, Je suis Charlie und Grexit gewählt. Welch ein Bruch. Und so ging es weiter. Die Wörter des Jahres 2016 waren postfaktisch, Brexit und Silvesternacht.

Die gesellschaftlichen und politischen Ereignisse im Jahr 2016 haben uns alle sehr beschäftigt und berührt. Wie weggewischt sind die Willkommensbilder vom Münchener Hauptbahnhof von Anfang September 2015. Stattdessen erleben wir im politischen Diskurs ein ewiges Gehacke um das »Wir schaffen das« der Bundeskanzlerin, um Obergrenzen und Restriktionen für Geflohene. Die Galgenattrappen für Merkel und Gabriel zum einjährigen Bestehen von Pegida haben uns erschüttert, noch mehr der Terror im eigenen Land. Die Wahlerfolge der AfD bei gleich fünf Landtagswahlen 2016 haben uns überrascht, und der Brexit hat uns ebenso unerwartet getroffen wie die Ernennung von Donald Trump zum Kandidaten der Republikaner für das amerikanische Präsidentenamt.

Bei den Auswertungen der Vermächtnisstudie haben wir daher immer wieder überlegt: Hätten die Befragten auch heute so geantwortet? Gelten die Ergebnisse überhaupt noch für das Jahr 2016? Oder sind sie nach nur wenigen Monaten schon ein Teil der deutschen Sozialgeschichte? Relativ schnell und früher als geplant haben wir uns daher dazu entschlossen, eine kurze Wiederholungsbefragung durchzuführen. Sie fand ein knappes Jahr nach der ersten Erhebung statt, von Mitte Juni bis Mitte August 2016. Inhaltliche Fragen standen im Vordergrund. Haben sich die Einstellungen der Menschen in Deutschland verändert? Und wenn ja, sind davon alle drei Fragedimensionen, das Hier und Jetzt, das Vermächtnis und die erwartete Zukunft, betroffen? Ergeben sich andere Verlaufsmuster? Verschieben sich die Unterschiede zwischen den sozialstrukturellen Gruppen?

Die Wiederholungsbefragung war uns auch aus methodischen Gründen wichtig. Wir wollten wissen, ob sich nach so kurzer Zeit Bewegungen bei den Einstellungen und Verlaufsmustern einzelner Gruppen zeigen, über alle Befragten hinweg die Muster des Dreiklangs von Heute, Vermächtnis und erwarteter Zukunft jedoch kaum abweichen. Und trotz aller Veränderungen sollte ein weiteres Hauptergebnis der Studie Bestand haben: Auch wenn die Einstellungen der Menschen im Hier und Heute sehr verschieden sind, sollte das Vermächtnis der Menschen weiterhin enger beieinanderliegen. Für die Validität der Studie wäre es ein gutes Zeichen, sollte sich dieses Ergebnis in der Wiederholungsbefragung erneut einstellen.

Die Wiederholungsstudie musste aus vielen Gründen viel kürzer als die Erhebung 2015 ausfallen. Die finanziellen Ressourcen fehlten und die Zeit drängte. Wir wollten die Wiederholungsstudie so schnell wie möglich angehen. Daher entschieden wir uns für Telefoninterviews und Online-Befragungen, die, wenn sie klappen sollen, klaren Zeitbegrenzungen unterliegen. Letztlich wählten wir nur drei Fragen aus, die in dem

Dreiklang von Hier und Jetzt, Vermächtnis und erwarteter Zukunft erhoben wurden: die Wichtigkeit von Zugehörigkeit, die Wichtigkeit, sich über aktuelle Entwicklungen in Politik und Kultur zu informieren, und die Wichtigkeit, etwas Neues zu beginnen. Mit der nochmaligen Erhebung genau dieser Fragen wollten wir untersuchen, inwieweit aktuelle Diskurse zu massiven Verschiebungen führen und wie sich diese gestalten.

Hinzu kamen wenige neue Fragen. Diese sollten uns helfen, die in der ersten Befragung erzielten Ergebnisse besser zu verstehen: Warum sehen die Menschen ihr Vermächtnis selten in der Zukunft verwirklicht? Warum kommt so vieles ganz anders, als sie wollen? Um das zu erfahren, ermittelten wir die Gründe, die zu dem Unterschied zwischen Vermächtnis und erwarteter Zukunft geführt haben. Zudem nutzten wir die Wiederholungsbefragung auch dazu, bestimmte Bereiche zu thematisieren, die wir in der ersten Erhebung nicht berücksichtigen konnten. Hierbei geht es um Geflohene, um Datennutzung und Parteipräferenzen. Da dies keine Wiederholungsfragen sind, werden wir die Ergebnisse hier nicht berichten und nur auf die entsprechenden Publikationen verweisen. Aufgenommen haben wir aber den Beitrag von Jacob Steinwede über die Einstellungen der Menschen zur Datensicherheit (siehe Artikel 5).[1]

Dieses Buchkapitel konzentriert sich auf folgende drei Vermächtnisfragen: Zugehörigkeit, Information und Neues beginnen. Wir haben sie denselben Menschen nach etwa elf Monaten ein zweites Mal gestellt. Ergänzt werden die Ausführungen durch Hinweise, warum die Menschen in Deutschland eine andere Zukunft erwarten, als sie sich wünschen. Doch zunächst erläutern wir kurz die Datengrundlage dieser Wiederholungsstudie.

Rahmendaten zur Wiederholungsbefragung 2016

Bei der ersten Erhebung im Sommer und Herbst 2015 haben wir 3104 zufällig ausgewählte Personen im Alter zwischen 14 und 80 Jahren befragt. Von diesen waren 2728 Personen (88 Prozent) damit einverstanden, dass wir ihre Adressen speichern, um sie nochmals anschreiben zu können. Die sogenannte Panelbereitschaft war damit außerordentlich hoch, was für die Vermächtnisstudie spricht.

Für die Wiederholungsbefragung haben wir diese Personen erneut kontaktiert. Eingesetzt wurden vor allem Telefoninterviews. Lag uns die Telefonnummer nicht vor, führten wir eine Online-Befragung durch. Letztlich wurden 1061 Personen telefonisch interviewt (77 Prozent), 308 Personen nahmen an der Online-Befragung teil (23 Prozent).[2] Realisieren konnten wir somit 1369 vollständige Interviews.[3] Da wir uns mit den Menschen dieses Mal nicht persönlich getroffen haben, konnten wir keine Sinnesreize erheben. Dies ist bei einer umfangreichen Wiederholungsbefragung im Jahr 2018 geplant.

Sozialer Zusammenhalt: Stabilität oder Veränderung?

In den Jahren 2015 und 2016 wurde das Wir-Gefühl, unser Maß für sozialen Zusammenhalt und Zugehörigkeit, von allen Seiten der Gesellschaft vereinnahmt, von Europäern wie von Nationalisten, von Kosmopoliten wie von Rechtspopulisten. In Deutschland, in Europa, weltweit. Immer ging und geht es um das »Wir und die anderen«. Besonders laut tönen dabei die Stimmen, die in den »anderen« vorrangig die Fremden sehen, jene, die angeblich unsere Werte zerstören und auf unsere Kosten leben. Ändert dieser ausgrenzende und zutiefst stereotypisierende Diskurs die Befindlichkeiten und Einstellungen der Menschen mit eigener und familiärer Migrationserfahrung?

Jener also, die auch einmal zur Gruppe »der anderen« gehörten oder noch immer gehören?

Werfen wir einen Blick zurück auf die Befragung 2015. Damals hatten die Menschen auf die Frage, wie wichtig ihnen ein Wir-Gefühl ist, so geantwortet, dass sich im Verlauf das Muster der antizipierten Erosion zeigte (siehe Innenklappen): sehr hohe Werte im Hier und Heute (81 Prozent Zustimmung), sehr hohe Werte im Vermächtnis (85 Prozent Zustimmung) und ein extremer Abfall in dem, womit man in der Zukunft rechnet (23 Prozent Zustimmung).[4] Abweichungen zwischen den sozialstrukturellen Gruppen ergaben sich nur wenige. Im Hier und Heute betonten insbesondere Frauen die Bedeutung eines Wir-Gefühls, ebenso Eltern. Im Vermächtnis waren bis auf den Geschlechtereffekt alle Unterschiede verschwunden. Für die Zukunft erwarteten die 14- bis 35-Jährigen stärker als die Menschen über 65 Jahre, dass ein Wir-Gefühl tatsächlich wichtig sein wird.

Als wir dann die Ergebnisse der Befragung 2016 auswerteten,[5] mussten wir feststellen, dass den Menschen ein Wir-Gefühl nun weniger wichtig ist – allerdings gilt dies fast ausschließlich im Hier und Jetzt.[6] Die Zustimmung sinkt auf 74 Prozent, ein statistisch signifikanter Rückgang von 7 Prozentpunkten. Im Vermächtnis liegen die Werte mit 81 Prozent fast gleichauf zu denen von 2015, ebenso in der erwarteten Zukunft mit 25 Prozent. Die Unterschiede zwischen den Gruppen bleiben bestehen.[7] Frauen und Eltern messen auch 2016 einem Wir-Gefühl im Hier und Jetzt eine wesentlich größere Bedeutung bei als Männer und Menschen ohne Kinder. Hinzu kommt ein weiterer deutlicher Effekt: Menschen, die nicht erwerbstätig sind, ist ein Wir-Gefühl sehr viel wichtiger als erwerbstätigen Menschen. Dies liegt auch daran, dass erwerbstätige Menschen das Miteinander täglich erfahren, die Nichterwerbstätigen dies aber missen. Diese Interpretation wird durch das Vermächtnis gestützt. Hier verschwinden diese Unterschiede wieder mit Ausnahme des Geschlechtereffekts. Frauen empfehlen ein Wir-Gefühl nach wie vor eindringlicher als Männer. Bei der erwarteten Zukunft ist der Optimismus der jungen Menschen verflogen, und auch die Erwerbstätigkeit macht keinen Unterschied mehr. Zudem rechnen Frauen zukünftig mit einem geringeren Wir-Gefühl als Männer. Die Ergebnisse der beiden Erhebungen ähneln sich also sehr. Auch 2016 liegen die Antworten im Hier und Jetzt weiter auseinander als im Vermächtnis und in der erwarteten Zukunft.

Zu erkunden bleibt der deutliche Abfall im Hier und Jetzt um 7 Prozentpunkte. Auf welche Gruppen ist dieser Rückgang zurückzuführen? Um dies herauszufinden, müssen wir untersuchen, bei welchen sozialstrukturellen Gruppen nach Kontrolle anderer Merkmale die Zustimmung zum Wir-Gefühl am stärksten sinkt.[8] Die Antwort ist deutlich: Es sind Menschen mit eigener Migrationserfahrung. Bei dieser Gruppe verschiebt sich das Muster der antizipierten Erosion hin zu einem Muster der Kapitulation: Man wünscht sich von den kommenden Generationen, dass das Wir-Gefühl einen höheren Stellenwert hat als im eigenen Leben, erwartet aber, dass es ganz anders kommen wird. Das Muster gleicht einem Spitzdach.

Der Diskurs über die Fremden berührt also auch jene »Fremden«, die schon längst unter uns und als Nachbarn, Freunde und Arbeitskollegen oft keine Fremden mehr sind. Sie fühlen sich angesprochen und ausgegrenzt. Auf ihrer neuen CD »Gleisdreieck: Lieder aus der Heimat« umschreibt die Berliner Sängerin Joy Maureen Denalane dieses Gefühl: »Ich traf heute Freunde, und sie sprachen über mich/Ich glaub', sie merkten es nicht/Und die leisen Satzgewalten und die Worte brachten mich aus meinem Gleichgewicht/Und Du hast mich immer bewahrt, hast mich vor diesem Blick gewarnt, doch ich merkte es nicht.« Diese und ähnliche Gedanken dürften auch unseren Befragten durch den Kopf gehen. Sie sehen, wie zweischneidig das Wir-Gefühl sein kann, erfahren die hässliche Variante, die sie ausschließt, und reagieren auf ihre Weise: Sie ziehen sich zurück, erklären die Zugehörigkeit für nicht mehr so wichtig und schützen sich dadurch, so gut sie können. Die Theorie sozialer Identität stützt diesen Ansatz: Migrantinnen und Migranten spüren die Ablehnung durch die Mehrheitsgesellschaft, sie fühlen sich weniger zugehörig und messen dem Wir-Gefühl eine geringere Wichtigkeit bei. Dies bestätigen auch andere empirische Untersuchungen. Die wahrgenommene Akzeptanz oder Abwehr der Mehrheitsgesellschaft beeinflusst das Gefühl sozialer Zugehörigkeit von Menschen mit Migrationserfahrung.[9]

Wie wir gesehen haben, gehen viele Menschen davon aus, dass sich ihr Vermächtnis in der Zukunft nicht umsetzen wird. Das Wir-Gefühl sollte also sehr wichtig sein, man erwartet aber, dass es weit weniger wichtig sein wird. Wie auch bei der ersten Untersuchung liegt dieser Rückgang bei 62 Prozentpunkten. Und wieder wählen die Menschen nun die Skalenmitte. Während wir bei der ersten Untersuchung aber über die Gründe spekulieren mussten, können wir nun dank unserer neuen Fragen klare Aussagen treffen.

Zunächst ist es wichtig festzuhalten, dass nicht alle Befragten mit diesem Rückgang des Wir-Gefühls rechnen. 25 Prozent der Befragten sind überzeugt, dass sich ihr Vermächtnis in der Zukunft erfüllt. Sie sind zuversichtlich. Die weitaus größere Gruppe, es sind 75 Prozent der Befragten, geht aber davon aus, dass sich ihr Vermächtnis in der Zukunft nicht verwirklichen wird, also das Wir-Gefühl zukünftig weniger wichtig sein wird, als sie es sich wünschen. Sie sind nicht pessimistisch eingestellt, zeigen sich aber unsicher und unentschieden. Wir baten nun die Mitglieder beider Gruppen, ihre Einschätzung zu begründen. Zur Auswahl standen vier mögliche Ursachen, wobei man durchaus mehreren zustimmen konnte.[10]

Die große Mehrheit der skeptisch in die Zukunft blickenden Menschen, über 70 Prozent, verweist auf die Auswirkungen des technischen Fortschritts. Das Wir-Gefühl würde den Menschen in Zukunft weniger wichtig sein, »weil die Menschen immer mehr über das Internet und soziale Netzwerke kommunizieren werden«. Sie gehen also davon aus, dass die Kommunikation mithilfe sozialer Medien einem Wir-Gefühl abträglich ist, obwohl Menschen durchaus auch über das Internet Bezugsgruppen finden. Interessant ist, dass diese Begründung besonders von 36- bis 50-Jährigen gewählt wird, eine Altersgruppe, die zur ersten Generation der »Digital Immigrants« gehört. Sie haben im Alltag Kontakt mit den sozialen Medien, nutzen diese im Vergleich zu älteren Menschen auch relativ viel, sind aber noch in einer anderen »Sprache« groß geworden als die jüngeren »Digital Natives«.

Weiterhin rechnet fast die Hälfte der eher skeptischen Menschen mit der Zunahme sozialer Ungleichheit. Sie erwarten, »dass die Unterschiede zwischen den Menschen immer größer werden«. Ein Drittel nimmt an, »dass man in Zukunft auch als Einzelkämpfer bestehen kann«. Hinzu kommen fast 20 Prozent, die meinen, »dass es sich nicht mehr lohnen wird, Teil einer Gruppe zu sein«. Sehr heftig wird gerade diese Begründung von jenen abgelehnt, die erwerbstätig sind. Sie erleben tagtäglich die Zugehörigkeit zu einer Gruppe und den Wert von direktem Austausch und sozialen Kontakten. Für sie ist Nähe nicht durch soziale Medien ersetzbar.

Und welche Begründungen wählen die 25 Prozent der Befragten, die zuversichtlich in die Zukunft schauen und sich sicher sind, dass sich ihr Vermächtnis realisieren wird? Knappe

70 Prozent von ihnen erklären ihre Entscheidung jeweils damit, dass es »Vorteile bringt, Teil einer Gruppe zu sein«, und dass »die Menschen in Deutschland wegen der vielen Krisen in der Welt immer mehr zusammenhalten müssen«. Gut die Hälfte von ihnen ist überzeugt, dass »ein Wir-Gefühl einfach in der Natur des Menschen liegt«. Interessant ist auch, dass fast die Hälfte angibt, »dass die Möglichkeit, über das Internet und soziale Netzwerke in Kontakt zu bleiben, gut für den sozialen Zusammenhalt ist«. Die technischen Entwicklungen werden also positiv und negativ beurteilt, je nachdem, welcher Gruppe man angehört. Erwerbstätige und Menschen im Alter zwischen 36 und 50 Jahren, die mit einem sinkenden Wir-Gefühl in der Zukunft rechnen, meinen, dass sich das Internet und die sozialen Medien eher negativ auf das Wir-Gefühl auswirken werden, Menschen zwischen 14 und 35 Jahren, die zuversichtlich auf das Wir-Gefühl in der Zukunft blicken, dagegen eher positiv.

Das Interesse an Politik und Kultur

Der steile Aufstieg der AfD, das Referendum zum Austritt Großbritanniens aus der EU, der Putsch-Versuch in der Türkei im Juli 2016 und die darauffolgenden Maßnahmen gegen Staatsbedienstete und die Zivilgesellschaft, der harte und schmutzige Wahlkampf in den USA, das Ringen um die Demokratie – all das konnte zumindest eines bewirken: die Mobilisierung von zuvor politikverdrossenen Menschen. Demonstrationen und Gegendemonstrationen häufen sich, die Wahlbeteiligung steigt maßgeblich, die Mitgliederzahlen der Parteien nehmen zu. Erste Anzeichen waren bereits 2016 zu sehen. Wir wollen daher der Frage, wie sehr sich die Menschen für Politik und Kultur interessieren, ein zweites Mal nachgehen.

Bei der Erhebung 2015 entsprach das Muster über den Dreischritt hinweg einem klaren Kapitulationsverlauf. Es werden Ziele formuliert, die man selbst nicht lebt und von denen man auch nicht erwartet, dass sie in der Zukunft umgesetzt werden. Bei der Erhebung 2015 geben 66 Prozent der Befragten an, dass ihnen Informationen über Politik und Kultur sehr wichtig sind (Mittelwert 2,3). Gefragt, was sie den kommenden Generationen vermachen möchten, steigt der Wert auf 81 Prozent (Mittelwert 1,9). Der harte Bruch erfolgt wiederum bei der erwarteten Zukunft. Die Zustimmung fällt auf 20 Prozent (Mittelwert 3,6). Dies gilt allerdings nicht für alle Befragten: So hat sich gezeigt, dass es Menschen über 50 Jahre selbst sehr wichtig ist, über Politik und Kultur informiert zu sein, und sie dies genauso den kommenden Generationen empfehlen (jeweils rund 80 Prozent), in Zukunft aber wie alle anderen auch mit einem Bedeutungsverlust rechnen. Dieses Muster haben wir antizipierte Erosion genannt. Ganz anders die jungen Menschen unter 36 Jahren. Sie sehen zwar einen Wert darin, über Politik und Kultur informiert zu sein – über 80 Prozent formulieren diesen Wunsch in ihrem Vermächtnis. Hier und heute gilt das für sie aber weit weniger. Nur 40 Prozent der jungen Menschen erklären, dass ihnen Informationen über Politik und Kultur wichtig sind, und sie erwarten dies noch weniger in der Zukunft. Es ergibt sich also wieder ein Kapitulationsverlauf, wobei er in dieser Gruppe besonders ausgeprägt ist.

2016 bleibt das Muster der Kapitulation zwar bestehen, allerdings flacht die Linie ab, sie ist weniger spitz. Diese Veränderung geht darauf zurück, dass die Wichtigkeit im Hier und Heute und in der erwarteten Zukunft zugenommen hat, während sie im Vermächtnis relativ stabil blieb. Die Zustimmung steigt im Hier und Jetzt im Vergleich zu 2015 um 8 Prozentpunkte auf 48 Prozent (Mittelwert 2,1). Auch 2016 sind die

Menschen zwischen 14 und 35 Jahren signifikant weniger an Informationen über Politik und Kultur interessiert, allerdings ist der Abstand zu den Älteren sehr deutlich geschrumpft. Beim Vermächtnis hingegen werden die Gruppen noch ähnlicher, als sie 2015 bereits waren. Und auch für die Zukunft rechnen die Menschen mit einem zunehmenden Interesse an Informationen: 27 Prozent (Mittelwert 3,2) bejahen dies ausdrücklich, ein Anstieg von 7 Prozentpunkten. Zudem erwarten Menschen mit eigener Migrationserfahrung stärker als Menschen ohne Migrationserfahrung, dass Informationen in der Zukunft an Bedeutung gewinnen werden.

Welche Gruppen haben besonders dazu beigetragen, dass sich das Muster der Kapitulation ändert, die Spitze abflacht? Beim Hier und Heute sind es die Menschen zwischen 14 und 50 Jahren. Ihr Interesse steigt zwischen 2015 und 2016 um durchschnittlich 15 Prozentpunkte. Damit reduzieren sich 2016 die Unterschiede zwischen den Altersgruppen erheblich. Ebenso bemerkenswert ist die Veränderung bei den Frauen. Sie ist so deutlich, dass sich die Lücke zu den Männern schließt. Fragen wir danach, was die Menschen in Zukunft erwarten, sind nun die Menschen zwischen 36 und 50 Jahren optimistischer als ältere Menschen. Sie korrigieren klar ihre negative Prognose.

Die veränderten Einstellungen von jüngeren Menschen und von Frauen innerhalb von nur einem Jahr bei sonst relativ stabilen Ergebnissen verblüffen in ihrer Deutlichkeit. Beide Gruppen scheinen durch die aktuellen gesellschaftlichen und politischen Entwicklungen einen Anstoß, einen Schups von außen erhalten zu haben. Plötzlich ist ihnen wichtig, was sie vormals zwar den kommenden Generationen aufgetragen, selbst aber nicht realisiert haben. Damit kippt das Muster wie zuvor schon bei Menschen mit eigener Migrationserfahrung, nur eben in eine vollständig andere Richtung. Bei Menschen mit eigener

Migrationserfahrung zeigte sich beim Wir-Gefühl ein Verlauf, der sich vom Muster der antizipierten Erosion hin zur Kapitulation verschob. Nun entwickelt sich bei der Information das Antwortverhalten der jüngeren Menschen und insbesondere der Frauen weg vom Muster Kapitulation, hin zur antizipierten Erosion. Die Menschen finden Informationen heute wichtiger und sind auch etwas weniger skeptisch für die Zukunft.

Womit wir wiederum bei der Frage sind, wie der erwartete niedrige Stellenwert von Informationen über Politik und Kultur in der Zukunft begründet wird. Fast 70 Prozent der Befragten gehen davon aus, dass Informiertheit in der Zukunft weniger wichtig sein wird, als es wünschenswert wäre. Sie erklären dies mit drei Argumenten. »Weil man vor der Komplexität der ganzen Dinge kapituliert«, sagt fast die Hälfte von ihnen. Die klassische Begründung für einen Kapitulationsverlauf, der von den Befragten auch so formuliert wird. Die zweite Antwort ist sehr ähnlich: »Man kann allemal nichts ändern«, meinen 31 Prozent, »da helfen auch Informationen nicht.« Die hohe Zustimmung zu einer zu großen Komplexität, bei vielen gepaart mit dem Gefühl, nichts ändern zu können, ist alarmierend und offenbart potenziellen Nährboden für einfache, populistische Antworten. Letztlich hören wir: »Weil der Mensch sich von Natur aus nur für sich selbst interessiert.« Akademisch Gebildete stimmen dieser Aussage weniger häufig zu. Sie haben aber auch ein ganz anderes Verhältnis zu Informationen, können diese vermutlich leichter einordnen und bewerten, sie sehen in ihnen daher mögliche Antworten und Lösungen.

Es gibt aber auch Menschen, die durchaus optimistisch in die Zukunft sehen und erwarten, dass sich ihr Vermächtnis realisieren wird. Diese Minderheit von 30 Prozent der Befragten betont drei Punkte: »Informationen helfen, das Leben in die eigene Hand zu nehmen«, und sie machen es leichter, »in einer globalisierten Welt zu bestehen«. Außerdem »lohnt es sich schlicht, mitreden zu können«. Jede der drei Aussagen wird von fast 60 Prozent der Optimisten unterstützt, unter ihnen insbesondere Eltern und Frauen.

Neues beginnen

Die Menschen in Deutschland wünschen sich Kontinuität und suchen Stabilität in den meisten Lebensbereichen. Ihre Einstellungen heute und das, was sie den kommenden Generationen mitgeben möchten, sind sich meist sehr ähnlich. Gleichermaßen sieht man viel Unsicherheit. Die Menschen wissen nicht, wie sich das Leben in Deutschland tatsächlich entwickeln wird, viele erwarten große gesellschaftliche Umbrüche.

Statt Kontinuität erleben die Menschen tagtäglich Wandel. Zu den anhaltenden Diskussionen um Geflohene, um die Sicherheit der Menschen, um Terrorgefahr und Angst, über die Krise vieler Demokratien, über Europa und die Situation in den USA gesellte sich ein immer lauter werdender Diskurs um die Arbeit 4.0 und die Folgen der Digitalisierung. Vom Ende der Arbeit ist die Rede. Gemeint ist das erwartete rasante Verschwinden von Arbeitsplätzen als Folge der technologischen Entwicklung und der Globalisierung. Maschinen kommunizieren direkt mit anderen Maschinen, die Industrie 4.0 steuert sich selbst. Die Digitalisierung wird schnell und grundlegend bekannte Muster unserer Erwerbsarbeit aufbrechen und umformen.[11] Der daraus abgeleitete Imperativ, Veränderungen in der Arbeitswelt aufgeschlossen gegenüberzustehen und sich doch bitte stets darauf vorzubereiten, erschreckt viele Menschen. Lebenslange Weiterbildung empfinden viele als Bedrohung.

Dieser Wunsch der Menschen nach Kontinuität und die Erfahrung schnellen gesellschaftlichen Wandels haben uns dazu bewogen, nochmals zu erkunden, wie sehr die Menschen

Neuem aufgeschlossen gegenüberstehen. Hat sich ihre Offenheit für Veränderungen abgeschwächt oder gar ins Gegenteil verkehrt?

In der Erhebung 2015 wollten wir von den Befragten wissen: »Wie wichtig ist es Ihnen aus Ihrer gesamten Lebenserfahrung heraus, etwas ganz Neues zu beginnen?« Darauf antworteten in Bezug auf ihr eigenes Leben 46 Prozent mit den höchsten Zustimmungswerten (Mittelwert 2,9), im Vermächtnis stieg die Zustimmung auf 68 Prozent (Mittelwert 2,2), in der erwarteten Zukunft fiel sie dann auf 39 Prozent (Mittelwert 3,0).[12] Wiederum ergibt sich ein klassisches Muster der Kapitulation. Da uns das Vermächtnis auch immer etwas darüber verrät, was die Menschen selbst gerne täten, sehen wir auch ein gutes Stück Selbstkritik. Den kommenden Generationen empfehlen die Menschen, Neuem gegenüber aufgeschlossener zu sein, als sie es selbst sind. Das Muster ist also ähnlich jenem zur Wichtigkeit von politischer und kultureller Information.

In der Wiederholungsbefragung 2016 erhöht sich der Wert im Hier und Jetzt auf 52 Prozent (Mittelwert 2,7). Überraschend fällt aber die Zustimmung im Vermächtnis ab und liegt nun bei 57 Prozent (Mittelwert 2,4). Damit schmilzt der Unterschied zwischen der eigenen Wichtigkeit, offen für Neues zu sein, und dem, was man an die kommenden Generationen weitergeben möchte, von 22 Prozentpunkten im Jahr 2015 auf 5 Prozentpunkte 2016. In der erwarteten Zukunft antworten nun 30 Prozent bejahend (Mittelwert 3,1). Das Muster unseres Dreiklangs verschiebt sich somit deutlich von der Kapitulation hin zu einer antizipierten Erosion.[13] Man hält das Neue heute für durchaus wichtig und wichtiger als 2015, eine noch größere Offenheit muss und soll aber nicht mehr sein. Es reicht. Damit ähneln sich zwar auch in 2016 die Muster für die Wichtigkeit von Information und Neuem, die dahinterliegende Dynamik ist aber eine grundlegend andere. Bei der Information ändern die Menschen ihre Einstellungen heute. Bei der Aufgeschlossenheit gegenüber Neuem korrigieren die Menschen ihre Empfehlungen an die kommenden Generationen.

Welche Gruppen ändern nun ihr Vermächtnis? In der Befragung 2015 war es Menschen zwischen 14 und 35 Jahren sowie zwischen 51 und 65 Jahren wichtiger als jenen über 66 Jahre, Neues zu beginnen, ebenso Menschen mit eigener Migrationserfahrung. 2016 bleiben nur signifikante Abweichungen für die 51- bis 65-Jährigen und die Menschen mit eigener Migrationserfahrung bestehen. Neu hinzu kommt aber, dass erwerbstätige Menschen deutlich seltener als nicht erwerbstätige Menschen an die nachfolgenden Generationen weitergeben, sie mögen offen für Neues sein. Hiermit wird unsere Vermutung bestätigt, dass die vielen neuen Entwicklungen im Erwerbsleben von den Menschen zwar ein gutes Stück akzeptiert und begleitet werden. Allerdings empfehlen die Menschen, es zukünftig nicht zu übertreiben. Dies spiegelt durchaus auch die eigene Sehnsucht nach Stabilität. Weiterhin geht bei den Menschen, die auf dem Land leben, die Aufgeschlossenheit gegenüber Neuem deutlich zurück.

Außerdem verschwinden beim Vermächtnis die 2015 noch deutlichen Unterschiede zwischen den Altersgruppen. Allein die Menschen mit eigener und familiärer Migrationserfahrung zeigen noch eine größere Aufgeschlossenheit gegenüber Neuem. Bei diesen beiden Gruppen finden wir also jene Dynamik, die auch bei der Wichtigkeit von Informationen zu beobachten ist. Das Muster bewegt sich von der Kapitulation hin zur antizipierten Erosion, weil diese Menschen heute das Neue stärker begrüßen, an ihrem Vermächtnis aber festhalten.

Kommen wir abschließend zu der Frage, wie die Menschen den Schnitt zwischen ihrem Vermächtnis und der erwarteten

Zukunft erklären. Dank der Wiederholungsbefragung 2016 können wir diese nun beantworten. Zunächst sehen wir eine eher positive und damit fast ausgeglichene Verteilung: 53 Prozent der Befragten gehen davon aus, das sich ihr Vermächtnis in der Zukunft realisieren wird, 47 Prozent befürchten das Gegenteil. Was unterscheidet diese beiden Gruppen, und wie begründen die Menschen ihre Erwartungen?

Jene, die optimistisch in die Zukunft blicken, verweisen insbesondere auf die technische und gesellschaftliche Entwicklung. Jeweils 70 Prozent von ihnen sind überzeugt, dass ihre Empfehlung umgesetzt wird, »weil die Technik immer neue Möglichkeiten bietet« und »weil den Menschen aufgrund des gesellschaftlichen Wandels gar nichts anderes übrig bleiben wird«. Gleich, ob man sich über die neuen Möglichkeiten freut oder diese mangels Alternativen bewältigt – man geht davon aus, dass den Menschen in Zukunft der technologische Wandel wichtig sein wird. Jeweils um die 40 Prozent sind auch deshalb zuversichtlich, »weil es in der Natur des Menschen liegt, etwas Neues beginnen zu wollen« und »weil es sich für jeden Einzelnen lohnen wird«, aber auch »weil sich Menschen mehr zutrauen werden«. Dabei sind es insbesondere Menschen aus den neuen Bundesländern, die Chancen in der technologischen Entwicklung sehen und die erwarten, dass die Menschen auch in Zukunft der Technik gegenüber aufgeschlossen sein werden. Hier ließe sich spekulieren, dass dies auch mit der eigenen Erfahrung des Neuanfangens zu tun hat. »Es wird sich lohnen«, betonen ganz allgemein die Eltern.

Menschen, die eher skeptisch sind, dass ihr Vermächtnis verwirklicht wird, sehen wenig überraschend besonders die Gefahren der technologischen Entwicklung. Die Hälfte dieser Befragten rechnet damit, dass sich ihr Vermächtnis nicht umsetzen wird, »weil alles von der Technik übernommen wird«, und meint wahrscheinlich die drohenden Arbeitsplatzverluste. Auch hier zeigt sich ein sehr deutliches und nicht unerwartetes Profil. Insbesondere Bildungsarme verbinden mit der Digitalisierung große Ängste. Menschen mit Abitur, mit Hochschulabschluss oder in Ausbildung äußern nur selten diese Sorge.

Viele Befragte gehen auch davon aus, dass die Menschen nicht bereit sind für den Wandel. Jeweils um die 45 Prozent sagen, dass »die Welt sich so schnell ändert, dass Menschen lieber an Altbewährtem festhalten«, und dass »der Mensch von Natur aus an Altbewährtem festhält«. Sie vermuten, dass »die Menschen befürchten, neuen Aufgaben nicht gewachsen zu sein«. Aber nur sehr wenige sind der Ansicht, dass »es sich nicht lohnen wird«, etwas Neues zu beginnen.

Fassen wir zusammen: Was haben wir aus der Wiederholungsstudie gelernt? Der Dreiklang, das Ensemble von Heute, Vermächtnis und erwarteter Zukunft, hat sich bewährt. Im Durchschnitt aller Befragten bleiben die Muster stabil, und auch die Mittelwerte und Streuungen verändern sich relativ wenig. Wiederum ähnelt sich das Vermächtnis der Menschen viel stärker als ihre Einstellungen heute.

Die Studie erweist sich als guter Seismograf und ist in der Lage, wichtige gesellschaftliche Entwicklungen zeitnah abzubilden. Bei der Frage nach dem Gefühl der Zugehörigkeit zeigt sich, dass die Verschiebungen zwischen 2015 und 2016 weitgehend auf die Einstellungen der Menschen mit eigener Migrationserfahrung zurückgehen. Sie fühlen sich getroffen durch den ausgrenzenden Diskurs gegenüber den Fremden und reagieren darauf, indem sie sich zurückziehen. Wenn die Mehrheitsgesellschaft infrage stellt, dass diese Menschen, die teilweise schon Jahrzehnte in Deutschland leben, dazugehören, dann wenden sich diese ab und gehen ihrerseits auf Distanz. Für die Mehrheitsgesellschaft ist das eine Entwicklung, die sie zu beschäftigen hat. Das Ausgrenzen von bestimmten Gruppen fällt letztlich immer auf die ganze Gesellschaft zurück. Es beschädigt die Gemeinschaft und den solidarischen Zusammenhalt.

Auch bei der Wichtigkeit von Informationen haben wir die seismografische Eigenschaft der Vermächtnisstudie erfahren. Das Interesse an Informationen ist sehr deutlich gestiegen, und zwar klar aufgrund von Frauen und Menschen zwischen 14 und 35 Jahren. Es ist eingetreten, was wir vermutet haben: Das Muster der Kapitulation ist nicht in Stein gemeißelt. Impulse von außen werden gebraucht und zeigen Wirkung. Dass dafür allerdings unser pluralistisches, offenes und inklusives Verständnis von Gesellschaft erst massiv bedroht werden musste, ist ein wenig erfreulicher Tatbestand.

Der technologische Wandel und die damit einhergehenden Ängste der Menschen werden schließlich bei den Antworten auf die Frage sichtbar, wie offen man für Neues ist. Die Heftigkeit des Umbruchs beschäftigt alle Menschen in Deutschland. Dabei fallen Menschen im ländlichen Raum geradezu in eine Schockstarre und sind 2016 weit weniger aufgeschlossen für Neues, als dies noch 2015 der Fall war. Insbesondere aber verändert sich auch hier das Muster der Kapitulation. Die immer eindringlicher werdende Diskussion um die Auswirkungen des technologischen Wandels führt dazu, die Empfehlungen an die nachfolgenden Generationen zu dämpfen. Über alle Gruppen hinweg kommt es zu einem Stopp, zu der Warnung vor noch mehr Wandel. Sorgen um die Zukunft machen sich besonders die Bildungsarmen. Sie fühlen sich nicht gerüstet für die Arbeitsanforderungen von morgen. Eine Wahrnehmung, die nachzuvollziehen und wohl auch zutreffend ist. Auch hier muss man jetzt handeln, um die Menschen für das Morgen mit all seinen neuen Herausforderungen zu befähigen.

ARTIKEL 5

Die Privatsphäre wird obdachlos

VON JACOB STEINWEDE

Uneingeschränkte Teilhabe an Information und Kommunikation: So lautete Ende des 20. Jahrhunderts die positive Erwartung an das Internet. Dass man auf Schritt und Tritt an der eigenen Ausspähung mitwirkt – das ist die große Ernüchterung. In diesen Rahmen fügen sich auch Ergebnisse der Wiederholungsbefragung der Vermächtnisstudie ein. So geben die Befragten heute überwiegend an, dass sie darauf achten, welche Informationen sie im Internet von sich preisgeben. Und sie empfehlen den kommenden Generationen ausdrücklich, hier noch viel aufmerksamer zu sein. Aber sie blicken mit äußerster Skepsis in die Zukunft. Das, was wir heute die Privatsphäre nennen, werde verloren gehen.

Dahinter steht jener digitale Wandel, der als so umfassend wie unaufhaltsam wahrgenommen wird. Die Entwicklung gleicht einer umgreifenden kulturellen Veränderung, die mannigfaltige Aspekte des Alltagslebens erfasst. Der Zwang zur Preisgabe, das Teilen und die Weitergabe persönlicher Informationen werden – in Arbeit und Privatleben – für jeden Einzelnen immer stärker handlungsleitend. Befürchtungen von Datenmissbrauch, so die Vermächtnisstudie, sind stärker verbreitet als Erwartungen über mögliche Erleichterungen, die sich durch den digitalen Wandel einstellen. Viele Menschen fragen sich: Welche Bereiche unseres Lebens können wir vor der allgegenwärtigen Datenverarbeitung schützen? Wie können wir wenigstens ein Stück unserer informationellen Selbstbestimmung behaupten? Die Wiederholungsbefragung der Vermächtnisstudie zeigt die Einschätzungen unserer Befragten. Die Antworten fallen differenziert aus. Welche Aspekte treten dabei besonders hervor?

Verständnis und Nutzung von Daten: Beim Umgang mit Daten verhalten sich die Deutschen durchaus widersprüchlich. Denn obwohl sie recht genaue Vorstellungen davon haben, was schützenswert ist und was nicht, sind sie vergleichsweise freigiebig mit persönlichen Informationen – vor allem in

Freundschaftsbeziehungen und sozialen Netzwerken. Finanzielle und medizinische Informationen gelten den Deutschen indes als sensitiv, also als besonders schützenswert. Antworten der jüngeren und mittleren Altersgruppen zeigen zudem, welche neuen Kulturtechniken zur Wahrung digitaler Mündigkeit erlernt werden. So etwa der »Selbstdatenschutz«: Hierbei werden Pseudonyme oder Fantasiedaten eingesetzt, um die Informationspreisgabe zu kontrollieren. Datenschützer sprechen von Identitätsmanagement. Für viele junge Menschen ist dies fast selbstverständlich geworden.

Kalkül der Datenpreisgabe: Im Alltag wird das Abwägen von Kosten und Nutzen der Datenpreisgabe zum permanenten Kalkül. Zunehmend wollen die Menschen begründet und erklärt bekommen, warum eigene Daten preisgegeben werden sollen und was mit den Daten geschieht. Eine in der Vermächtnisstudie durchgeführte experimentelle Anordnung von Fragen und Antwortvorgaben zeigt Prioritäten, die bei solchen Abwägungen eine Rolle spielen können. Wo ein öffentlicher Nutzen erkannt wird, entscheiden sich die Menschen eher für die Weitergabe eigener Daten. Ebenso wenn staatliche Stellen oder Internetfirmen versichern, dass die Daten der Produktverbesserung dienen und nicht an Dritte weiterverkauft werden.

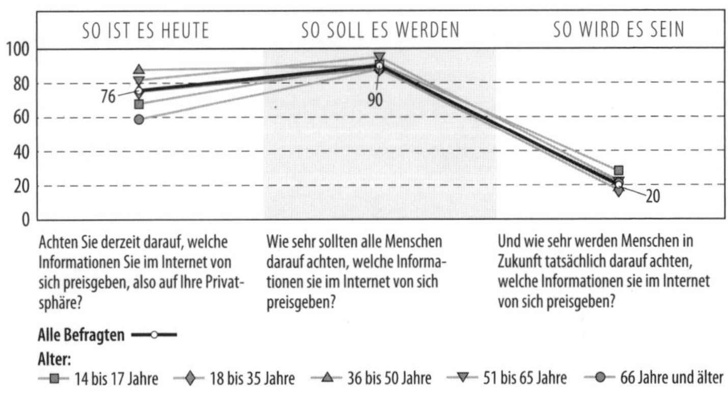

Basis: Ergebnisse der Wiederholungsbefragung 2016. Zustimmung (1,2) auf einer Skala von 1 = »sehr wichtig« bis 7 = »überhaupt nicht wichtig« in Prozent.

Abbildung 19. Bedeutungsverlust der Privatsphäre

In politisch-kultureller Hinsicht artikulieren die Deutschen im gegebenen Kontext ein positives Staatsverständnis. Öffentlichen Institutionen (inklusive der Sicherheitsorgane), die Daten verarbeiten, wird ein hohes Maß an Vertrauen entgegengebracht. Angesichts der historischen Erfahrungen mit staatlicher Überwachung ist dies bemerkenswert. Bei aller Skepsis gegenüber fremdbestimmter Datenverarbeitung im Allgemeinen sind es daher vornehmlich die großen amerikanischen Internetunternehmen, denen man mit Misstrauen begegnet. Eine echte Hoffnung auf die Politik – man denke an das viel beschworene modernisierte Datenschutzrecht – besteht indes nicht. Denn den Befunden der Vermächtnisstudie zufolge erwarten die Deutschen, dass auch der gesetzliche Datenschutz, der bereits heute den technischen Entwicklungen hinterherhinkt, in Zukunft weiter an Bedeutung verlieren wird.

2.
Das Vermächtnis und der gesellschaftliche Auftrag

Eine kleine grüne Erbse auf einem samtenen lila Kissen. Darüber schwebt ein mächtiger Mann, aufbrausend, verärgert, rot angelaufen. Seine Krone fällt zu Boden. Unter dem Bild die Zeile: »Aua, Aua, Aua. Die Deutschen leben besser als je zuvor, doch sie jammern immer lauter: Werden die Zeiten härter oder die Menschen empfindlicher?« Zeichnung und Zeile finden wir auf dem Titel einer überregionalen Zeitung, eine Wochenendausgabe Mitte 2016.[14] Leben die Menschen in Deutschland besser als je zuvor? Sicherlich. Zumindest wenn es *die* Menschen gibt und wir es als zulässig erachten, von den *durchschnittlichen* Deutschen zu reden. Die Daten sind eindeutig. Das Bildungsniveau, der Lebensstandard, die Lebenserwartung – im Durchschnitt sind alle Werte in den vergangenen Jahrzehnten gestiegen. Über die Verteilung, die soziale Gerechtigkeit, sagt das natürlich nichts. Jammern die Menschen? Hier fällt die Antwort schon schwerer: Was bedeutet es, wenn jemand jammert? Unzufriedenheit? Selbstmitleid? Oder echte Sorge? Wenn wir uns die Erbse anschauen, steht Jammern erst einmal für Überempfindlichkeit. Und im Gesamtbild, in der Draufsicht, mögen die Erbsen, die drückenden Sorgen, Ängste und Unzufriedenheiten übertrieben und winzig klein erscheinen, doch für jede und jeden Einzelnen sind sie real. Fühlt sich das Leben für die Menschen also trotz Wohlstand einfach miserabel an?[15]

Das Kissen, die Erbse und das Jammern zeigen, warum wir diese Untersuchung durchgeführt haben. Wir wollten die sozioökonomische Lage der Menschen, ihre Einstellungen und ihr Lebensgefühl kennenlernen. Wir wollten wissen, wie zufrieden oder unzufrieden Menschen mit ihrem Leben sind und in welchem Land sie leben wollen.

Wir haben dazu zwei Kunstgriffe angewandt: Wir ließen die Menschen zunächst in methodisch traditioneller Weise über ihr eigenes Leben berichten. Dann baten wir darum, sich selbst zu beurteilen. Auch das steckt hinter der Frage nach dem Vermächtnis. Lebt man so, wie man es der kommenden Generation empfiehlt, es also für gut und richtig hält? Dann setzten wir nach: Wie steht es um die Beziehung der Menschen zu ihrem Umfeld, den anderen? Fühlen sie sich als Teil der Gesellschaft, vielleicht sogar der Gemeinschaft? Oder stehen sie draußen, entfremdet, zurückgelassen und verärgert? Dies haben wir mit der Frage erhoben, was die Menschen tatsächlich in der Zukunft erwarten. Denn die Zukunft, das wissen wir, hat schon begonnen. Wir sehen sie in dem Leben der anderen. Im Vergleich blitzen unsere eigenen Empfindlichkeiten und Unsicherheiten hervor. Die Erbsen.

Ziehen wir Bilanz: Hat sich das methodische Vorgehen der Studie bewährt? Haben wir Ergebnisse gefunden, die neu sind und auf die sich aufbauen lässt? Meine Antwort ist ein klares Ja. In diesem Schlusskapitel erkläre ich, warum.

Allein die vielseitigen Angaben der Menschen zu ihrem Vermächtnis waren die Studie wert. Als wir die Untersuchung begannen, gab es bereits zahlreiche Berichte und Abhandlungen zum Leben der Menschen in Deutschland heute. Auch die Angst und Sorge um zukünftige Entwicklungen war bekannt. Völlig offen aber war der Zwischenschritt: Wollen die Menschen ihr Hier und Jetzt überhaupt weiterführen? Leben sie so, wie sie es den kommenden Generationen empfehlen? Dieser Zwischenschritt, das Vermächtnis, erwies sich als Kaleidoskop:

Es zeigt uns, was sich die Menschen wünschen. Vergleichen wir das Vermächtnis mit dem Leben der Menschen heute, sehen wir, mit welchen Facetten ihres *eigenen* Lebens die Menschen mehr oder weniger zufrieden und in welchen Bereichen sie mehr oder weniger selbstkritisch sind. Beziehen wir das Vermächtnis auf das, was die Menschen in Zukunft erwarten, sehen wir ganz persönliche Momente der Zuversicht oder Sorge. Nun drehen wir das Kaleidoskop. Die neue Anordnung erlaubt eine etwas andere Interpretation. Die Daten verraten nun, in welchen Bereichen die Menschen *gesellschaftlichen* Entwicklungen offen gegenüberstehen. Der Vergleich zwischen dem Vermächtnis und dem eigenen Leben ist das Maß für diese Dynamik. Wir lernen aber auch viel darüber, wie die Menschen ihre Umwelt heute verstehen. Ihre Erwartung, wie sich die Zukunft tatsächlich entwickeln wird, ist immer geprägt von der Projektion dessen, was man heute an anderen Menschen beobachtet. Bewegen wir das Kaleidoskop noch mal. Jetzt lernen wir, ob die Menschen über alle Unterschiede hinweg eine gemeinsam getragene Vision eines guten Lebens teilen. Diese muss sich nicht aus den gleichen Elementen zusammensetzen. Auch die Vision, in einer pluralen Gesellschaft leben zu wollen, kann die Menschen in Deutschland verbinden. Welche inhaltlichen Ergebnisse aus der Vermächtnisstudie sind wichtig? Ich gehe zunächst auf einige allgemeine Punkte ein und nehme dann aktuelle Diskurse aus der Sicht der Vermächtnisstudie auf.

Das Vermächtnis verbindet die Menschen. Die Menschen teilen über alle Unterschiede in ihrem sozialen und ethnischen Hintergrund, ihrer Bildung, ihrem Erwerbsstatus, ihrem Geschlecht und ihrer familiären Situation hinweg eine gemeinsame Vision dessen, wie das Leben und wie das Land, in dem sie leben wollen, aussehen sollte. Sie haben ähnliche Vorstellungen davon, wie Bildungschancen verteilt, der Sozialstaat organisiert sein und welche Rolle Technik in unserem Leben spielen sollte. Diese Erkenntnis können wir daraus ableiten, dass die Menschen in ihren Empfehlungen an die kommenden Generationen viel weniger voneinander abweichen als in ihren Einstellungen heute. Dies gilt für alle Lebensbereiche und bestätigt sich auch in der Wiederholungsbefragung 2016. Warum ist das wichtig? Viele Menschen fühlen sich heute zwar abgehängt, und die soziale Ungleichheit zwischen den Menschen ist zweifellos sehr groß. Dennoch sind sie in vielen Lebensbereichen durch gemeinsame Ideen einer guten Zukunft verbunden. Ein Beispiel: Bildungsarme und Bildungsreiche leben heute in getrennten Welten, sie verfolgen andere Interessen, arbeiten in verschiedenen Bereichen. Aber sie empfehlen den kommenden Generationen das Gleiche: Bildung und gute Arbeit. Auch die Einkommen und Sozialleistungen der beiden Gruppen unterscheiden sich deutlich. Beide stehen aber geschlossen hinter einem solidarischen Sozialstaat. Die einen haben sich nicht aufgegeben, die anderen koppeln sich nicht ab. Die Schranken sind nicht geschlossen, es gibt noch den gemeinsamen Weg.

Die Menschen in Deutschland sind offen für Reflexion und Selbstkritik. Vergleicht man die Einstellungen der Menschen heute mit dem, was sie den kommenden Generationen – und damit auch immer ein Stückchen sich selbst – empfehlen, so sieht man viel Zufriedenheit und ein »Weiter so«. Doch die Menschen verstehen es, abzuwägen. Keine einzige Person gibt über alle Bereiche hinweg das eigene Leben und die eigenen Einstellungen einfach weiter und klont sich gewissermaßen. Die Erbsen, die Störenfriede, drücken in jedem Leben. So weichen bei allen Fragen, die sich mit dem Lernen befassen, die Einstellungen heute und die Empfehlungen an die kommenden Generationen deutlich voneinander ab. Die Menschen wissen, sie sollten sich stärker dafür interessieren, die Technik und die

Möglichkeiten des Internets zu verstehen, sie sollten sich mehr über die Entwicklungen in Politik und Kultur informieren und überhaupt offen für Neues sein. All dies legen sie den kommenden Generationen nahe. Die Selbstkritik ist deutlich. Auch an der eigenen Selbstdisziplin. Man empfiehlt, mehr auf die Gesundheit zu achten, auf gesundes Essen, auf die Nahrungsmittelproduktion. Ebenso ist man sich bewusst, dass man die Haus- und Familienarbeit gerechter aufteilen sollte. Selbstkritisch kommentiert wird auch, dass man das (Liebes-)Leben zu sehr plant. Entscheidungen sollte man auch aus Liebe treffen, und ja, für die Kinder auch mal zurückstecken und Opfer bringen. Das sagen vor allem Männer. Das überrascht nicht, Frauen tun das heute schon. Eigentlich wollen die Menschen also viele Dinge verändern und verbessern. Aber sie belassen es dann doch bei der Empfehlung. Und sie rechnen damit, dass es in Zukunft schlechter wird. Wie gesagt: Die erwartete Zukunft ist eine Projektion dessen, was man an anderen heute beobachtet. Die Menschen verstehen, dass sie selbst vieles nicht gut handhaben, sind aber überzeugt, dass sie es immer noch besser machen als die anderen. Solange man diese Rechtfertigung heranzieht, wird sich nichts bewegen. Selbstreflexion ist sympathisch, aber sie allein reicht nicht aus. Es braucht den Impuls von außen.

Die Menschen in Deutschland sind keine Jammerlappen. Die Vermächtnisstudie belegt das an vielen Beispielen. Allein ihre Offenheit für Neues und ihre Fähigkeit zur Selbstreflexion zeigen, dass die Menschen nicht jammern, wenn die Welt sich verändert. Um im Bilde zu bleiben: Die Erbse wird eher verarbeitet, als dass man über sie flucht. Auch in dem, was die Menschen in Zukunft erwarten, sehen wir keine Hysterie. Es kommt nicht immer so, wie es sich die Menschen wünschen, aber es wird auch nicht ganz schlecht. Dieses Muster sehen wir sogar bei jenen, denen es heute nicht so gut geht. Von tiefer Resignation keine Spur. Eher signalisiert man, Hilfe zu brauchen, oder die prinzipielle Offenheit, einen neuen Weg zu gehen.

Die Menschen wissen, was sie wollen, und beurteilen die gesellschaftliche Dynamik bereichsspezifisch sehr unterschiedlich. Die Erwerbsarbeit ist den Menschen äußerst wichtig. In ihrem Vermächtnis formulieren fast alle den Wunsch, dass es auch so bleibt. Sie üben keine Kritik, fordern keine Ablösung, hinterfragen nicht. Aber die Menschen erwarten, dass sich die Arbeit zukünftig verändern wird. Weniger sicher und kalkulierbar wird sie sein, und weniger gut. Besitz ist den Menschen ebenfalls wichtig. Auch hier sind sich alle einig. Was man hat, soll in der Familie bleiben und vererbt werden, wortwörtlich. Und daran soll sich nichts ändern. In die Zukunft blickt man hier aber mit Zuversicht. Das Vermächtnis wird sich realisieren. Ganz anders bei der Familie. Die »Normalfamilie« ist nicht mehr das Maß der Dinge, vielfältige Modelle werden gelebt, und jedes wird von den jeweiligen Menschen so geschatzt, dass es auch der nachfolgenden Generation vermacht werden soll. Der Blick in die erwartete Zukunft zeigt dann auch keinen kollektiven Bruch wie bei der Erwerbsarbeit. Vielfalt und Pluralität dominieren. Und wie sieht es im Umgang mit der Technik aus? Die Menschen wissen, sie müssen sich bewegen, um mit der dynamischen Entwicklung Schritt zu halten. Sich schulen, sich anstrengen, sich interessieren. Ein »Mehr« wird vermacht. Doch die Technik wird sich schneller ausbreiten und stärker genutzt werden als von den Menschen gewünscht. Eine Überforderung zeichnet sich ab.

Politische und gesellschaftliche Rahmenbedingungen haben einen großen Einfluss auf die Einstellungen der Menschen. Sie befähigen oder isolieren, fördern oder bremsen. Das hat die Wiederholungsbefragung sehr deutlich gezeigt. Innerhalb kurzer

Zeit hat ein politischer Diskurs über die Fremden auch jene getroffen – und entfremdet –, die schon lange in Deutschland leben. Eine Ausgrenzung, ein Entziehen von Gemeinsamkeit ist zu beobachten. Andere Ereignisse haben, mehr oder weniger kausal, die Menschen offenbar befähigt, nun tatsächlich das zu leben, was sie bis dahin nur den anderen nahegelegt hatten. Ihnen ist die politische und kulturelle Information heute selbst sehr wichtig. Und auch ein Zuviel an Neuem ist zu erkennen. Die Menschen fühlen sich überfordert und ändern ihre Empfehlungen an die kommenden Generationen. In gewisser Weise haben wir dies bereits in der ersten Befragung kommen sehen. Man zeigte sich aufgeschlossen für neue Techniken, gab dies auch so weiter und zeichnete dann ein Bild von der erwarteten Zukunft, das ein Zuviel signalisierte. Schneller als gedacht hat diese Zukunft nun zu einer Veränderung des Vermächtnisses geführt, zu einem »Hab acht!«. Auch hier beweist die Vermächtnisstudie, dass ihr Dreiklang viel früh entdecken kann.

Einstellungen und Gefühle zeigen große Überschneidungen. Dieser Satz liest sich so selbstverständlich, in der Sozialforschung ist er das aber nicht. Zunehmend zweifelt man daran, dass die Menschen sagen, was sie denken und fühlen. In einem aufwändigen Verfahren konnten wir nun belegen, dass Sinnesreize und Einstellungsfragen zu sehr ähnlichen Ergebnissen führen, wenn es um die Einschätzung des Hier und Heute, um das Vermächtnis und um die erwartete Zukunft geht. Und mehr als das. Zumindest in Ansätzen ist es uns geglückt, über Sinnesreize soziale Lagen zu beschreiben, oder umgekehrt: soziale Lagen durch spezifische Oberflächen, Düfte und Rhythmen. Auch dieses Ergebnis ist neu, bestätigt den Aufbau unserer Studie und ist mir sehr wichtig.

So weit einige übergreifende Ergebnisse. Was hat die Vermächtnisstudie nun zu den aktuellen politischen und gesellschaftlichen Diskursen zu sagen? Kann sie die Politik informieren? Ich begrenze die Ausführungen auf den großen Bereich der sozialen Ungleichheit und schließe mit einigen zusammenfassenden Beobachtungen zur gesellschaftlichen Dynamik.

Die Erbse. Macht sie uns tatsächlich unzufrieden, das kleine grüne Ding? Aus der Politik, den Verbänden und der Wissenschaft hören wir oft ein überzeugtes Ja. Die Menschen wären wegen Nichtigkeiten unzufrieden und hätten keinen Grund zum Klagen. Ihnen gehe es gut, die meisten hätten genug zum Leben. Mehr noch: Im Vergleich zu vielen anderen Ländern lebten wir alle im Luxus. Ja, das ist richtig, keine Frage. Aber das muss uns doch vor allem eine Aufforderung sein, mehr für die armen Regionen der Welt zu tun, und kann nicht dafür herhalten, die Nöte und Ängste vieler Menschen in Deutschland zu relativieren. Wir alle wissen von uns selbst: Ungleichheit, und noch mehr das Gefühl der Ungerechtigkeit, ist ein relatives Konzept und bezieht sich auf den Vergleich des eigenen Lebensstandards mit der Einkommensverteilung im Land, mit der Situation von Kollegen, Nachbarn und Freunden. Wir vergleichen uns mit jenen, die wir kennen – sei es persönlich oder aus den Medien. Was aber vergleichen wir genau?

Die Menschen in Deutschland orientieren sich überwiegend an der Ergebnisgerechtigkeit. Die Vermächtnisstudie hat aufs Neue gezeigt, dass bei der Beurteilung sozialer (Un-)Gerechtigkeit die erbrachte Leistung eine zentrale Rolle spielt. Wer mehr leistet, soll auch mehr haben, da sind sich alle Befragten einig. Es ist das Konzept der Ergebnisgerechtigkeit. Das Äquivalenzprinzip lebt. Was nicht selbstverständlich ist. Und in gewisser Weise sehr hart. Denn beim Konzept der Ergebnisgerechtigkeit wird nicht berücksichtigt, dass die Menschen ganz unterschiedliche Zugangschancen zu wichtigen Ressourcen hatten. Betrachtet wird nur das Äquivalent von Leistung und Gegenleistung heute. Nun weiß man, dass Menschen aus sogenannten bildungsfernen Elternhäusern in Deutschland wesentlich geringere Chancen haben, Zugang zu guter Bildung und Ausbildung zu erhalten und entsprechend zu gut bezahlter Arbeit. Ein junger Mann aus einem bildungsfernen Elternhaus hat eine geringere Wahrscheinlichkeit, in einen gut bezahlten Job zu kommen, als ein junger Mann aus einem Akademikerhaushalt. Das gilt auch dann, wenn sie beide über gleiche Fähigkeiten verfügen.

Um diesen umfassenderen Gerechtigkeitsbegriff scheint es den Menschen in Deutschland aber weniger zu gehen. Oder ihnen ist der Zusammenhang nicht immer bewusst. Und dies auch deshalb, da es einflussreiche Politiker gibt, die das Problem verharmlosen, zumindest wenn sie über sich selbst sprechen. Hier hören wir nur Erfolgsgeschichten. »Ich komme aus kleinen Verhältnissen, trotzdem habe ich mit viel Fleiß und Motivation das Abitur gemacht.« Man muss also nur wollen, so die Botschaft. Die meisten aber schaffen es nicht, auch wenn sie wollen. Solche Menschen sitzen nicht im deutschen Parlament: Über 90 Prozent der Bundestagsabgeordneten sind Akademiker.

Diese Erfolgsgeschichten vernachlässigen das Prinzip der Chancengerechtigkeit und setzen allein auf die Ergebnisgerechtigkeit. Aber selbst dann, wenn es nur um Ergebnis und Äquivalenz geht, sehen die Menschen Probleme. Die Befragten weisen auf Missstände in drei Bereichen hin: die zu hohe Lohnspreizung, das Unterhöhlen der Äquivalenz durch zu niedrige Lohnersatzleistungen, insbesondere bei der Rente, und die Diskriminierung, also ungleicher Lohn für vergleichbare Arbeit. Das sind drei große Steinbrocken und keine kleinen Erbsen.

Zunächst ist *die Bandbreite der Vergütung von Leistungen zu hoch*. Leistung kennt ein natürliches Unten und Oben, die

Spreizung ist nicht endlos. Sprich: Eine Arbeitsstunde muss einen bestimmten Mindestbetrag wert sein, und dieser kann eine gewisse Höhe nicht überschreiten. Überhaupt nicht vermittelbar – und dem subjektiven Gerechtigkeitsempfinden maximal abträglich – sind Bonuszahlungen, die auch dann gewährt werden, wenn eine schlechte oder keine Leistung erbracht wurde. Was fordern die Befragten unserer Studie? Einerseits einen Mindestlohn und eine Mindestsicherung bei der Rente. Andererseits Obergrenzen für das erzielte Einkommen. Hier tut sich ein politischer Gestaltungsspielraum auf, sei es bei den Primäreinkommen oder bei ihrer steuerrechtlichen Behandlung.

Die Menschen beklagen, dass das Äquivalenzprinzip von innen ausgehöhlt wird, da die Lohnersatzquote zu niedrig ist. Sehr viele Rentnerinnen und Rentner bezeichnen sich als subjektiv arm, obgleich sie es rein statistisch gesehen nicht sind. Wir erinnern uns: Statistisch oder relativ arm sind 7 Prozent der Befragten über 65 Jahre, subjektiv arm fühlen sich 20 Prozent.[16] Trotz erbrachter Lebensleistung und Äquivalenzprinzip können sie ihren Lebensstandard im Alter nicht halten. Ein Prozess setzt ein, den ich früh an anderer Stelle als Entbiografisierung bezeichnet habe.[17] Im Ergebnis empfinden die Menschen den Bruch zur eigenen Lebensgeschichte hier ganz ähnlich wie jene, die nach längerer Arbeitslosigkeit statt einer zum Lohn proportionalen Leistung nur einen Pauschalbetrag erhalten. Das ist seit der Umstellung der Arbeitslosenhilfe auf ALG II der Fall. Nun kann man entgegnen, dass die gesetzliche Rente nur eine von drei Rentensäulen darstellt, verwiesen wird dann auf betriebliche und private Renten. Viele, deren gesetzliche Rente knapp über der statistischen Armutsgrenze liegt, können auf die anderen beiden Rentenformen aber nicht bauen, weil sie keinen finanziellen Spielraum zur Vorsorge hatten und haben oder weil sie in Organisationen ohne betriebliche Vorsorgeleistungen gearbeitet haben. Sie sehen den Staat in der Pflicht und wollen nicht auf den Finanzmarkt für zusätzliche Absicherungen verwiesen werden – eine Ansicht, die auch die große Mehrheit der Befragten teilt.

Auch Diskriminierung führt dazu, dass sich Menschen subjektiv arm fühlen. Es sind Menschen in den neuen Bundesländern, deren Löhne durchschnittlich geringer sind als die Löhne im Westen. Es sind Menschen mit eigener Migrationsgeschichte, von denen wir wissen, dass sie oft niedrigere Einkommen beziehen, auch weil ihre Qualifikationen nicht entsprechend anerkannt werden. Diskriminiert fühlen sich aber auch Frauen, die davon überzeugt sind, nicht ihrer Leistung entsprechend entlohnt zu werden.

Wie richtig diese Wahrnehmung ist, bestätigen alle offiziellen Statistiken. Bei allen drei Gruppen reicht die Diskriminierung dabei weit über jene der Menschen hinaus, die angeben, sich subjektiv diskriminiert zu fühlen.

Nur wenn man sich das Credo der Ergebnisgerechtigkeit vor Augen führt, kann man verstehen, warum es den Menschen in Deutschland so wichtig ist, ihren Besitz und ihr Vermögen zu vererben. Auch in ihren Erwartungen an die kommenden Generationen bleiben die Menschen bei diesem Wunsch. Sie verstehen ihren Besitz und ihr Vermögen als Teil ihrer Leistung. Diese wollen sie bedingungslos vererben, also auch an Menschen, die gegebenenfalls selbst nichts leisten. Die meisten Menschen erwarten damit von der Politik, dass gegen die Spreizung und an der gerechten Verteilung des Primäreinkommens gearbeitet wird, nicht aber an der Besteuerung von Besitz und Vermögen. Der Gestaltungsspielraum, der sich rund um die Primäreinkommen eher öffnet, scheint beim Vererben so nicht vorzuliegen. Dabei ist allerdings zu berücksichtigen, dass wir nicht explizit Aspekte der Besteuerung extrem hoher Besitz- und

Vermögensverhältnisse erhoben haben. Inwieweit es den Befragten bei ihren Antworten um die zunehmende Konzentration von Besitz und Vermögen geht, können wir nicht sagen. Politisch erscheint es allerdings wenig geraten, die Entwicklung ungebremst weiterlaufen zu lassen.

Die herausragende Bedeutung der eigenen Leistung wirft auch *Fragen hinsichtlich des derzeit immer stärker geforderten bedingungslosen Grundeinkommens* auf. Bedingungslos heißt, dass diesem Einkommen keine Leistung gegenüberzustehen hat – keine Erwerbsarbeit, keine Sorgearbeit, keine Weiterbildung, kein Ehrenamt. Es heißt auch, dass alle Menschen, unabhängig von ihrem Einkommen oder Vermögen, einen Anspruch auf diese Leistung hätten. Die soziale Ungleichheit würde damit nicht systematisch reduziert werden, die Einkommens- und Vermögensabstände zwischen den Menschen blieben mehr oder weniger gleich. Im Gegenteil, es steht zu befürchten, dass die Ungleichheit zunähme, da Bildungsarme zwar mit Geld alimentiert würden, aber wohl keine Arbeit erhielten, während jene mit guter Bildung neben dem Grundeinkommen gute Jobs mit guter Bezahlung fänden oder behielten. Da sich die statistische oder relative Armut am Durchschnitt aller Einkommen bemisst, ist es auch mehr als fraglich, ob die relative Armut sinken würde. Ähnliches gilt für die subjektiv empfundene Armut, die sich wohl eher erhöhen als verringern würde. Hinzu kommt ein weiteres dickes Fragezeichen am Konzept des bedingungslosen Grundeinkommens. Die Menschen wollen erwerbstätig sein. Wie die Vermächtnisstudie zeigt, würde die große Mehrheit auch dann arbeiten, wenn sie das Geld nicht bräuchte. Im Vermächtnis gibt man diese Einstellung mit größtem Nachdruck weiter, insbesondere die Frauen tun das. Ebenso empfehlen die Menschen in ihrem Vermächtnis, eher Konzessionen hinsichtlich der Arbeitsinhalte zu machen, als die Erwerbsarbeit an sich infrage zu stellen. Warum ist das so? Erwerbsarbeit steht für mehr als für Leistung und Einkommen. Es geht um ein Miteinander, um Zugehörigkeit, um Teilhabe, neue Erfahrungen und Selbstentfaltung. Erwerbsarbeit steht für ein Stück Leben außerhalb der Familie und der Räume, die häufig unterschiedliche soziale Kreise zusammenbringen.

Dieser Punkt ist meines Erachtens entscheidend und geht in seiner Bedeutung weit über die Erwerbsarbeit und deren Nutzen für die einzelnen Menschen hinaus. Über die Jahrzehnte haben wir viele solche Marktplätze, solche Orte der Begegnung, verloren. Die Bedeutung der traditionellen Religionen in Deutschland hat abgenommen. Damit entfällt das Miteinander in den Kirchen und Gemeinden, im Kommunions- und Konfirmationsunterricht. Mit dem privaten Pkw schottet man sich von der Welt ab. Schulen werden verstärkt zu einem Ort, an dem sich Kinder aus vergleichbaren sozialen Lagen treffen, sie sind segregiert. Gleiches gilt für Stadtteile. Aufgrund teilweise dramatisch gestiegener Mieten und hoher Immobilienpreise teilen Menschen unterschiedlicher Schichten zunehmend weniger eine gemeinsame Nachbarschaft. Damit entfallen weitere Orte der Begegnung. Zudem erledigen wir immer mehr Einkäufe im Internet. Die Waren kommen zu uns, wir nicht zu ihnen. Auch dadurch gehen menschliche Interaktionen verloren. Den Militärdienst haben wir abgeschafft und, noch einschneidender, den Zivildienst. Hier entfallen ebenfalls Schnittpunkte zu anderen gesellschaftlichen Kreisen. Zudem, und auch deswegen, formen sich Partnerschaften immer mehr unter Gleichen, selten schlagen sie Brücken über Bildungsgrenzen hinweg. Ich sehe nicht, wie wir den Menschen das für sie notwendige Miteinander und der Gesellschaft die Gemeinschaft erhalten können, wenn wir den Menschen systematisch Orte der Begegnung nehmen, auch jene, die sich oft durch die Erwerbsarbeit ergeben. Natürlich werden sich Menschen selbst organisieren, sich treffen und miteinander etwas unternehmen. Inwieweit dies aber über soziale und ethnische Schranken hinweg erfolgen wird, ist und bleibt die große Frage. Soziale Netzwerke werden hier wenig helfen, das zeigen sehr deutlich die Ergebnisse der Wiederholungsbefragung. Ein solches Experiment können wir uns ohne Vorwissen angesichts einer zunehmend pluralen und global vernetzten Welt, die auf ein Miteinander, das gegenseitige Kennen und Verstehen angewiesen ist, nicht leisten. Im Gegenteil. Wir sollten alles dafür tun, soziale Marktplätze aufzubauen: Ein verpflichtender Zivildienst als soziale Innovation wäre ein Weg von vielen. Eine Änderung der Wohnungsbau-, Immobilien- und Mietpolitik zwingend. In Kindergärten und Schulen ist dringend zu investieren, damit nicht bereits deren Ausstattung und Qualität zu einer weiteren Segregation unserer Kinder führt.

Die Ergebnisse der Vermächtnisstudie lassen sich dahingehend interpretieren, dass soziale Gerechtigkeit weniger durch ein bedingungsloses Grundeinkommen zu erreichen wäre. Vielmehr müsste man Beschäftigung fördern und die Verteilungsspanne in den Primäreinkommen verkleinern, also den Mindestlohn anheben und die sehr hohen Einkommen stärker begrenzen oder besteuern. Es müsste auf der einen Seite gewährleistet werden, dass der Mindestlohn flächendeckend gilt, also auch Menschen einschließt, die in neuen Beschäftigungsformen außerhalb des tarifgebundenen Bereichs arbeiten, wie etwa Crowd Worker. Es bedarf somit der Ausweitung der Tarifbindung auf arbeitnehmerähnliche Beschäftigungsformen, wie sie im Weißbuch des Bundesministeriums für Arbeit und Soziales und auch von der Kommission »Arbeit der Zukunft« gefordert wird.[18] Das Einkommenstransparenzgesetz wiederum kann helfen, den *Gender Pay Gap* und die damit verbundene Diskriminierung insbesondere von Frauen abzubauen, hinzukommen muss allerdings auch eine den Leistungen im Sorgesektor angemessene Bezahlung.[19] Weiterhin bestünde die Notwendigkeit, das rechnerische Rentenniveau von 48 Prozent anzuheben und so einer empfundenen Aushöhlung des Äquivalenzprinzips zu begegnen. Auf der anderen Seite der Einkommensverteilung wäre eine stärkere Progression in der Einkommensteuer mit höheren Spitzensteuersätzen oder einer Obergrenze für den steuerlichen Abzug wohl eher durchsetzbar als der von den meisten Befragten unterstützte Maxilohn. Ein deutliches Zeichen läge in einer freiwilligen Selbstverpflichtung der Unternehmen, die Lohnspanne innerhalb des eigenen Unternehmens zu begrenzen, etwa durch die Kopplung der Vorstandsgehälter an das durchschnittliche Einkommen der Beschäftigten. Dies gilt natürlich nur dann, wenn sie dabei anders vorgehen würden als bei der Festlegung der Anzahl von Frauen in Vorstandspositionen, wo mit der Null als Zielgröße der Status quo formuliert wurde.[20]

Um eine höhere Ergebnisgerechtigkeit zu erreichen, ist allerdings auch eine Stärkung der Zugangsgerechtigkeit unabdingbar. Die Vermächtnisstudie zeigt, dass die Einstellungen zum Leben in Deutschland heute insbesondere durch den Bildungsstand geprägt werden, und zwar in allen Lebensbereichen. Bildungsarme fühlen sich vor allem in Bezug auf ihr Einkommen, die Sicherheit ihres Arbeitsplatzes, den Einfluss der Technik, die Stabilität von Partnerschaften und Familien unsicher. Gleiches gilt für Menschen mit mittlerer oder gar höherer Bildung in Berufen, die sie durch den Wandel hin zur digitalen Gesellschaft für gefährdet halten. Maßnahmen gegen soziale Ungleichheit, auch im Empfinden von Unsicherheit, müssen daher gezielt Bildung, Ausbildung und Weiterbildung in den

Blick nehmen. Konkret müssen wir neben den bereits angesprochenen notwendigen Investitionen in unsere Schulen, einer Qualitätsoffensive und mehr Chancengerechtigkeit im frühkindlichen und schulischen Bereich verstärkt an die Weiterbildung denken.[21] Die Teilnahme an Weiterbildung unterscheidet sich sehr nach Bildungsniveau, Beruf und Betriebsgröße, ganz abgesehen von der Dauer und den Inhalten, die von der kurzen Auffrischung einer Fremdsprache bis hin zu einer kompletten Umschulung reichen.[22] Viele Beschäftigte in Routineberufen, in arbeitnehmerähnlichen Beschäftigungsverhältnissen der digitalen Ökonomie und Selbstständige haben keinen Zugang zu betrieblicher Weiterbildung.

Die gute Botschaft der Vermächtnisstudie ist jedoch, dass Menschen mit geringer Bildung durchaus motiviert sind, über (Weiter-)Bildung am Ball zu bleiben. Aufgegeben haben sie sich nicht. Lässt man sie allerdings allein, so verlieren sie über die Jahre das Vertrauen in ihre eigenen Fähigkeiten und empfinden die Aufforderung zu lebenslanger Bildung als Bedrohung und Zumutung. Jede Wissensgesellschaft muss daran gemessen werden, wie gut es ihr gelingt, eine Gemeinschaft zu bleiben und alle mitzunehmen. Eine Gemeinschaft lebt vom gegenseitigen Respekt. Menschen mit niedriger Bildung sind nicht dumm. Sie spüren die gesellschaftlichen Umbrüche sehr genau und oft aus erster Hand. Rasenmäher und Staubsauger erledigen ihre Arbeit selbst. »Wie lange geht es mir noch gut?«, fragt sich entsprechend der Straßenreiniger. »Und warum lassen die mich alleine?«

Wir brauchen also eine Kultur der Weiterbildung und müssen sie daher zur Regel machen. Eine institutionalisierte Weiterbildung muss selbstverständlicher und integrierter Teil unseres Bildungssystems sein.[23] Anders geht es nicht. Die Umbrüche während eines Lebens sind mittlerweile zu groß, um ihnen mit einer einzigen Bildung und Ausbildung zu Beginn des Lebens gewachsen zu sein. Eine wichtige Voraussetzung für lebenslange Weiterbildung ist bereits gegeben: Wir haben mehr Zeit. Unsere durchschnittliche Lebenserwartung bei guter Gesundheit steigt stetig. Wenn wir von einem Zeitfenster von etwa 55 Jahren zwischen dem Eintritt in den und dem Austritt aus dem Arbeitsmarkt ausgehen, könnte jede und jeder Auszeiten von insgesamt zehn Jahren nehmen, ohne dass wir das traditionelle Soll einer 45-jährigen Beschäftigungsdauer als Berechnungsmaßtab der Rentenversicherung antasten müssten. Wir bräuchten also keine Verlängerung der Beschäftigungsdauer, wohl aber eine andere Ordnung der noch immer klar sequenziert gedachten Phasen Bildung, Erwerbstätigkeit, Ruhestand. Solche Erwerbsverläufe, unterbrochen von Sorgearbeit für Kinder und Eltern, Qualifizierung und Auszeiten für sich selbst, verlangen nach neuen Beratungs- und Finanzierungsinstrumenten.

Während wir bei der Erziehung von Kindern und der Pflege der Eltern schon die entsprechenden Instrumente haben und in diesen Zeiten finanziell mehr oder weniger gut abgesichert sind, gilt das für die Weiterbildung in weit geringerem Maße. Eine Qualifikationsberatung über den Lebensverlauf existiert nicht.[24] Finanziell gesehen gibt es bislang lediglich eine Aufstiegsförderung, bekannt als Meister-BAföG und vom Gesetzgeber umständlich als Aufstiegsfortbildungsförderung bezeichnet. Vorhanden sind auch finanzielle Unterstützungen, wenn man bereits arbeitslos geworden und die Vermittlung in einen anderen Job gescheitert ist. Manche Arbeitsuchende erhalten darüber hinaus eine Weiterbildung, die einer Beschäftigungstherapie nahekommt, da sie nicht den Erfordernissen des Marktes entspricht und die Menschen nicht befähigt, sich aktiv einzubringen.

Das aber ist zwingend zu wenig. Wir brauchen eine vorausschauende, strategische Qualifizierungspolitik. Dabei ist meines Erachtens die etablierte »Aufgabenteilung« zwischen Betrieben und der Solidargemeinschaft neu zu justieren. Bisher gilt weitgehend, dass während eines Beschäftigungsverhältnisses die Betriebe für die Weiterqualifikation zuständig sind. Nach Eintritt in die Arbeitslosigkeit und nach einer gescheiterten Rückvermittlung in den Arbeitsmarkt ist die Solidargemeinschaft für die Weiterqualifikation verantwortlich.[25] Wir brauchen also eine Art »Arbeitslosengeld Qualifizierung«, wie es gegenwärtig auch diskutiert wird, allerdings ohne die Zugangsbedingung, bereits arbeitslos geworden zu sein. Über die Finanzierung dieser Leistung müssen sich die Sozialpartner und die Politik dringend und zügig verständigen.[26]

Um eine höhere Ergebnisgerechtigkeit zu erreichen, brauchen wir auch die gleichwertige Anerkennung aller Familienmodelle und die gezielte Unterstützung von Eltern. Die Vermächtnisstudie bestätigt, dass viele Familienmodelle gelebt werden, und die Menschen wünschen, dass diese auch weiterhin bestehen bleiben. Noch immer sind wesentliche Teile der Steuerpolitik aber auf nur ein Modell zugeschnitten: die Ehe. Hier braucht es eine Alternative zum Ehegattensplitting, die Eltern mit Kindern, also auch Alleinerziehende, besser unterstützt. Das neue Gutachten zum Gleichstellungsbericht zeigt – wie viele Berichte und Gutachten zuvor –, wie neue Steuermodelle aussehen könnten, die weg von der Institution der Ehe und hin zu einer weiteren Förderung von Eltern gehen.[27] Dies ist nur ein Beispiel von vielen: Wir brauchen gleiche Rechte für die unterschiedlichen Familienformen.

Die Vermächtnisstudie belegt auch, dass Eltern gemeinsam für ihre Kinder sorgen möchten. Väter empfehlen, für die Kinder mehr Opfer zu bringen. Frauen raten dazu, zukünftig über eine kleine Teilzeit hinaus erwerbstätig zu sein. Noch aber ist die Sorge- und Erwerbsarbeit zwischen den Geschlechtern sehr ungleich verteilt. Dieser *Gender Care Gap* hat auch zur Folge, dass der *Gender Pay Gap* mit 21 Prozent und daher auch der *Gender Pension Gap* mit 23 Prozent in den neuen Bundesländern und jeweils 42 Prozent in den alten Bundesländern nach wie vor sehr hoch sind.[28] Frauen in Führungspositionen sind noch immer viel zu selten anzutreffen. Um Teilzeit nicht zur Falle werden zu lassen, braucht es dringend längst überfällige Maßnahmen.[29] Beispielsweise das Rückkehrrecht auf eine Vollzeitbeschäftigung, das politisch bereits diskutiert wird. Auch eine Stärkung der rechtlichen Möglichkeiten von Vätern wäre denkbar. So wird im Zweiten Gleichstellungsbericht der Bundesregierung 2017 vorgeschlagen, als neue Leistung eine zweiwöchige »Vaterschaftsfreistellung« innerhalb der ersten 30 Tage nach der Geburt eines Kindes einzuführen, wie es sie in anderen europäischen Ländern bereits gibt. Ebenso sollten die »Partnermonate« überprüft werden, hier empfiehlt die Kommission eine Neuverteilung des Elterngeldanspruchs durch einen Ausbau der Partnermonate.

Weitergehend könnte man eine Angleichung von Sorge- und Erwerbsarbeit zwischen Männern und Frauen auch durch eine Umverteilung der Erwerbsarbeit zwischen den Geschlechtern anstreben, wie sie im »Elterngeld Plus« angelegt ist. Eine Ausweitung auf die gesamte Erwerbsphase würde die Gleichstellung von Frauen und Männern aber noch deutlicher unterstützen.[30] Eine solche Umverteilung in Gestalt einer 32-Stunden-Woche für alle habe ich bereits an anderer Stelle skizziert.[31] Auch Betriebe können viel für eine partnerschaftliche Aufteilung von Sorge- und Erwerbsarbeit tun. In einer großen Studie haben wir gerade dargelegt, welche Rahmenbedingungen in Betrieben nötig und möglich sind, um dieses

Ziel zu erreichen: Neben einem klaren Bekenntnis zur Vereinbarkeit von Beruf und Familie braucht es Maßnahmen zur Karriereförderung der Eltern – und eben keine Mommy-(oder Daddy-)Tracks.[32]

Wie viele andere Studien zuvor belegt auch die Vermächtnisstudie, dass insbesondere Alleinerziehende und deren Kinder von statistischer Armut betroffen sind. Wenn wir anerkennen, dass diese Familienform mittlerweile breit akzeptiert und gelebt wird, müssen wir mit höherer Dringlichkeit als bisher Maßnahmen wie das Unterhaltsvorschussgesetz umsetzen. Ebenso helfen Ganztagseinrichtungen von der Kita bis zur Schule sowie weitere Unterstützung bei Krankheit oder in Ferienzeiten der Kinder.

Die Förderung aller Formen von Partnerschaft und Familie heißt aber auch, dass hier auch kinderlose Beschäftigte berücksichtigt werden sollten. In der betrieblichen Praxis hat sich gezeigt, dass die Mehrbelastung durch Einarbeitung von Vertretungen für junge Mütter und Väter oder die temporäre Übernahme zusätzlicher Arbeiten durch die Kolleginnen und Kollegen meist ohne Murren und selbstverständlich akzeptiert wird. Zu irritieren scheinen nun aber die Postkarten aus aller Welt, wenn junge Eltern, die sich dies leisten können, Elterngeld beziehen und mit ihrem Kind gemeinsam auf Reisen gehen. Auch vor diesem Hintergrund ist es nicht überraschend, dass zunehmend auch bei kinderlosen Menschen der Wunsch entsteht, sich für einige Zeit aus der täglichen Routine auszuklinken. Diesem berechtigten Anliegen sollte Rechnung getragen werden.

Solche »unbedingten Auszeiten« werden aus vielen Gründen empfohlen. Sie erhöhen die Zufriedenheit und Motivation der Beschäftigten und leisten damit einen wichtigen Beitrag für eine präventive und inklusive Gesundheits-,

Arbeits- und Sozialpolitik. Noch fehlen ausgearbeitete Finanzierungsmodelle. Hier könnte das von Anthony Atkinson vorgeschlagene Startkonto für alle[33] helfen, ebenso Ansparzeiten über den Erwerbsverlauf hinweg, bei denen alle Erwerbstätigen pro Jahr einen Anspruch von 24 Stunden für Weiterbildung erhalten, der über die Jahre angesammelt werden kann.

Neben der großen Frage, wie man die wahrgenommene und auch faktisch gegebene hohe Ungleichheit zwischen den Menschen reduzieren könnte, steht abschließend ein weiteres Thema im Raum: Was sagt die Vermächtnisstudie über die gesellschaftliche Dynamik? Wie kommt Neues in unser Land? Wird es akzeptiert? Von wem?

Die Antriebs- und Veränderungswucht durch die Generationen X, Y oder Millennium wird überschätzt. Das lässt sich aus den Ergebnissen der Vermächtnisstudie schlussfolgern. Natürlich haben die Jungen heute oft andere Einstellungen als die Älteren. Viele aber wachsen sich aus, die Unterschiede sind im Vermächtnis verschwunden. In ihren Wertvorstellungen stimmen die Jungen und die Älteren überein. Erwerbsarbeit ist und bleibt wichtig, verschiedene Liebeskonzepte und Partnerschaftsformen haben kein Alter, und auch bei der Wichtigkeit von Gesundheit, Besitz und Wohnen sehen wir keinen Riss. Natürlich sind die Jungen »Digital Natives« und auf diesem Gebiet allen anderen oft weit voraus. Die älteren Menschen in Deutschland scheinen ihrerseits aber nicht auf die Jungen zu warten. Sie nehmen Veränderungen auf und sind in manchen Bereichen progressiver als die Jungen.

In vielen gesellschaftlich wichtigen Bereichen zeigen sich die Menschen in Deutschland über alle sozioökonomischen Merkmale hinweg sehr aufgeschlossen. Man möchte Technik verstehen, ist an Politik und Kultur interessiert. Man strebt aktiv eine Gleichheit von Männern und Frauen an, und vor allem: Deutschland bekennt sich zur Solidarität. Das ist ein großes Pfund. Hier erkennen wir aber Unterschiede zwischen einzelnen sozialen Gruppen. Sehr optimistisch blicken Eltern in die Zukunft. Sie sind weniger unsicher und haben weniger Zukunftsangst. Die Analysen legen nahe, dass sie ihre Kinder als verlängerten Arm in die Zukunft sehen, die sie auf diese Weise ein gutes Stück mitgestalten. Über ihre Kinder bereiten sie sich selbst auf die Zukunft vor und werden in sie hinein begleitet. Auch Menschen mit eigener Migrationserfahrung lassen diesen Optimismus und eine gewisse Unerschrockenheit erkennen. Allerdings aus einem ganz anderen Grund: Sie sind überzeugt, dass die Zukunft besser als die Vergangenheit und das Heute wird. Es ist die Vision von Aufstieg, von Ankommen, die Erwartung von und die Hoffnung auf Respekt. In einigen Bereichen sehen wir das bis heute auch bei Menschen aus den neuen Bundesländern.

Fast furchtsam sind dagegen Menschen mit fehlenden Ressourcen, Kranke, alleinstehende ältere Menschen, Einkommens- und Bildungsarme. Ihre Zukunftsangst raubt nicht nur der gesellschaftlichen Dynamik Kräfte, sie zehrt auch und insbesondere an den Menschen selbst. Angststarre haben wir das genannt. Die bereits skizzierten Ansätze hin zu einer höheren Zugangs- und Ergebnisgerechtigkeit können diesen Menschen Mut geben und sie befähigen, zuversichtlicher in die Zukunft zu blicken. Aber auch Freunde und Gemeinsamkeit helfen, das Miteinander und das Gefühl der Zugehörigkeit, das sich alle Menschen in Deutschland so sehr wünschen.

Die Menschen in Deutschland bewegen sich. Die meisten sind optimistisch, blicken zuversichtlich nach vorn und helfen den neu Angekommenen beim Einstieg ins neue Leben. Vielen jedoch rauben Unsicherheit und Angst vor der Zukunft die Kraft zur Veränderung. Sie brauchen Respekt, Rat, Orientierung und helfende Hände. Die meisten Parteien sehen inzwischen viele der Probleme und greifen sie auf. Sie verhalten und positionieren sich zu diesen Themen unterschiedlich und nicht sehr systematisch, sodass die Einteilung in »konservativ« und »progressiv« nur begrenzt weiterhilft. Es lohnt sich, dafür zu streiten, dass sie »die helfende Hand« zur rechten Zeit, am rechten Ort und mit den rechten Mitteln ausstrecken. Dabei kommt es oft nicht unbedingt auf die Spitzenpolitiker an, sondern auf diejenigen, die in den Ressorts die Weichen stellen und die bei genügend großem Handlungsspielraum wirklich helfen.

Das Werk, ein Andenken

Mittlerweile lebe ich seit fast drei Jahren mit der Vermächtnisstudie. Es ist keine Beziehung wie jede andere. Klar, durch dick und dünn, Freud und Leid, gehen auch wir. Ein Fest war es, als endlich die ersten Ergebnisse auf dem Tisch lagen. »Die Menschen sind doch eigentlich sehr sympathisch«, hörten wir Andreas Lebert zu uns beiden sagen, »in diesem Land lebe ich gerne.« Patricia Wratil mahnte kritisch zur Zurückhaltung: »Abwarten. Das müssen wir erst mal ordentlich auswerten.« Jan Wetzel bastelte an der Erkundung der Sinnesreize, Moritz Müller-Wirth griff zu seinen hilfreichen Zeilen und kümmerte sich um die Veröffentlichungen in der ZEIT. Infas begleitete uns konstruktiv und kritisch. Auch das gemeinsame Logo wurde gefunden, mitsamt der wunderbaren Wiese, die das Cover prägt. David Skopec sei Dank.

Früh gingen das Vermächtnis und ich gemeinsam auf Tour, zu früh, denn noch fehlte jedes geschriebene Wort, und die Auswertungen waren nicht fertig. Eine verkehrte Welt auch hier. Und doch: Die Diskussion in den Münchner Kammerspielen, der Vortrag beim World Health Summit in Berlin und das Gespräch mit Wieland Backes in Stuttgart waren Highlights, der Abend mit den Freunden des WZB bei Caroline und John Flüh ein großes Geschenk. Dann ging es um einen Gastauftritt im »Langen Sommer der Theorie«, eine Verfilmung des Buches von Philipp Felsch.

Natürlich reisten wir nicht immer zusammen, zu viel Nähe tut nicht gut. Menno Smid nahm das Vermächtnis mit zu

Führungskräften der Polizei, von Kommunen und großen Unternehmen. Mit Patricia Wratil und Jan Wetzel war es auf dem Hambacher Schloss, auf Mallorca und in Berlin bei einer Konferenz über Essen und Ernährung. Auch in der Komischen Oper Berlin ist es schon gewesen, und gerade bereiten Jan Wetzel und das Vermächtnis Beiträge für eine Ausstellung über den Wandel des Ruhrgebiets vor. Es geht um die Rhythmen. Große Freude macht allen der Kurzfilmwettbewerb der Deutschen Filmakademie. Die Filme zur Vermächtnisstudie findet man dann ab Herbst 2017 unter www.deutschland.de. Mein großer Dank an alle Beteiligten und besonders schon jetzt an Claudia Loewe.

Wechselhaft bis leidvoll waren dagegen unsere langen Monate des Schreibens. Dabei mache ich das sehr gerne und hatte mich auf die gemeinsame Zeit gefreut. Das Vermächtnis aber wurde bockig, sein Dreiklang erwies sich als sperrig. Querschnitte, Längsschnitte, Sinnesreize, Einstellungen, dann noch die Wiederholungsbefragung. Kaum hatten wir eine gemeinsame Linie gefunden und die ersten Absätze geschrieben, meldeten sich Rebekka Göpfert, seit Jahren meine helfende Hand bei der Zusammenarbeit mit Verlagen, und Annette Anton, Programmleiterin bei Pantheon. Pädagogisch schonend vermittelten sie uns beiden, dass das so nicht geht. Zu technisch, in der Komplexität schlicht unverständlich. Do it again. Wir fingen an, uns zu streiten, das Vermächtnis und ich. Die Studie pochte hartnäckig auf eine genaue Wiedergabe und hatte das wunderbare Team hinter sich. Das Ganze zog sich. Und ich trennte mich. Es gab ein besseres Leben und gute Arbeit am WZB ohne das lästige Vermächtnis.

Insbesondere eine mir wichtige Frau hatte da ihre Zweifel. Jana Schrewe, meine Lektorin. Sie suchte zu vermitteln. Miriam Godefroid, meine großartige Büroleiterin am WZB, schaufelte Stunden und hielt mir den Rücken frei. Meine Familie verzichtete auf gemeinsame freie Zeit und lockte mich mit Blumen und Musik an den Tisch. Das alles beeindruckte mich. Und irgendwann klickte es. Beide hörten wir auf zu bocken und sind seitdem wieder gute Freunde, das Vermächtnis und ich. Ich schrieb und schrieb, das Vermächtnis erlaubte Rundungen und Auslassungen, das ganze Team stand hinter dem Prozess. Rebekka Göpfert und Annette Anton hatten recht, der Text ließ sich leichter lesbar schreiben, ohne dass die Zahlen ganz verschwinden mussten. Für den Anstoß und ihre Geduld danke ich sehr. Mein großer Dank geht auch an das gesamte Team der Vermächtnisstudie, jede und jeden Einzelnen, ob in Bonn oder Berlin. Insbesondere an Jacob Steinwede, der das gesamte Manuskript hilfreich kommentierte. Auch an Julia Haarbrücker, die in den letzten drei Monaten dazustieß, recherchierte, listete und diskutierte. Und an Markus Konrad, den neuen Data Scientist des WZB.

Ganz besonders möchte ich mich bei Lena Hipp für unzählige wertvolle Kommentare bedanken, verfasst nächtens mit einem strampelnden Kind im Bauch und Lilli wie Lotte, die ihr die Zeit dafür gaben, weil sie dann immer schon schliefen. Und bei Jana Schrewe, für ihre unglaubliche Ruhe, ihr Vertrauen und ihre Kunst, Texte besser zu machen, ohne sie zu verändern.

ANHANG

Anmerkungen

I.1

1 Siehe Wratil/Helbing 2017.

2 Um diese individuellen »Filmchen« über die drei Dimensionen hinweg zu erstellen, ist einige methodische Vorarbeit zu leisten. Für jede Person bilden wir ein eigenes Profil auf Grundlage ihres Antwortmusters bei den 54 Fragen im Dreierschritt. Technisch gesprochen, erstellen wir 54 neue Variablen – eine für jeden Verlauf über die drei Dimensionen. Die Variablen haben dabei jeweils die Werte 1 bis 9, je nach dem spezifischen Antwortmuster der betreffenden Frage. Nehmen wir das Beispiel Nahrungsmittelproduktion: Auf die Frage, wie sehr sie auf die Art und Weise der Nahrungsmittelproduktion achtet, antwortet eine Frau mit dem Skalenwert »1«, »sehr«. Es folgt die Frage, wie es sein sollte. Wieder gibt die Frau eine »1«. Dann kommt die dritte Frage: Wird Menschen in Zukunft die Nahrungsmittelproduktion tatsächlich wichtig sein? Die Frau wählt hier eine »3«. Die Antworten »1-1-3« entsprechen dem Muster 2. Die neu gebildete Variable hat folglich den Wert »2«. Ein zweites Beispiel: das Aussehen. »Wie wichtig ist Ihnen gutes Aussehen?« Eine Person antwortet mit »3«, »einigermaßen wichtig«. Gefragt nach dem Vermächtnis, gibt sie eine »6«. Das Aussehen sollte nicht wichtig sein. Und bei der erwarteten Zukunft? Hier nennt sie eine »2«. Tatsächlich wird das Aussehen noch wichtiger sein, als es der Person heute ist. Die Antworten »3-6-2« entsprechen dem Muster 8. Die neue Variable hat den Wert »8«. Dank der neu gebildeten Hilfsvariablen können wir nun die Menschen danach klassifizieren, welches Muster sie wählen.

3 »Ein soziales Dilemma liegt vor, wenn individuell-rationales Handeln schlechtere Ergebnisse hervorbringt als die theoretische Möglichkeit eines einklagbaren Vertrags unter rational handelnden Akteuren« (Diekmann 2009, S. 105).

4 Die folgende Beschreibung folgt maßgeblich, und teilweise wörtlich, den Ausführungen von Jacob Steinwede, bei infas verantwortlich für die Umsetzung der Studie (Steinwede 2016).

5 Dies geschah in minutiöser Handarbeit im Heilpädagogischen Zentrum Erftstadt-Lechenich (HPZ Rhein-Erft), einer Behindertenwerkstatt im Heilpädagogischen Netz des Landschaftsverbands Rheinland. Wir danken für diese große Hilfe.

6 Für detaillierte Ausführungen zur Gewichtung siehe: Giza/Steinwede 2015.

7 Die »Nicht erwerbstätig«-Kategorie kann durchaus auch Hausfrauen, Hartz-IV-Empfänger oder Dauerkranke mit einschließen.

8 Normalerweise gilt der Gewichtungsfaktor nur für die unter 14-Jährigen, da aber das genaue Alter der im Haushalt lebenden Kinder nicht abgefragt wurde, werden alle unter 18-Jährigen mit 0,3 gewichtet.

9 Die Fallzahl kann hier nicht genannt werden, weil die Imputation lediglich für die Regressionen erstellt wurde, sie dient nicht zur Häufigkeitsauszählung.

10 Siehe Wratil/Helbing 2017.

11 Bourdieu 1983.

12 Menschen mit internaler Kontrollüberzeugung führen Erfolg auf ihre Leistung zurück, Menschen mit externaler Kontrollüberzeugung verweisen darauf, einfach »Glück« gehabt zu haben.

I.2

13 Eine ähnliche Problematik ergab sich bei den visuellen Stimuli. Zeigten wir beispielsweise Testpersonen immer den gleichen abstrakten Raum mit atmosphärischen Variationen auf dem Computerbildschirm, sahen viele immer nur eine triste Zelle. Zeigten wir nur Farbtöne, um eine visuelle Stimmung zu simulieren, sahen einige Testpersonen ein abstraktes Gemälde.

14 Man denke nur an Pierre Bourdieus einschlägiges soziologisches *Œuvre* (Bourdieu 1987). Siehe auch Hennion 2015; Trébuchet-Breitwiller 2015.

15 Für ausführlichere Erläuterungen zur Erhebung von Sinnesreizen siehe Wetzel 2017c.

16 Dravnieks 1985.

17 Castro/Ramanathan/Chennubhotla 2013.

18 Meyer 2001, S. 107.

19 Meyer 2001, S. 161. Die Dimension Temperatur hat in der zweidimensionalen Analyse einen bedeutenden Anteil am emotionalen Symbolgehalt, während die Dimensionen Form und Gewicht eine geringe Rolle spielen. Wenn es aber darum geht, Gegenstände zu identifizieren oder zu unterscheiden, zeigt die psychologische Haptikforschung, dass Textur, Form und Konsistenz die dominanten Dimensionen sind (Ebd., S. 167).

20 Vgl. zum Thema Tasttafeln auch die gestalterische Ausbildungspraxis im Bauhaus der 1920er und 1930er Jahre: http://bauhaus-online.de/atlas/werke/tasttafel.

21 La Motte-Haber 1985, S. 33. Siehe auch La Motte-Haber 1968, S. 45f. Vgl. auch Rötter 1998; Gabrielsson/Lindström 2010.

22 La Motte-Haber 1985, S. 33; La Motte-Haber 1968, S. 45f.

23 Wie bei vergleichbaren Untersuchungen auch, waren die Antworten von sehr unterschiedlicher Länge und Qualität.

24 Alle im Buch angegebenen Prozentangaben schließen die »Weiß nicht«- und »Verweigert«-Angaben aus.

25 Technisch gesprochen, führten wir eine Inhaltsanalyse durch. Hierfür kodierten wir die 3104 Interviews mit den je neun offenen Antworten nach ihrem Inhalt. Werden für die Begründung, warum ein bestimmter Sinnesreiz ausgewählt wurde, Worte benutzt, die klar optimistisch oder klar pessimistisch konnotiert sind? Werden Begriffe gewählt, die indifferent sind, oder bleibt die Einschätzung ganz unklar? Die neu definierte Variable hat damit die Ausprägungen 1 = positiv, 2 = negativ, 3 = neutral, 4 = unklar, 5 = missing. Die Anteile variieren beträchtlich über die drei Sinne und die drei Erhebungsdimensionen. Unklar waren 4 Prozent der Angaben beim Duft, 16 Prozent bei der Haptik und 18 Prozent beim Rhythmus. Wir danken Ilana Nussbaum für die viele und gute Kodierungsarbeit.

26 Bei den drei Sinnen werden verschieden viele Assoziationen eindeutig in eine Richtung formuliert. Bei dem Duft 86 Prozent, bei der Haptik 82 Prozent, bei den Rhythmen nur 69 Prozent. Hier erhalten wir oft ambivalente Aussagen.

27 Zu diesem direkten Zitat und allen folgenden können die Belege auf Anfrage zur Verfügung gestellt werden.

28 Der Effekt ist auf dem .001-Niveau signifikant.

29 Nur 1 Prozent der Befragten äußert sich klar negativ.

30 Die Anteile beziehen sich auf die Gesamtheit der Befragten, für die die Muster gebildet werden konnten. Das heißt, es mussten gültige Antworten für alle drei Dimensionen vorhanden sein. Für die Geruchsreize konnten für 2635 Befragte Muster erstellt werden (85 Prozent aller Befragten), bei den haptischen Reizen für 2807 (90 Prozent) und bei den rhythmischen Reizen für 2391 (77 Prozent).

31 Vergleichen wir nur jeweils zwei Sinne miteinander, sehen wir recht beachtliche Zusammenhänge. Der Zusammenhang zwischen den Gerüchen und den Oberflächen ist am stärksten. 47 Prozent antworten hier im selben Muster. Vergleichen wir die Oberflächen und die Rhythmen miteinander, finden wir 45 Prozent, die im selben Muster antworten. Am geringsten ist die Übereinstimmung zwischen Duft und Rhythmus, hier antworten noch 41 Prozent im selben Muster. Die Anteile beziehen sich

wiederum auf die Gesamtheiten, für die die Muster gebildet werden konnten. Für Gerüche und Oberflächen betrug diese 2501 Personen (81 Prozent aller Befragten), für Oberflächen und Rhythmen 2301 (74 Prozent) und für Gerüche und Rhythmen 2143 (69 Prozent).

I.3

32 Wenn wir hier und im Folgenden von einer starken Zustimmung sprechen, fassen wir die oberen Skalenwerte 1 und 2 auf der 7er-Skala zusammen. Entsprechend definieren wir eine starke Ablehnung durch die Addition der unteren Skalenwerte 6 und 7. Die mittleren Werte 3, 4, 5 interpretieren wir je nach Inhalt als Zonen der Unsicherheit, Offenheit oder Unentschiedenheit.

33 Diese Frage lässt sich durch den einfachen Vergleich der Standardabweichungen beider Erhebungsdimensionen beantworten. Je kleiner die Standardabweichung ist, umso ähnlicher sind die Einstellungen der Befragten. Als Grenze zwischen gemeinsamen und nicht geteilten Werten legen wir eine Standardabweichung von 1 fest. Eine Standardabweichung von 1 bedeutet, dass 68,2 Prozent der Befragten Antworten geben, die innerhalb von einem Skalenpunkt unter und einem Skalenpunkt über dem Mittelwert liegen, also zwei Skalenpunkte abdecken. Bei einem Mittelwert von 3 wäre das der Raum von 2 bis 4, bei einem Mittelwert von 5 der Raum zwischen 4 und 6. Zu beachten ist, dass die Standardabweichung nichts über die Höhe der Werte aussagt, nur über deren Verteilung. Diese Beschreibung ist stark vereinfacht und geht davon aus, dass die Verteilungen normal ausfallen. Dies ist nicht immer der Fall. Da es uns hier aber um eine allemal willkürlich festgelegte Bandbreite geht, halten wir das Vorgehen für vertretbar. Wählten wir eine Standardabweichung von 1,5, so wären wir liberaler. Denn 68,2 Prozent der Befragten würden dann um plus/minus 1,5 Skalenpunkte um den Mittelwert liegen.

34 In der Dimension »Wie soll es werden?« sind die Standardabweichungen bei folgenden Variablen am niedrigsten: Wichtigkeit von Nähe; Wichtigkeit von Wir-Gefühl; Wichtigkeit, etwas Neues zu beginnen; Wichtigkeit einer Vorstellung vom Leben; Haus/Wohnung als Ort der Beständigkeit; Handarbeit statt Technik; gutes Essen; auf die Gesundheit achten; Arbeitsteilung im Haushalt; Informiertheit über Politik und Kultur; das Leben genießen; guter Sex; eigene Kinder haben; Wichtigkeit Erwerbstätigkeit; sicherer Arbeitsplatz; arbeiten, auch wenn man Geld nicht braucht; Arbeit, die man auch machen will; Besitz vererben; Wichtigkeit von gemeinsamen Mahlzeiten; auf Nahrungsmittelproduktion achten;

Internet statt Arzt; Technik verstehen; Dinge handschriftlich festhalten. In der Dimension »Wie wird es sein?« sind die Standardabweichungen bei folgenden Variablen am geringsten: eigene Wohnung; nur das Notwendigste aufbewahren; Technik im Haushalt; gutes Aussehen; mit Alkohol/Drogen die Wirklichkeit hinter sich lassen; Wichtigkeit sozialer Aufstieg; Wichtigkeit von Religion; mit Technik überall arbeiten; feste Arbeitszeiten; man muss nicht alles besitzen; Sicherheit durch materiellen Besitz; nur das Nötigste besitzen; Heirat als Ausdruck von Liebe; Geheimnisse in der Partnerschaft wahren; Mein und Dein in der Partnerschaft trennen; Partnerschaft für Kinder aufrechterhalten; Entscheidungen aus Liebe treffen; Selbstbefriedigung; Opfer für die eigenen Kinder bringen; Entscheidungen im Sinne der Eltern treffen; keine Rücksicht nehmen; mehr bezahlen für bessere medizinische Behandlung; Überwachung des eigenen Gesundheitszustandes; Erkrankungsrisiken erfahren; Gefühle elektronisch mitteilen; durchs Internet nie alleine fühlen; Internet als Ort der Freiheit; Kinder an das Internet heranführen.

35 Wir arbeiten hier auf der Grundlage von rund 3100 Befragten und deren *überwiegendem* Antwortverhalten. Das heißt nicht, dass eine Lebensführung entsprechend der eigenen Vorstellungen in allen Bereichen vorliegt. Im Durchschnitt haben die Menschen dieser Gruppe 32 von 54 Fragen nach diesem Muster beantwortet. Nimmt man die einzelnen Fragen als Basis, finden sich proportional weit weniger Antworten in Richtung »bitte nichts ändern«. Man kann sich dies so klarmachen: Bei Menschen, die wir als zufrieden kennzeichnen, da sie auf die Mehrzahl der Fragen entsprechend antworten, werden alle Antworten nicht berücksichtigt, die einem abweichenden (quantitativ selteneren) Antwortmuster folgen.

36 Im Durchschnitt haben Personen dieser Gruppe bei 27 Fragen dieses Muster gewählt.

37 Durchschnittlich haben Personen dieser Gruppe bei 30 Fragen nach diesem Muster geantwortet.

38 Im Durchschnitt beantworten die Menschen dieser Gruppe 25 von 54 Fragen nach diesem Muster.

39 Der Mittelwert dieser Gruppe liegt bei 29 von 54 Fragen.

40 Der Mittelwert liegt hier bei 20 Fragen.

41 Im Durchschnitt haben die Personen gut 20 Fragen nach diesem Verlaufsmuster beantwortet, die restlichen nach den anderen acht Mustern. Dabei trat aber keines häufiger auf als die Stabilität.

42 Im Durchschnitt wurde bei 14 Fragen nach diesem Muster geantwortet.

I.4

43 Die folgenden Ausführungen beruhen auf der Idee und maßgeblichen Vorarbeiten von Jan Wetzel (Wetzel 2017a).

44 In diesem Abschnitt interessiert uns, ob ein Sinnesreiz auch nach Berücksichtigung aller anderen relevanten Merkmale mit einer bestimmten Einstellung zusammenhängt. Die hier präsentierten Ergebnisse sind – wie die Befunde ebenfalls – »Nettoeffekte«. Wenn es also beispielsweise darum geht zu erklären, ob es einen Zusammenhang zwischen der Wichtigkeit von Erwerbsarbeit und der Wahl eines spezifischen Sinnesreizes gibt, dann weisen wir die Stärke dieses Zusammenhangs abzüglich anderer relevanter Faktoren aus. Ganz konkret haben wir soziodemografische Faktoren, Angaben zum Sozialkapital und die sozialpsychologischen Merkmale der Menschen in unseren Analysen berücksichtigt.

45 Im Gegensatz zum Duft zeigen sich bei der erwarteten Zukunft nur schwache Zusammenhänge zwischen Einstellungen und Oberflächen oder Rhythmen. Sehr sichtbar ist allerdings erneut der Gegensatz zwischen Watte und Schmirgelpapier. Wieder lässt sich dies besonders gut an den emotionalen Themen erkennen, den gemeinsamen Mahlzeiten und der Arbeit, die man auch wirklich machen möchte. Wer als haptischen Reiz die Watte gewählt hat, blickt diesbezüglich optimistisch in die Zukunft. Das Schmirgelpapier steht wieder für das Gegenteil. Beim Rhythmus finden wir keine klaren Muster.

46 Obgleich wir hier sehr streng vorgegangen sind und bereits die Abweichung von einem Skalenpunkt (von sieben) als Veränderung interpretieren, antworten überwältigende 92 Prozent (siehe Tabelle 5 in Kapitel I.3) zufrieden und ihre Einstellungen bewahrend. Natürlich ist zu beachten, dass sich dieser Anteil nur auf die Menschen bezieht, die dieses Muster *überwiegend* gewählt haben. Es gibt also durchaus inhaltliche Bereiche, auf die distanziert geantwortet wurde. Dennoch: Die Zufriedenheit mit dem Hier und Jetzt ist hoch, sehr hoch.

II.

1 In den Abbildungen 5 bis 8 werden jeweils die Mittelwerte der drei Erhebungsdimensionen abgetragen. Exemplarisch wurde die Wichtigkeit eines sicheren Arbeitsplatzes (Erwerbsarbeit), des Vererbens von Besitz (Besitz), von Geheimnissen in der Partnerschaft (Partnerschaft) und Überwachung der eigenen Gesundheit (Technik) gewählt. Darüber gelegt haben wir die Verläufe über alle Befragten hinweg. Das dahinter liegende Verfahren ist komplex. Zunächst werden die individuellen

Verlaufsmuster gruppiert und nach ihrer Häufigkeit sortiert. Die am häufigsten vorkommenden Verlaufsmuster werden dann in einer Parallelkoordinatendarstellung geplottet, wobei die Liniendicke und -transparenz abhängig ist von der entsprechenden Häufigkeit. Ich danke Jan Wetzel für die Idee und Markus Konrad für die Umsetzung, die Verlaufsmuster so darzustellen.

II.1

2 Daran wird auch die Einführung der abschlagsfreien Rente ab 63 für langjährig Versicherte nichts ändern.

3 Die BMAS/infas-Studie beruht auf einer Stichprobe von rund 5000 Befragten. 16 Einzeldimensionen von Arbeit werden hier in vier Wichtigkeitsdimensionen zusammengefasst: Arbeitsplatz, Wertschätzung, Sicherheit und Flexibilität.

4 Wie in den vorangegangenen Kapiteln ziehen wir die Werte 1 und 2 (ja) sowie 6 und 7 (nein) zusammen. Sie bilden die beiden Extrempunkte der benutzten 7er-Skala.

5 Die folgenden Angaben beziehen sich nur auf erwerbstätige Menschen. Zusätzlich zu den in Kapitel I.1 eingeführten unabhängigen Variablen kontrollieren wir hier die Arbeitszeit (Vollzeit, inklusive Überstunden; Teilzeit; geringfügige Beschäftigung).

6 Dies könnte auch daran liegen, dass Frauen zu einer anderen Anspruchshaltung neigen und ihre Arbeit gnädiger beurteilen. Die Daten geben allerdings keine Hinweise, dass dem so ist.

7 U. v. a. Hoffmann/Bogedan 2015. Jürgens/Schildmann/Hoffmann 2017 (im Erscheinen). Zur kritischen Diskussion sozialer Ungleichheit siehe Atkinson 2016; Nachtwey 2016; Lessenich 2016. Berechnungen zum Rückgang der Mittelschicht durch das DIW (Grabka 2016).

II.2

8 Der Club of Rome ist ein Zusammenschluss von Experten verschiedenster Disziplinen aus mehr als 30 Ländern. 1968 gegründet, setzt sich die gemeinnützige Organisation für eine nachhaltige Zukunft der Menschheit ein. Mit dem 1972 veröffentlichten Bericht *Die Grenzen des Wachstums* erlangte er große weltweite Beachtung. Seitdem kämpft der Club of Rome für nachhaltige Entwicklung (https://de.wikipedia.org/wiki/Club_of_Rome).

9 Randers/Maxton 2016.

10 Fratzscher 2016.

11 Häni/Kovce 2016.

12 Atkinson 2016.

13 Die unterschiedlichen Positionen zur Erbschaftssteuer werden dabei eindrucksvoll zusammengefasst in dem Streitgespräch zwischen Jens Beckert (2015), Direktor des Max-Planck-Instituts für Gesellschaftsforschung und Thomas Straubhaar (2015), bis 2014 Direktor des Hamburgischen WeltWirtschaftsinstituts (HWWI) im Sammelband von Mau/Schöneck 2015.

14 Rifkin 2014. Siehe auch Botsman/Rogers 2011 und Heinrichs/Grunenberg 2012.

15 Die Einkommens- und Verbrauchsstichprobe (EVS) ist eine wichtige amtliche Statistik über die Lebensverhältnisse privater Haushalte in Deutschland. Sie liefert unter anderem statistische Informationen über die Ausstattung mit Gebrauchsgütern, die Einkommens-, Vermögens- und Schuldensituation sowie die Konsumausgaben privater Haushalte. Einbezogen werden dabei die Haushalte aller sozialen Gruppierungen, sodass die EVS ein repräsentatives Bild der Lebenssituation von nahezu der Gesamtbevölkerung in Deutschland zeichnet (https://www.destatis.de/DE/ZahlenFakten/GesellschaftStaat/EinkommenKonsumLebensbedingungen/Methoden/Einkommens_Verbrauchsstichprobe.html).

16 Pickett/Wilkinson 2010.

II.3

17 Dieser Abschnitt wurde zusammen mit Jan Wetzel verfasst.

18 Neben den lebensverlängernden Maßnahmen haben wir auch nach der Akzeptanz von spezialisierten Pflegerobotern gefragt. Diese liegt ausgesprochen niedrig bei einem Durchschnitt von 6 auf der Skala von 1 bis 7. Dezidiert lehnen das 67 Prozent der Befragten ab, insbesondere Frauen. Diese Frage wurde nur bezogen auf die gegenwärtige Situation gestellt.

II.4

19 Dieser Abschnitt wurde zusammen mit Jan Wetzel verfasst, siehe auch Wetzel 2017b.

20 Illouz 2011.

21 Swaan 1982.

22 Giddens 1992.

23 Übertragen auf unsere Kennwerte heißt das: Wir finden Mittelwerte, die sich in der Skalenmitte befinden, und hohe Standardabweichungen.

24 Shell Deutschland 2015.

II.5

25 Zürn 2011, 2016; Merkel 2016; Koopmans 2016; Inglehart/Norris 2016.

26 Beck 1986; Giddens 1992.

27 Dieser Abschnitt wurde zusammen mit Vanessa Wintermantel verfasst, siehe auch Wintermantel 2017a.

28 Und ist es ja tatsächlich auch, wenn man etwa an die »minimal group paradigm«-Experimente und die vielen nachfolgenden Studien von Tajfel/Turner(1986) denkt. Siehe auch Paskov/Dewilde 2012.

II.6

29 Thomas/Thomas 1928.

30 Dieser Abschnitt wurde zusammen mit Hendrik Rubner verfasst.

31 Die Ergebnisse wurden auf Grundlage des in Kapitel I.1 dargestellten multivariaten Analysemodells erzielt.

32 Laut Statistischem Bundesamt gab es bis 2010 deutliche Unterschiede zwischen den neuen und alten Bundesländern, seitdem aber nicht mehr (Statistisches Bundesamt/Wissenschaftszentrum Berlin für Sozialforschung 2016, S. 400f.).

33 Deth 2001.

34 Himmelmann/Lange 2005.

35 U. v. a. Weßels 2015; Merkel 2015.

III.

1 Die Ergebnisse der multivariaten Modelle zeigen, dass nach Kontrolle der sozialstrukturellen Merkmale, des Sozialkapitals und der sozialpsychologischen Variablen nur sehr wenige eigenständige Effekte des Einkommens und der Erwerbstätigkeit verbleiben. Diese berichten wir am Ende des Kapitels III.2, widmen ihnen aber keine eigenen Unterabschnitte. Da hier sozialstrukturelle Gruppen im Mittelpunkt stehen, verzichten wir weiterhin auf eine eigene Darstellung der Effekte des Sozialkapitals und der sozialpsychologischen Merkmale. Wir gehen hierauf in den thematischen Darstellungen in Teil II ein.

III.1

2 Mannheim 1970.

3 In den Regressionsanalysen unterscheiden wir die Altersgruppen 14–17 Jahre (2001–1998), 18–35 Jahre (1997–1980), 36–50 Jahre (1979–1965), 51–65 Jahre (1964–1950), 66–80 Jahre (1949–1935). Um die Lesbarkeit des Textes zu erhöhen, weisen wir im Folgenden die einzelnen Altersgruppen nicht spezifisch aus und sprechen von Merkmalen der Älteren

oder der Jüngeren. Dahinter liegen dann lineare Alterseffekte, die wir auch durch eine entsprechend skalierte Variable hätten abbilden können. Nicht lineare Effekte weisen wir getrennt aus. Diese finden sich etwa dann, wenn die älteste und die jüngste Altersgruppe eine Einstellung teilt, diese von den mittleren Altersgruppen aber nicht mitgetragen wird.

4 Technisch gesprochen finden sich hier gleichgerichtete signifikante Unterschiede auf der ersten und zweiten Erhebungsdimension.

5 Shell Deutschland 2015; Allmendinger/Krug von Nidda/Wintermantel 2016; Allmendinger 2009a.

6 Technisch gesprochen sehen wir hier signifikante Unterschiede im Antwortverhalten zwischen den Generationen in Erhebungsdimension 1, nicht aber in Erhebungsdimension 2.

III.2

7 Statistisches Bundesamt 2016.

8 Statistisches Bundesamt 2017.

9 BIBB 2016, S. 9.

10 Hausner et al. 2015, S. 2.

11 Zuletzt: Allmendinger 2012; Allmendinger/Driesch 2015b. Grundlegend siehe auch Allmendinger 1999; Allmendinger/Leibfried 2003, 2004.

12 Allmendinger 2012.

13 Autorengruppe Bildungsberichterstattung 2016; zur globalen Bildungselite siehe Gerhards/Hans/Carlson 2016.

III.3

14 Allmendinger/Driesch 2015a, 2015b.

15 Zum Zeitpunkt der Manuskripterstellung konnten wir nur auf Daten des Jahres 2013 zurückgreifen, aktuellere Daten standen nicht zur Verfügung. Im Jahr 2013 lag die relative Armutsschwelle in Deutschland nach Daten des Mikrozensus bei 892 Euro netto im Monat.

16 Im allgemeinen Bevölkerungsdurchschnitt liegt der Anteil Älterer, die armutsgefährdet sind, bei 15 Prozent.

17 Allmendinger 2009a.

18 In der Studie »Frauen auf dem Sprung« haben wir die Befragten zunächst gebeten, eine von vier unterschiedlichen Gesellschaftsformen auszuwählen. Die Ergebnisse dieser und der Folgestudien ergaben, dass die Pyramide von mehr als 80 Prozent der Befragten gewählt wurde. Aufgrund dieses sehr eindeutigen Ergebnisses verwenden wir in der Vermächtnisstudie ausschließlich die Pyramide.

19 Die Armutsangst wurde auf Grundlage eines Index gebildet, dem drei Fragen zugrunde lagen: Hat man Angst, selbst arm zu sein oder arm zu werden? Hat man Angst, selbst arbeitslos zu sein oder arbeitslos zu werden? Und: Hat man Angst, von staatlicher Unterstützung abhängig zu sein oder zu werden? Befragte, die alle drei Fragen mit Ja beantworten, bezeichnen wir als Menschen mit Armutsangst.

20 Bei Minijobbern gibt es oft ein weiteres Einkommen wie Bafög, Rente oder auch Einkommen des Partners oder der Partnerin.

III.4

21 In der Vermächtnisstudie wurde auch nach der Geschlechterrolle gefragt. Konkret: »Hinsichtlich Ihrer Geschlechterrolle, was beschreibt Sie am ehesten?« Folgende Antwortmöglichkeiten wurden zur Auswahl gestellt. 1: Frau, 2: Mann, 3: Frau und Mann, 4: weder Frau noch Mann, 5: anderes, und zwar (offene Antwort). Die Antworten auf die Frage konnten wir mit den Angaben des zugrunde liegenden Registerdatensatzes vergleichen. Es ergaben sich folgende Antworten. 1: Frau (Registerdaten: Mann, aber hier Frau geantwortet) → 20 Befragte, 2: Mann (Registerdaten: Frau, aber hier Mann geantwortet) → 18 Befragte, 3: Frau und Mann → 59 Befragte, 4: weder Frau noch Mann → 3 Befragte, 5: anderes, und zwar (offene Antwort) → 2 Befragte. Insgesamt haben 102 von 3104 Befragten, also 3,3 Prozent der Stichprobe, ein von ihrem Registerdaten-Geschlecht (und wahrscheinlich auch biologischen Geschlecht) abweichendes soziales Geschlecht angegeben. Es ist die erste repräsentative Studie, die die Frage nach dem sozialen Geschlecht gestellt hat, weshalb Vergleichswerte nicht existieren. In diesem Buch können wir aufgrund der letztlich doch geringen Fallzahl auf diese wichtige Unterscheidung nicht eingehen. (siehe hierzu Wratil/Haarbrücker 2017).

22 In der zweiten Erhebungsdimension sind die folgenden Koeffizienten zwischen Männern und Frauen signifikant unterschiedlich. Frauen ist es wesentlich unwichtiger als Männern, das Leben zu genießen, Kinder zu haben, Entscheidungen aus Liebe zu treffen, Entscheidungen im Sinne der Eltern zu treffen.

III.5

23 Donath 2015.

IV.1

1 Darüber hinaus interessierten uns einige weitere Themenbereiche: das persönliche Internetverhalten, insbesondere im Hinblick auf Meinungsäußerungen im Internet und Datenpreisgabe, die erwarteten Auswirkungen des technischen Wandels, das soziale Geschlecht sowie derzeitige gesellschaftliche Probleme und individuelle Ängste (infas). Außerdem erhob die Abteilung Migration, Integration, Transnationalisierung des WZB Einstellungen zum Themenkomplex Migration und Flucht. Siehe etwa Ditlmann et al. 2016.

2 Siehe hierzu Wiens 2017a.

3 Von den 2728 Befragten aus dem Jahr 2015 konnten wir knapp ein Drittel aufgrund von Adressproblemen nicht erreichen, knapp 15 Prozent wollten nicht teilnehmen und weitere 5 Prozent konnten nicht befragt werden. Realisieren konnten wir schließlich 1382 Interviews, von denen sich 1369 im Rahmen der Datenprüfung als auswertbar erwiesen.

4 Diese Angaben beziehen sich auf die 1364 Menschen, die zu beiden Zeitpunkten geantwortet haben, und weichen daher leicht von den Angaben auf Grundlage der 3104 Fälle ab.

5 Alle hier berichteten Zahlen finden sich in der Dokumentation zur Erhebung 2016 von Patricia Wratil (Wratil 2017b).

6 Der Vergleich bezieht bei der Erhebung 2015 nur jene Befragten ein, die auch 2016 geantwortet haben.

7 Wiederum beziehen wir uns auf Ergebnisse nach Kontrolle aller anderen sozialstrukturellen Merkmale.

8 Technisch gesprochen besteht die abhängige Variable nun in der Differenz zwischen den Ergebnissen 2016 und 2015. Die unabhängigen Variablen sind unverändert.

9 Die soziale Identität »is that part of a person's self-concept which derives from his knowledge of his membership of a social group (or groups) together with the value and emotional significance attached to that membership« (Tajfel 1981, S. 255). Zur empirischen Umsetzung siehe Diehl/Fischer-Neumann/Mühlau 2016 und Verkuyten/Martinovic 2012. Siehe hierzu auch das SVR-Integrationsbarometer 2016. Die Befragung zeigt, dass sich insbesondere Muslime der ersten Zuwanderungsgeneration deutlich weniger zugehörig fühlen als ihre christlichen Pendants (SVR 2016, S. 34, Abb. 8).

10 Daher addieren sich die im Text nachfolgend aufgeführten Prozentangaben auch nicht auf 100 Prozent.

11 Frey/Osborne 2013.

12 Diese Angaben beziehen sich auf die 1364 Menschen, die zu beiden Zeitpunkten geantwortet haben und weichen daher leicht von den Angaben auf Grundlage der 3104 Fälle ab.

13 Dies zeigt sich auch bei den Mittelwerten. Sie verändern sich von 2,9 – 2,2 – 3,0 in 2015 zu 2,7 – 2,4 – 3,1 im Jahr 2016.

IV.2

14 Süddeutsche Zeitung, 2./3. Juli 2016, S. 1 und S. 49.

15 Dies erinnert an das Tocqueville-Paradox. Alexis de Tocqueville formulierte bereits 1835 das Paradox, nach dem die Sensibilisierung für verbleibende Ungleichheiten in einer Zeit abnehmender Ungleichheit zunimmt. Tocqueville 1998 [1835].

16 Zur Erinnerung: Als relativ arm gilt, wer unter 60 Prozent des mittleren Einkommens (Median) der Gesamtbevölkerung zur Verfügung hat. Die subjektive Armut messen wir mithilfe eines Verfahrens, bei dem sich die Befragten in einer Abbildung, die die Form einer Pyramide hat und die Gesellschaft als Ganzes darstellen soll, verorten. Zunächst markieren sie ihre eigene finanzielle Situation mit einem Punkt, dann ziehen sie eine Linie ein, die für die gesellschaftliche Armutslinie steht.

17 Allmendinger 2009b.

18 BMAS 2017; Jürgens/Schildmann/Hoffmann 2017 (im Erscheinen).

19 Im Januar 2017 hat die Bundesregierung den Entwurf für ein Entgelttransparenzgesetz auf den Weg gebracht. In Betrieben mit mehr als 200 Beschäftigten sollen Frauen einen Anspruch haben, von dem Arbeitgeber oder dem Betriebsrat zu erfahren, was Männer in vergleichbaren Positionen verdienen. Diesen Anspruch haben auch Männer. Siehe auch Sachverständigenkommission zum Zweiten Gleichstellungsbericht der Bundesregierung 2017.

20 Seit dem 30. September 2015 müssen alle vom Gesetz adressierten Gesellschaften sogenannte Zielgrößen für einen Frauenanteil im Vorstand sowie in der ersten und zweiten Führungsebene unterhalb des Vorstandes festlegen. Zum Stichtag 30. September 2016, dem Jahrestag der Zielgrößen-Pflicht, haben sich 110 von 160 Unternehmen in ihrer Planung des Frauenanteils in Führungspositionen entweder gar kein konkretes Ziel gesetzt oder die sogenannte »Zielgröße Null« (AllBright Stiftung 2016). Anders ausgedrückt: Ein Drittel der DAX-Gesellschaften, die Angaben zur flexiblen Frauenquote im Vorstand gemacht haben, entschied sich für eine Zielgröße von Null. Bei den MDAX-Gesellschaften waren es zwei Drittel. Das bedeutet: In diesen Gesellschaften sind derzeit keine Frauen im Vorstand – und bei der Festlegung der Zielgrö-

ßen war auch nicht vorgesehen, weibliche Vorstandsmitglieder zu berufen. Nur 3,7 Prozent der DAX-Gesellschaften, die Angaben machten, wollen innerhalb der selbst festgelegten Frist 30 Prozent weibliche Vorstandsmitglieder einsetzen. Für diese Zielgröße haben sich auch 7,3 Prozent der MDAX-Unternehmen entschieden. Siehe Hall 2017.

21 Die Schuldiskussion und den Bildungsauftrag zusammenfassend, siehe Allmendinger 2012.

22 2014 haben 39 Prozent der 25- bis 64-Jährigen an einer betrieblichen Weiterbildung teilgenommen. Hierbei handelt es sich meist um Weiterbildungen jenseits abschlussbezogener Formate, etwa Arbeits- und Gesundheitsschutzqualifizierungen. Siehe Jürgens/Schildmann/Hoffmann 2017 (im Erscheinen).

23 Zum Rechtsanspruch auf Weiterbildung siehe Kocher/Welti 2013. Im Weißbuch des BMAS 2017 wird dieser Vorschlag aufgenommen.

24 Siehe aber die entsprechende Forderung im Weißbuch des BMAS 2017, S. 104 und im Abschlussbericht der Kommission »Arbeit der Zukunft« der Böckler-Stiftung (Jürgens/Schildmann/Hoffmann 2017, im Erscheinen).

25 Allerdings gibt es Ausnahmen. So stehen im Rahmen des WeGebAU-Programms (Weiterbildung Geringqualifizierter und beschäftigter älterer Arbeitnehmer in Unternehmen) arbeitsmarktpolitische Maßnahmen für gering qualifizierte Beschäftigte und Beschäftigte in kleinen und mittleren Unternehmen zur Verfügung. Nach dem Weiterbildungsstärkungsgesetz hat Weiterbildung bei Arbeitslosigkeit (SGB III) Vorrang vor der Vermittlung.

26 Die Palette der Vorschläge ist breit. So wird Anthony Atkinsons Idee eines Startkontos für alle ebenso diskutiert wie die in Frankreich eingeführten Ansparmodelle. In Frankreich erhalten alle Erwerbstätigen pro Jahr einen übertragbaren und über die Jahre akkumulierbaren Anspruch von 24 Stunden für Weiterbildung. Geringqualifizierte erhalten einen Bonus und bekommen 48 Stunden. Des Weiteren gibt es Überlegungen, das WeGebAU-Programm zu öffnen sowie das BAföG für Erwachsene einzuführen. Auch soll im Rahmen des Umbaus der Bundesagentur für Arbeit eine kostenlose Weiterbildungsberatung und Kompetenzerfassung (§30 SGB III) eingeführt werden. Dabei sollen der Aufbau der Weiterbildungsberatung als rechtskreisübergreifendes Angebot und die Weiterbildungsberatung an sich aus Steuermitten kofinanziert werden.

27 Sachverständigenkommission zum Zweiten Gleichstellungsbericht der Bundesregierung 2017, Kapitel C.IX, S. 124–127.

28 Allmendinger/Driesch 2017 (im Erscheinen); Grabka et al. 2017.

29 Zur Teilzeitfalle siehe Kelle/Simonson/Romeu Gordo 2017; Dieckhoff et al. 2016; Wolf 2014.

30 Siehe dazu auch das Konzept eines Wahlarbeitszeitgesetzes, vorgelegt vom Deutschen Juristinnenbund. https://www.djb.de/themen/wahlarbeitszeit/wazg-konzept.

31 Zuletzt :siehe Allmendinger/Driesch 2017 (im Erscheinen).

32 Bernhardt/Hipp/Allmendinger 2016.

33 Atkinson 2016.

Literatur

AllBright Stiftung (2016): Zielgröße: Null Frauen. Die verschenkte Chance deutscher Unternehmen. AllBright Bericht 2016. Berlin: AllBright Stiftung.

Allmendinger, Jutta (1999): Bildungsarmut: Zur Verschränkung von Bildungs- und Sozialpolitik. In: *Soziale Welt* (50), S. 35–50.

Allmendinger, Jutta (2009a): Frauen auf dem Sprung. Wie junge Frauen heute leben wollen. München: Pantheon.

Allmendinger, Jutta (2009b): Der Sozialstaat des 21. Jahrhunderts braucht zwei Beine. In: *Aus Politik und Zeitgeschichte. Beilage zur Wochenzeitung Das Parlament* (45), S. 3–5. Online verfügbar unter www.bpb.de/files/5ADKTP.pdf, zuletzt geprüft am 28.3.2017.

Allmendinger, Jutta (2012): Schulaufgaben. Wie wir das Bildungssystem verändern müssen, um unseren Kindern gerecht zu werden. München: Pantheon.

Allmendinger, Jutta/Driesch, Ellen von den (2015a): An ever closer union among the peoples of Europe? Rising inequalities in the EU and their social, economic and political impacts. Outcomes of EU-funded Research. Brüssel: European Commission.

Allmendinger, Jutta/Driesch, Ellen von den (2015b): Bildung in Deutschland. Elf Mythen – elf Tatsachen. In: Reiner Hoffmann und Claudia Bogedan (Hg.): Arbeit der Zukunft. Möglichkeiten nutzen – Grenzen setzen. Frankfurt am Main, New York: Campus, S. 37–51.

Allmendinger, Jutta/Driesch, Ellen von den (2017): The extra years: Creating more opportunities for women and men by redistributing (working) time. In: Christiane Woopen (Hg.): Justice over the Course of Life. Wiesbaden: Springer VS (im Erscheinen).

Allmendinger, Jutta/Krug von Nidda, Sophie/Wintermantel, Vanessa (2016): Lebensentwürfe junger Frauen und Männer in Bayern. München: BayernForum der Friedrich-Ebert-Stiftung.

Allmendinger, Jutta/Leibfried, Stephan (2003): Education and the Welfare State: The Four Worlds of Competence Production. In: *European Journal of Social Policy* 13 (1), S. 63–81.

Allmendinger, Jutta/Leibfried, Stephan (2004): Bildungspolitik als Sozialpolitik. In: Frank-Walter Steinmeier und Matthias Machnig (Hg.): Made in Germany '21. Hamburg: Hoffmann und Campe, S. 515–530.

Atkinson, Anthony (2016): Ungleichheit. Was wir dagegen tun können. Stuttgart: Klett-Cotta.

Autorengruppe Bildungsberichterstattung (Hg.) (2016): Bildung in Deutschland 2016. Ein indikatorengestützter Bericht mit einer Analyse zu Bildung und Migration. Bielefeld: W. Bertelsmann Verlag.

Beck, Ulrich (1986): Risikogesellschaft. Auf dem Weg in eine andere Moderne. Berlin: Suhrkamp.

Beckert, Jens (2015): Besteuert die Erben! In: Steffen Mau und Nadine M. Schöneck (Hg.): (Un-)Gerechte (Un-)Gleichheiten. Berlin: Suhrkamp, S. 145–153.

Bernhardt, Janine/Hipp, Lena/Allmendinger, Jutta (2016): Warum nicht fifty-fifty? Betriebliche Rahmenbedingungen der Aufteilung von Erwerbs- und Fürsorgearbeit in Paarfamilien. WZB Discussion Paper, SP I 2016-501. Berlin: WZB.

BIBB = Bundesinstitut für Berufsbildung (2016): Datenreport zum Berufsbildungsbericht 2016. Informationen und Analysen zur Entwicklung der beruflichen Bildung. Bonn: Bundesinstitut für Berufsbildung. Online verfügbar unter https://www.bibb.de/dokumente/pdf/bibb_datenreport_2016.pdf, zuletzt geprüft am 10.3.2017.

BMAS = Bundesministerium für Arbeit und Soziales (Hg.) (2017): Weißbuch Arbeiten 4.0. Arbeit weiter denken. Berlin: Bundesministerium für Arbeit und Soziales.

Botsman, Rachel/Rogers, Roo (2011): What's mine is yours. The rise of collaborative consumption. London: Collins.

Bourdieu, Pierre (1983): Ökonomisches Kapital, kulturelles Kapital, soziales Kapital. In: Reinhard Kreckel (Hg.): Soziale Ungleichheiten. Göttingen: Nomos (Soziale Welt Sonderband 2), S. 183–198.

Bourdieu, Pierre (1987): Die feinen Unterschiede. Kritik der gesellschaftlichen Urteilskraft. Berlin: Suhrkamp.

Castro, Jason B./Ramanathan, Arvind/Chennubhotla, Chakra S. (2013): Categorical dimensions of human odor descriptor space revealed by non-negative matrix factorization. In: *PloS one* 8 (9), e73289. Online verfügbar unter http://journals.plos.org/plosone/article?id=10.1371/journal.pone.0073289, zuletzt geprüft am 9.3.2017.

Deth, Jan W. van (2001): Soziale und politische Beteiligung: Alternativen, Ergänzungen oder Zwillinge? In: Achim Koch (Hg.): Politische Partizipation in der Bundesrepublik Deutschland. Empirische Befunde und theoretische Erklärungen. Opladen: Leske + Budrich, S. 195–219.

Dieckhoff, Martina/Gash, Vanessa/Mertens, Antje/Romeu Gordo, Laura (2016): A stalled revolution? What can we learn from women's drop-out to part-time jobs: A comparative analysis of Germany and the UK. In: *Research in Social Stratification and Mobility* 46 (B), S. 129–140.

Diehl, Claudia/Fischer-Neumann, Marion/Mühlau, Peter (2016): Between ethnic options and ethnic boundaries – Recent Polish and Turkish migrants' identification with Germany. In: *Ethnicities* 16 (2), S. 236–260.

Diekmann, Andreas (2009): Spieltheorie. Einführung, Beispiele, Experimente. Reinbek bei Hamburg: Rowohlt.

Ditlmann, Ruth/Koopmans, Ruud/Michalowski, Ines/Rink, Anselm/Veit, Susanne (2016): Verfolgung vor Armut: Ausschlaggebend für die Offenheit der Deutschen ist der Fluchtgrund. In: *WZB-Mitteilungen* (151), S. 24–27.

Donath, Orna (2015): Regretting motherhood. A sociopolitical analysis. In: *SIGNS: Journal of Women in Culture and Society* 40 (2), S. 343–367.

Dravnieks, Andrew (1985): Atlas of odor character profiles. ASTM data series DS, 61. Philadelphia: ASTM.

Fratzscher, Marcel (2016): Verteilungskampf. Warum Deutschland immer ungleicher wird. Berlin: Hanser.

Frey, Carl Benedict/Osborne, Michael A. (2013): The future of employment. How susceptible are jobs to computerisation? OMS Working Paper. Oxford: University of Oxford.

Gabrielsson, Alf/Lindström, Erik (2010): The role of structure in the musical expression of emotions. In: Patrik N. Juslin und John A. Sloboda (Hg.): Handbook of Music and Emotion. Oxford: Oxford University Press, S. 367–400.

Gerhards, Jürgen/Hans, Silke/Carlson, Sören (2016): Klassenlage und transnationales Humankapital. Wie Eltern der mittleren und oberen Klassen ihre Kinder auf die Globalisierung vorbereiten. Wiesbaden: Springer VS.

Giddens, Anthony (1992): The transformation of intimacy. Sexuality, love and eroticism in modern societies. Cambridge: Polity.

Giza, Adam/Steinwede, Jacob (2015): Dokumentation. Gewichtung der Befragungsdaten der WZB-ZEIT-infas-Vermächtnisstudie. Bonn: infas.

Grabka, Markus M./Goebel, Jan/Schröder, Carsten/Schupp, Jürgen (2016): Schrumpfender Anteil an BezieherInnen mittlerer Einkommen in den USA und Deutschland. In: *DIW Wochenbericht* (18), S. 391–402.

Grabka, Markus M./Jotzo, Björn/Rasner, Anika/Westermeier, Christian (2017): Der Gender Pension Gap verstärkt die Einkommensungleichheit von Männern und Frauen im Rentenalter. In: *DIW Wochenbericht* (5), S. 87–96.

Häni, Daniel/Kovce, Philip (2016): Was fehlt, wenn alles da ist. Zürich: Orell Füssli.

Hall, Anja (2017): Gesetz zur Frauenquote. Zielgröße: Null Frauen. In: *Legal Tribune Online*. Online verfügbar unter http://www.lto.de/recht/kanzleien-unternehmen/k/frauenquote-gesetz-gleichberechtigung-ziel-groesse-spielraum-fuehrungsposition/, zuletzt geprüft am 28.3.2017.

Hausner, Karl Heinz/Söhnlein, Doris/Weber, Brigitte/Weber, Enzo (2015): Bessere Chancen mit mehr Bildung. IAB-Kurzbericht, 11. Nürnberg: IAB. Online verfügbar unter http://doku.iab.de/kurzber/2015/kb1115.pdf, zuletzt geprüft am 10.3.2017.

Heinrichs, Harald/Grunenberg, Heiko (2012): Sharing Economy. Auf dem Weg in eine neue Konsumkultur. Lüneburg: Centre for Sustainability Management.

Hennion, Antoine (2015): Paying attention. What is wine tasting about? In: Ariane Berthoin Antal, Michael Hutter und David Stark (Hg.): Moments of valuation. Exploring sites of dissonance. Oxford: Oxford University Press, S. 37–56.

Himmelmann, Beatrix/Lange, Dirk (Hg.) (2005): Demokratiekompetenz. Beiträge aus Politikwissenschaft, Pädagogik und politischer Bildung. Wiesbaden: VS Verlag für Sozialwissenschaften.

Hoffmann, Reiner/Bogedan, Claudia (Hg.) (2015): Arbeit der Zukunft. Möglichkeiten nutzen – Grenzen setzen. Frankfurt am Main, New York: Campus.

Illouz, Eva (2011): Warum Liebe weh tut. Eine soziologische Erklärung. Berlin: Suhrkamp.

Inglehart, Ronald/Norris, Pippa (2016): Trump, Brexit, and the rise of populism. Economic have-nots and cultural backlash. HKS Working Paper, RWP16-026. Online verfügbar unter https://papers.ssrn.com/sol3/papers.cfm?abstract_id=2818659, zuletzt geprüft am 9.3.2017.

Jürgens, Kerstin/Schildmann, Christina/Hoffmann, Reiner (2017): Der Transformationspakt. Wie wir Arbeit gemeinsam zukunftsfähig machen. Bericht zur Kommission »Arbeit der Zukunft« der Hans-Böckler-Stiftung. Bielefeld: transcript (im Erscheinen).

Kelle, Nadiya/Simonson, Julia/Romeu Gordo, Laura (2017): Is Part-Time Employment after Childbirth a Stepping-Stone into Full-Time Work? A Cohort Study for East and West Germany. In: *Feminist Economics*, DOI: 10.1080/13545701.2016.1257143.

Kocher, Eva/Welti, Felix (2013): Wie lässt sich ein Anspruch auf Weiterbildung rechtlich gestalten? Rechtliche Instrumente im Arbeits- und Sozialrecht. Expertise im Auftrag der Abteilung Wirtschafts- und Sozialpolitik der Friedrich-Ebert-Stiftung. In: *WISO-Diskurs*, Februar 2013.

Koopmans, Ruud (2016): Auch Kultur prägt Arbeitsmarkterfolg. Was für die Integration von Muslimen wichtig ist. In: *WZB-Mitteilungen* (151), S. 14–17.

La Motte-Haber, Helga de (1968): Ein Beitrag zur Klassifikation musikalischer Rhythmen. Eine experimentalpsychologische Untersuchung. Köln: Volk.

La Motte-Haber, Helga de (1985): Handbuch der Musikpsychologie. Laaber: Laaber-Verlag.

Lessenich, Stephan (2016): Neben uns die Sintflut. Die Externalisierungsgesellschaft und ihr Preis. Berlin: Hanser.

Mannheim, Karl (1970): Das Problem der Generationen. In: Karl Mannheim und Kurt H. Wolff (Hg.): Wissenssoziologie. Auswahl aus dem Werk, eingel. und hg. von Kurt H. Wolff. 2. Aufl. Neuwied: Luchterhand, S. 509–565.

Mau, Steffen/Schöneck, Nadine M. (Hg.) (2015): (Un-)Gerechte (Un-)Gleichheiten. Berlin: Suhrkamp.

Merkel, Wolfgang (2015): Die Herausforderungen der Demokratie. In: Wolfgang Merkel (Hg.): Demokratie und Krise. Zum schwierigen Verhältnis von Theorie und Empirie. Wiesbaden: Springer VS, S. 7–42.

Merkel, Wolfgang (2016): Bruchlinien. Kosmopolitismus, Kommunitarismus und die Demokratie. In: *WZB-Mitteilungen* (154), S. 11–14.

Meyer, Susanna (2001): Produkthaptik. Messung, Gestaltung und Wirkung aus verhaltenswissenschaftlicher Sicht. Wiesbaden: Deutscher Universitäts-Verlag.

Nachtwey, Oliver (2016): Abstiegsgesellschaft. Über das Aufbegehren in der regressiven Moderne. Berlin: Suhrkamp.

Paskov, Marii/Dewilde, Caroline (2012): Income inequality and solidarity in Europe. GINI Discussion Paper, 33. Amsterdam: AIAS. Online verfügbar unter https://pure.uva.nl/ws/files/1529841/134993_Income_inequality_and_solidarity_in_Europe_rapport.pdf, zuletzt geprüft am 9.3.2017.

Pickett, Kate/Wilkinson, Richard (2010): The Spirit Level: Why Equality is Better for Everyone. London: Penguin.

Randers, Jorgen/Maxton, Graeme (2016): Ein Prozent ist genug. Mit wenig Wachstum soziale Ungleichheit, Arbeitslosigkeit und Klimawandel bekämpfen. München: oekom.

Rifkin, Jeremy (2014): Die Null-Grenzkosten-Gesellschaft. Das Internet der Dinge, kollaboratives Gemeingut und der Rückzug des Kapitalismus. Frankfurt am Main/New York: Campus.

Rötter, Günther (1998): Ist der Beitrag zur Klassifikation musikalischer

Rhythmen von Helga de La Motte-Haber heute noch von Bedeutung? In: Reinhard Kopiez (Hg.): Musikwissenschaft zwischen Kunst, Ästhetik und Experiment. Festschrift Helga de La Motte-Haber zum 60. Geburtstag. Würzburg: Königshausen und Neumann, S. 465–474.

Sachverständigenkommission zum Zweiten Gleichstellungsbericht der Bundesregierung (2017): Erwerbs- und Sorgearbeit gemeinsam neu gestalten. Gutachten für den Zweiten Gleichstellungsbericht der Bunderegierung, Berlin. Online verfügbar unter www.gleichstellungsbericht.de/gutachten2gleichstellungsbericht.pdf, zuletzt geprüft am 28.3.2017.

Shell Deutschland (Hg.) (2015): Jugend 2015. 17. Shell Jugendstudie. Frankfurt am Main: Fischer.

Statistisches Bundesamt (2016): Bildungsstand der Bevölkerung. Ergebnis des Mikrozensus. Personen im Alter von 15 Jahren und mehr. Online verfügbar unter https://www.destatis.de/DE/ZahlenFakten/GesellschaftStaat/BildungForschungKultur/Bildungsstand/Tabellen/Bildungsabschluss.html, zuletzt geprüft am 10.3.2017.

Statistisches Bundesamt (2017): Absolventen/Abgänger: Bundesländer, Schuljahr, Geschlecht, Schulabschlüsse. Online verfügbar unter https://www-genesis.destatis.de/genesis/online/logon?language=de&sequenz=tabelleErgebnis&selectionname=21111-0014, zuletzt geprüft am 10.3.2017.

Statistisches Bundesamt/Wissenschaftszentrum Berlin für Sozialforschung (Hg.) (2016): Datenreport 2016. Ein Sozialbericht für die Bundesrepublik Deutschland. Unter Mitarbeit von Das Sozio-oekonomische Panel (SOEP) am Deutschen Institut für Wirtschaftsforschung (DIW Berlin). Bonn: Bundeszentrale für politische Bildung.

Steinwede, Jacob (2016): Riechen, Hören, Fühlen. Methodische Anmerkungen zur Erhebung für die »Vermächtnisstudie« von DIE ZEIT, WZB und infas. In: *Lagemaß* (07), S. 9–12.

Straubhaar, Thomas (2015): Hände weg vom Erbe! In: Steffen Mau und Nadine M. Schöneck (Hg.): (Un-)Gerechte (Un-)Gleichheiten. Berlin: Suhrkamp, S. 154–163.

SVR = Sachverständigenrat deutscher Stiftungen für Integration und Migration (2016): Viele Götter, ein Staat: Religiöse Vielfalt und Teilhabe im Einwanderungsland. Jahresgutachten 2016 mit Integrationsbarometer. Berlin: SVR.

Swaan, Abram de (1982): Vom Ausgehverbot zur Angst vor der Straße. In: *pädagogik extra* (2), S. 48–55.

Tajfel, Henri (1981): Human groups and social categories. Cambridge: University Press.

Tajfel, Henri/Turner, John C. (1986): The social identity theory of intergroup behavior. In: Stephen Worchel und William G. Austin (Hg.): Psychology of intergroup relations. Chicago: Nelson-Hall, S. 7–24.

Thomas, William I./Thomas, Dorothy Swaine (1928): The child in America. Behavior problems and programs. New York: A. A. Knopf.

Tocqueville, Alexis de (1998 [1835]): Democracy in America, Wordsworth Classics of World Literature. Ware: Wordsworth Editions Ltd.

Trébuchet-Breitwiller, Anne-Sophie (2015): Making things precious. A pragmatist inquiry into the valuation of luxury perfumes. In: Ariane Berthoin Antal, Michael Hutter und David Stark (Hg.): Moments of valuation. Exploring sites of dissonance. Oxford: Oxford University Press, S. 168–188.

Verkuyten, Maykel/Martinovic, Borja (2012): Immigrants' National Identification. Meanings, Determinants, and Consequences. In: *Social Issues and Policy Review* 6 (1), S. 82–112.

Weßels, Bernhard (2015): Politische Ungleichheit beim Wählen. In: Wolfgang Merkel (Hg.): *Demokratie und Krise. Zum schwierigen Verhältnis von Theorie und Empirie.* Wiesbaden: Springer VS, S. 67–94.

Wetzel, Jan (2017a): Forschungsbericht II. Ergebnisse der Vermächtnisstudie zum Zusammenhang von Sinnesreizen und Einstellungen. Arbeitspapier zur Vermächtnisstudie von WZB, infas und DIE ZEIT. WZB Discussion Paper. Berlin: WZB.

Wetzel, Jan (2017b): Forschungsbericht III. Ergebnisse der Vermächtnisstudie zum Thema Familie und Partnerschaft. Arbeitspapier zur Vermächtnisstudie von WZB, infas und DIE ZEIT. WZB Discussion Paper. Berlin: WZB.

Wetzel, Jan (Hg.) (2017c): Forschungsbericht VI. Grundlagen und Methodik der Erhebung mit Sinnesreizen in der Vermächtnisstudie. WZB Discussion Paper. Berlin: WZB.

Wiens, Olga (2017a): Methodeneffekte und Vergleichbarkeit von Telefon- und Onlinebefragung. In: Patricia Wratil: Forschungsbericht V. Ergebnisse zur Wiederholungsbefragung der Vermächtnisstudie. WZB Discussion Paper. Berlin: WZB.

Wiens, Olga (2017b): Die Ergebnisse der Zufriedenheitsbefragung von ALLBUS 2014 und der Vermächtnisstudie im Vergleich. In: Patricia Wratil (Hg.): Forschungsbericht I. Ergebnisse der Vermächtnisstudie – ein erster Überblick. WZB Discussion Paper. Berlin: WZB.

Wintermantel, Vanessa (2017a): Forschungsbericht IV. Ergebnisse der Vermächtnisstudie zum Thema sozialer Zusammenhalt und Sozialstaat. WZB Discussion Paper. Berlin: WZB.

Wintermantel, Vanessa (2017b): Studienbeschreibung. In: Patricia Wratil (Hg.): Forschungsbericht V. Ergebnisse zur Wiederholungsbefragung der Vermächtnisstudie. WZB Discussion Paper. Berlin: WZB.

Wolf, Elke (2014): The German part-time wage gap: Bad news for men?, SOEPpapers on Multidisciplinary Panel Data Research, 663. Berlin: DIW.

Wratil, Patricia (Hg.) (2017a): Forschungsbericht I. Ergebnisse der Vermächtnisstudie – ein erster Überblick. WZB Discussion Paper. Berlin: WZB.

Wratil, Patricia (Hg.) (2017b): Forschungsbericht V. Ergebnisse zur Wiederholungsbefragung der Vermächtnisstudie. WZB Discussion Paper. Berlin: WZB.

Wratil, Patricia/Haarbrücker, Julia (2017): Sex and Gender. New insights from a representative study in Germany. Arbeitspapier zur Vermächtnisstudie von WZB, infas und DIE ZEIT. WZB Discussion Paper. Berlin: WZB.

Wratil, Patricia/Helbing, Georg (2017): Die Vermächtnisformen. In: Patricia Wratil (Hg.): Forschungsbericht I. Ergebnisse der Vermächtnisstudie – ein erster Überblick. WZB Discussion Paper. Berlin: WZB

Zürn, Michael (2011): Perspektiven des demokratischen Regierens und die Rolle der Politikwissenschaft im 21. Jahrhundert. In: *Politische Vierteljahresschrift* 52 (4), S. 603–635.

Zürn, Michael (2016): Solidarität muss erstritten werden. Die Flüchtlingskrise zwingt Europa zur offenen Auseinandersetzung. In: *WZB-Mitteilungen* (151), S. 10–13.